U0908887

PLAY ADVERTISING:

Advertising Amusement Communication Revolution

玩广告

广告娱乐传播革命

戎彦◎著

前　言

玩广告，不仅是一种方式，更是一种理念。

广告是可玩的，广告是好玩的，可玩与好玩的广告让“玩”的要素全面渗透到广告中，向受众提供可供玩乐的形式或者环节，“玩广告”的参与性和体验性取代了广告单向传播的机械性与被动性，受众在玩的过程中领会商品信息，感受品牌理念。主动性、参与性和体验性是玩广告的三大特性。

玩广告并非颠覆，玩广告重在突破，在品牌接触点中创立出兴奋点，兴奋的不仅是品牌，兴奋的更是参与的人。玩广告是以“人”作为思考的源点，注重人的感受，注重人的感情，更以看待和对待人的方式来思考和理解今天的广告。

广告在发展过程中逐渐改变了自己的存在形态，今天，广告越来越不像它自己，广告与诸多内容和形式变得难舍难分，广而告之的本性却依然未变。变幻莫测的形态中，我们要迅速认出它。

玩什么？商品可玩，广告作品可玩，品牌理念可玩……

怎么玩？无穷的形式，无尽的创意……

谁在玩？谁都可以玩，商品从生产到销售，每一个环节中的每一个人都可以是玩家……

玩，要玩得艺术，玩得有文化，玩得有幸福感，玩得有存在感。

玩广告，并非字面看上去那样轻松，玩的学问的厚重依然有待更多的人去研究。

目　录

玩广告:21 世纪广告的重要理念

2011 年 9 月 27 日,宝洁碧浪《去渍乐趣》摘得了第十八届中国国际广告节长城奖的最高荣誉——全场大奖,这也是中国广告节历史上第一次由户外广告摘得全场大奖。

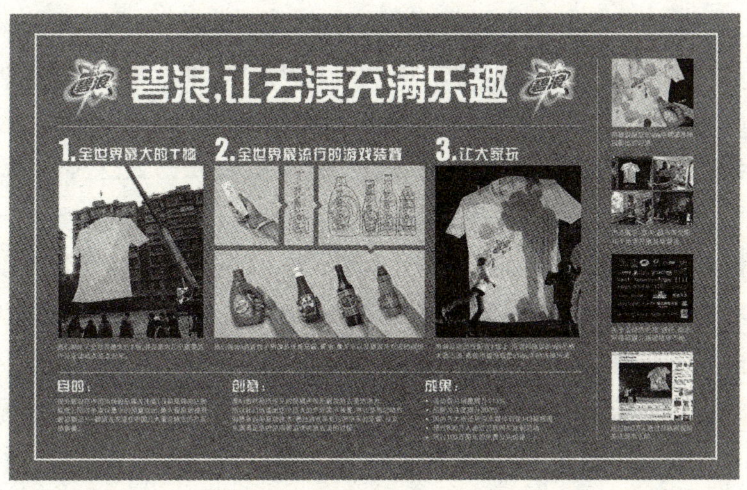

碧浪,让去渍充满乐趣①

此次广告的目标在于提升碧浪在中国市场的品牌关注度,同时以较小的预算增

① 图片来源:中国广告协会编,《第十八届中国国际广告节中国广告长城奖获奖作品集》,2011 年 9 月版。

加碧浪新品洗衣液在重点城市的销售量。为了以小博大,盛世长城国际广告有限公司设计了“碧浪 Wii 游戏”,即把游戏手柄改装成番茄酱、酱油、黄芥末以及碧浪洗衣液的瓶型,同时制作了高达五层楼的巨大T恤,悬挂在国内几个重要的户外活动地点,让受众参与到游戏中来,用代表污渍的手柄往T恤上泼洒污渍,用碧浪瓶型手柄去渍,以户外互动游戏的形式展示碧浪去渍的轻松与乐趣。

碧浪《去渍乐趣》活动效果显著:活动第一个月产品销量提升113%,品牌关注度提升300%,国内各大报纸与杂志媒体刊登143篇报道,超过800万人通过互联网关注到活动,活动还获得了超过100万美元的免费公关价值。[①]

从记录此次活动现场的视频中我们发现,原来广告可以让人玩得那么开心和尽兴,参与得如此积极和主动,这和“电视节目中一插播广告,城市用水量骤然上升”形成了极为鲜明的对照。人们从拒绝广告发展到主动参与,从厌恶广告发展到喜爱广告,这得益于广告在21世纪最为重要的变革。我们必须认识到,变革的不是广告的目标,而是广告的理念和广告的形式。

第一节　何为“玩广告”?

“玩广告”这一概念的提出,是受到一本书的影响,即万新恒所著《玩经济:数字娱乐拷问中国》。最初仍然是想命名为“广告娱乐化生存[②]”或者“广告娱乐传播”的,受到这本书的启发,我们发现“玩广告”才能真正凸显这种广告理念的精髓,站在巨人的肩膀上的确是一件幸事。

万新恒在《玩经济:数字娱乐拷问中国》一书中有如下阐述:所谓“玩经济”,是将“玩”的要素全面渗透到传统经济形态之中,借助最新的科技与文化成果,所实现的真正满足大众精神需求的经济升级;在“玩经济”形态下,参与性、过程性、体验性与完全属于个体的不可复制性取代了工业化大生产中的机械性与模式化;在“玩经济”形态下,企业向消费者所提供的,并不是具体的商品和服务,而是消费者玩乐的过程,消费者消费的也不再是实实在在的商品,而是一种玩乐的感觉以及

---

① 数据来源:中国广告协会编,《第十八届中国国际广告节中国广告长城奖获奖作品集》,2011年9月版。

② 戎彦,《探析广告的娱乐化生存》,《浙江万里学院学报》,2007(01)。

由此产生的愉悦体验。①

“玩广告”就是让“玩”的要素全面渗透到广告中，广告向受众提供可供玩乐的形式或者环节，“玩广告”的参与性和体验性取代了广告单向传播的机械性与被动性，受众在玩的过程中领会商品信息，感受品牌理念。

“玩广告”仅仅是广告娱乐传播中的一种类型，即广告娱乐传播包含“玩广告”。广告娱乐传播是一个非常宽泛的概念，比如丁建辉在《娱乐经济时代之娱乐广告传播模式》中这样表述“娱乐广告”：“娱乐广告就是利用一切娱乐元素，能够激起消费者感官兴趣和内心情感并促使其产生行动的广告。娱乐广告，是娱乐艺术对商业广告的包装，是产品与产品之间角逐的另一种视角，使商品增加了欢乐的附加值，是现代企业品牌经营的必用武器。……娱乐广告中的娱乐符号主要有感觉符号、思维符号、行为符号等。”在论及娱乐广告创意策略的时候，他提出了四大策略，分别是：挖掘新鲜元素作为主题、使广告感知化、使品牌娱乐化、让受众体验广告；在分析娱乐广告的创意表现的时候，则总结了九大类型：幽默型、人性感动型、美女型、名人代言型、故事情节型、卡通动画型、意识形态型、性感型、互动型等。调动一切娱乐因子改造广告的广告娱乐传播与“玩广告”是包含和被包含的关系，在理念上，“玩广告”与广告娱乐传播都是用娱乐改造广告，但“玩广告”一定是参与的和体验的，也就是心理与行为兼具。

第二节 “玩广告”的特点

一、主动性

很长一段时间里，广告都是被动的，也是被忽视的。在读者眼中，广告是报纸、杂志的“边角料”，填充着版面的空隙；很多时尚杂志因为广告而变得格外厚重，带来了携带和阅读的负担。读者并不会去想，是因为广告，他们才能够以如此低的价格阅读报纸和杂志。广播和电视的情况一样不乐观，听众和观众会以转台来表示他们对广告的拒绝。数字电视有很多没有广告的频道，内容需付费观看，习惯了免费的观众于是仍然避免不了广告的打扰，对广告深恶痛绝的观众同样没

① 万新恒，《玩经济：数字娱乐拷问中国》，经济科学出版社，2007年版，第15页。

有意识到，正是他们的注意力在为看免费内容“买单”，“天下没有免费的午餐”的确是真理。进入互联网时代，广告被忽视、被拒绝的状况依然普遍存在。

户外广告被称为真正的广告媒介、广告自媒体，因为广告不依附于内容而存在。虽然独立存在了，但被有意或无意忽视的情况在所难免，道路旁边的很多广告因为干扰了人们的视线，甚至被冠以“马路杀手”的恶名。即使广告有幸被人们注意到了，能否记住广告传达的信息仍然有着太多的不确定性。

当然，广告并非总是这么令人悲观，人们有时也需要广告。进入超市之后，有人会主动索取超市的传单，因为上面有当时超市中商品优惠的信息；求职、求租的时候，人们翻阅报纸或者上网浏览相关信息；上网的时候，如果旁边出现了有需要的广告信息，人们同样会主动点击……什么时候人们不拒绝广告呢？就是需要这些商品/服务信息的时候，这时他们会主动寻找、主动接近广告。除此以外呢？广告总是这样被忽视和拒绝吗？答案是乐观的：不一定！比如碧浪《去渍乐趣》，活动现场的人并非当时有购买洗衣液的需求，而是因为游戏有趣、好玩，所以积极主动地加入游戏中，完全没有一点被动、强迫、不情愿、抗拒，不但主动加入，而且玩得尽兴。所以，广告变被动为主动除了关注消费者需求外，唯一能做的，就是改变自己。让自己变得很有趣，那么，让人喜欢也就指日可待了。

二、参与性

既然是“玩”，受众一定是参与到广告中的，而不再仅仅是看客。参与，有着多种多样的方式，可繁可简，可以渗透在创意、制作、发布、传播的任何一个环节，但无一例外，都是受众主动加入并具备可参与空间的。

下面的一系列广告是较为简单的参与，广告获得了第十六届中国国际广告节中国广告长城奖户外类的金奖。广告宣传的是一种远红外线颈椎治疗仪，通过巧妙的文字排版，让人们在阅读的过程中不自觉地转动脖子，很多人读了一遍，还要再读一遍，并在阅读过程中发出会心的微笑。

这一系列广告发布于2009年，后来我们知道这种文字排版的形式有一个名称叫做“颈椎体”，也就是不按正常顺序写字，时而上下颠倒，时而左右颠倒，时而旋转……为了阅读，人们不得不转动脖子，以顺利阅读所有的文字。颈椎体大受白领、学生以及其他长时间使用电脑的人群的欢迎，加之微博图片的迅速传播与

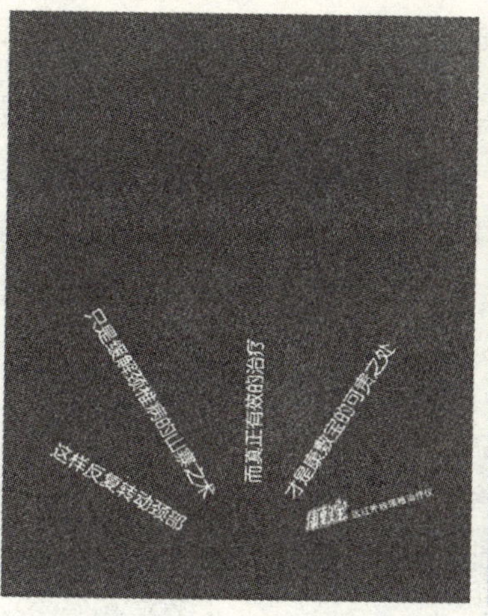
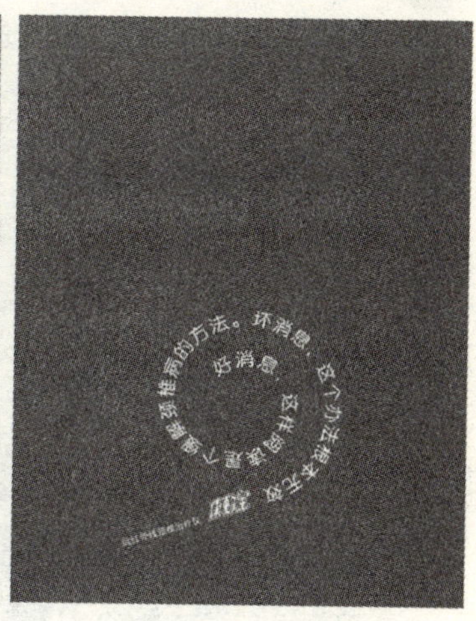

康敷宝远红外线颈椎治疗仪扭脖系列广告①

转发，很快红极一时。看广告，变成了一个快乐的小游戏，其中还蕴含着关注健康的提醒，重要的是广告密切结合了产品的功能，所以，有效的传播也可以充满趣味性。

参与，除了身体的加入外，还包括知识、智慧、技能等的介入。比如维他柠檬茶"要来就来真的"系列创意参与活动，包括：维他柠檬茶"要来就来真的"DV 创意大比拼、寻找真柠檬在线互动游戏、"要来就来真的"四格漫画征集大赛等。

维他柠檬茶主要的消费群体是年轻时尚一族，他们不喜欢说教，注重自我和个性。维他柠檬茶针对产品优势和目标消费者特点，提炼出了"要来就来真的"的传播主题，并为自己的目标消费群量身定做了一系列充满了趣味性的视频短片，这一系列广告荣膺第十五届中国广告长城奖金奖，趣味小故事深得年轻人喜爱。维他柠檬茶广告的媒介投放也是可圈可点，除了能有效提高知名度的电视广告，还选择了公交车、地铁、校园食堂内的 LCD，同时配合了户外平面，掀起了"要来就来真的"的热潮。

年轻人最经常接触的网络媒体当然是绝对不能忽视的，维他柠檬茶与土豆网合作，在 2008 年和 2009 年连续发起了两项创意参与活动。首先是 2008 年维他柠檬茶"要来就来真的"DV 创意大比拼，通过土豆网向视频爱好者征集"要来就来真的"的视频短片。在短短两个月时间里就征集到 123 部优秀作品，并打破了

① 图片来源：中国广告协会编，《第十六届中国国际广告节中国广告长城奖获奖作品集》，2009 年版。

单个征集作品播放量超过40万的纪录，总视频播放量高达360万以上，活动总曝光量超过2.8亿次[①]。维他柠檬茶联合土豆网为网友提供了一个展现创意的平台，让网友玩得开心的同时，有效提升了维他柠檬茶的关注度和土豆网的浏览量，可谓大家一起玩，一起开心。

维他柠檬茶DV创意大比拼活动宣传页面示意图

DV创意大赛对网友视频拍摄和剪辑技术有一定的要求，而接下来的"寻找真柠檬"活动则更具有普遍参与性。2009年维他柠檬茶在土豆网发起"寻找真柠檬"的在线互动参与游戏，活动形式是低门槛小游戏，分为"找柠檬"、"摇柠檬"、"接柠檬"三种，持续吸引用户关注。为加强与网友互动，土豆网还为维他柠檬茶定制了一种全面覆盖式的互动游戏，用户在指定时间在土豆网上观看视频，这时全站背景广告都是维他柠檬茶，网友点击背景广告中掉落的柠檬，击中第2009个柠檬，就可以获得大奖。此活动短期内一共被分享了5046513次，吸引了180059人同步关注参与，其中四位成为第2009个真柠檬大奖幸运儿。[②]

争夺第2009个真柠檬

① 《网络互动成亮点 维他柠檬茶引领青春时尚潮流》，梅花网，http://www.meihua.info/knowledge/article/482。

② 《要来就来真的——在土豆网寻找真柠檬》，天津广告人传播有限公司网站，http://www.admen.cn/a/admen/new-media-network/2010niandiyiqi/2010/0129/1486.html。

这之后，维他柠檬茶还在线下发起了“要来就来真的”四格漫画创意征集，参与者的作品还有机会出现在维他柠檬茶的包装上。

经过这种全方位的创意媒体整合，再加上独具匠心的线下推广活动，让消费者对维他柠檬茶的关注度大增，近年来维他柠檬茶的销量也以每年60%左右的速度迅猛增长，成绩斐然。[①]

2011年，维他柠檬茶继续带着大家一起玩，针对维他柠檬茶推出的青柠·柠檬茶产品，维他发起了激发新柠感搞怪视频征集大赛。同时，维他还创立了柠檬星地球基地。所谓柠檬星，是维他为宇宙虚拟出的一颗行星，它是一株神奇的植物体星球，上面住着很多神奇的柠檬星人，他们最引以为自豪的能源就是快乐。柠檬星有很多的法则，以幽默的方式告诉年轻人，什么才是“真”。虽然目前柠檬星的知名度仍然有待提高，但可以预见的是，这种有正确导向的、鼓舞人积极向上的信息才是最有生命力的，才能得到更多人的认可和青睐。

柠檬星法则

---

① 《网络互动成亮点 维他柠檬茶引领青春时尚潮流》，梅花网，http://www.meihua.info/knowledge/article/482。

纵观维他柠檬茶近几年设置的多项参与活动及其效果，我们不难发现，参与有很多种方式，只要契合产品优势与品牌精髓，把握住目标消费者特征，那么每一次的参与都是多方共赢的，企业、活动参与者、平台提供者，甚至包括活动“围观”者等都能从中获益。

三、体验性

体验，根据字典的解释，意思是：

(1)亲身经历，实地领会；

(2)通过亲身实践所获得的经验；

(3)查核；考察。

由此可见，这一词汇的核心意思即亲身获得经验，亲身获取经验的优势在于：一真实，二印象深刻，三感触全面，所以“体验”成为现在尤为受关注和欢迎的一个词汇，被应用于很多领域。

体验营销通常会借助看、听、用、参与等多种手段，充分调动受众的感性与理性因素，“企业从感官、情感、思考、行动和关联诸方面设计营销理念，以产品或服务为道具，激发并满足顾客体验需求，从而达到企业目标的营销模式。”①其中最为重要的一点就是消费者的参与。

我们分明看到的是一个深刻的转变：商店已越来越从一个纯粹的零售环境变为一个塑造品牌的环境了。体验某个品牌，你就会形成某种关系，这对于零售商而言，则意味着有回头生意的可能性。通过提供给人们一种娱乐体验……就能够创造一种关于品牌的感受，用以改变消费者，使他们形成对自己品牌的忠诚度。②

“消费者的需求伴随市场前进的节奏被一次次重新塑造，经历了产品、商品、服务三个基础阶段，消费者的需求推进到了对产品和品牌精髓进行体验的阶段；竞争的加剧，企业的营销理念已经由产品主导向消费者主导转型，因此众多企业开始意识到在营销传播中要加入体验的元素。”③

---

① 郭国庆，《体验营销新论》，中国工商出版社，2008年版，第8页。

② [美]迈克尔·J.沃尔夫，《娱乐经济：传媒力量优化生活》，黄光伟、邓盛华译，光明日报出版社，2001年版，第86—87页。

③ 中国传媒大学广告主研究所，《新媒体激变：广告“2.0时代”的新媒体真相》，中信出版社，2008年版，第160页。

玩广告，不同类型的玩，体验的侧重也有所不同。有些玩，是较为简单但不乏乐趣的一次信息传达，体验的是产品的功效、特点、优势；有些玩，体验的则是品牌的理念、个性、精髓。玩广告的体验，有些时候也会带有明显的氛围感，如同一场狂欢的盛会，比如佳能伊克萨斯炫彩时尚舞蹈秀就是典型代表。

伊克萨斯把自己广告中的IXUS公寓搬到了现实中，为人们呈现了一场场视觉的盛宴。2011年3月4日，IXUS公寓首先亮相于北京三里屯，动感的节奏、绚丽的舞蹈，让伊克萨斯的时尚感张扬到极致；9月16日，IXUS公寓在上海扩建为快乐街，让参与者在充满快乐的街道体验到无限的乐趣；12月16日，IXUS公寓强势登陆广州，在IXUS公寓和街舞中让受众体验伊克萨斯产品的魅力。

伊克萨斯广告中的IXUS公寓

IXUS公寓北京三里屯时尚秀现场

这不仅仅是伊克萨斯奉献的时尚街舞秀，这是让人们全面体验伊克萨斯时尚魅力的动感体验盛会，活力、时尚、绚丽夺目，现场参与者热情高涨，极为火爆，可谓让大家乐翻天。乐翻天的同时，伊克萨斯的时尚与快乐也深入人心。

主动性、参与性与体验性是“玩广告”的三大特点，不管玩什么，玩的是哪个环节，这三个特点都是必不可少的。主动性，意味着受众主动走进广告、接触广告，这对广告而言可谓翻天覆地的变化，根本上改变了人们抗拒、被动的心理和行为；参与性，意味着广告必须提供受众可以介入的环节或空间，有加入的余地，有玩乐的方式；体验性则是受众亲自实践获取关于产品、品牌或企业的相关信息或感觉。

玩广告，玩不是目的，而是理念、方式、途径、形式，玩的目的依然是广告最为重要的促进销售的基本功用。张金海教授在论及广告传播理论的未来发展的时候，有如下表述：“不管……广告其传播形态发生何种变化，我们坚信，其商业营销的功能永远不会改变，因而，未来广告理论研究的目标指向——广告在未来营销中的作用及其效果的有效实现，永远不会改变。”①

玩广告为何要被提倡？为何说其有效？我们可以用施拉姆信息选择或然率公式来进行解释。信息选择或然率公式是施拉姆在20世纪50年代就影响受众对大众传播节目选择的决定性因素而提出的一个公式，公式是：选择的或然率＝报偿的保证/费力的程度，其中“报偿的保证”是指传播内容满足需要的程度，而“费力的程度”则指的是内容和传播途径的难易情况。人们会倾向于选择那些价值高、解读容易、容易获取的信息，受众的取舍原则从公式中即可见。施拉姆的这一公式至今仍然有较强的普遍适用性，对于广告信息也有极强的指导意义。如果人们在广告信息中获得较高的满足，这其中包括有用的信息、愉悦的体验、玩乐的趣味等多方面，而费力程度又很低，那么受众主动选择广告的可能性也就越大。同时，施拉姆还提出，最有价值的传播能给人带来快乐的与游戏相当的功能，其受众获得的需要满足也多。

第三节　玩广告：创造品牌接触点中的“兴奋点”

品牌传播中的接触点是现在的热门词汇。关于接触，《新媒体激变：广告“2.0

---

① 张金海，《20世纪广告传播理论研究》，武汉大学出版社，2002年版，第179页。

时代”的新媒体真相》中有如下阐述：“广告是一个动态的过程。无论是从传播的角度还是从营销的角度来看，这一过程的起点都是接触——人们首先要接触广告，才可能有认知、购买等过程，才能够形成记忆，并对广告及其对应的产品或品牌作出评价等。这意味着能否让消费者有效率地接触到广告是评判广告媒介效果的根本前提。”[①]如此看来，接触是营销传播的第一步，是起始，也可以说是营销传播题中应有之意，但这并不意味着接触是简单的，是轻而易举就能够完成的。纵观品牌接触点理论的发展历程，我们不难发现，这一看似简单的理论中蕴含着无穷的智慧与能量。

“品牌接触点传播”模式在理论上脱胎于“整合营销传播”(IMC)学说与简·卡尔宗(Jan Carlzon)“关键时刻”，并有机地借鉴和汲取了罗伯特·劳特朋教授的“机会窗”理念。[②] 整合营销传播之父、美国西北大学教授唐·舒尔茨(Don E. Schultz)创立的“整合营销传播”理论从广告心理学出发，强调目的、过程、目标、行动的统一和一致，即以一个声音说话，在此过程中，需要与顾客进行多方面的接触。简·卡尔宗(Jan Carlzon)提出了“管理接触点”概念，并形象地命名为“关键时刻”(moments of truth)，他认为，只要在关键时刻尽全力给受众留下好印象，就能够成功。营销理论专家、整合营销传播理论的奠基人之一罗伯特·劳特朋则从媒体角度提出了“机会窗”的概念。“机会窗”的概念认为，要以客户为导向来发现媒体传播的机会和创意，以此改变客户的行为。“在这个(品牌营销)分析过程中，最关键的是要清楚存在哪些机会，并分析哪些是合适的广告传播机会，这样才能打开‘机会窗’，提高传播的效果。”罗伯特·劳特朋的“机会窗”概念，为“品牌接触点传播”模式中倡导的“媒介关键接触点”的理念提供了非常关键的理论指导。[③]

日本有学者提出，在媒介整合后，媒介将成为一个个信息与受众的接触点(contact point)，呈现碎片化的分布，但统合起来效力仍然是惊人的。当媒体成为信息与受众的接触点时，媒体本身是什么并不重要，重要的是媒体是否真正地成

---

① 中国传媒大学广告主研究所，《新媒体激变：广告“2.0时代”的新媒体真相》，中信出版社，2008年版，第328页。

② 李海龙，《“品牌接触点传播模式”——强势品牌塑造与提升的解决方案》，《有效营销》，http://www.em-cn.com/article/2005/1886.shtml。

③ 李海龙，《“品牌接触点传播模式”——强势品牌塑造与提升的解决方案》，《有效营销》，http://www.em-cn.com/article/2005/1886.shtml。

为信息的载体。①

现在有一些理论认为,产品同质化日益严重的市场上,久经考验的消费者变得越来越理性,产品特色越来越不重要了,价格是消费者考虑的唯一因素,做购买决策所需要的任何讯息在商品货架上就可以找到。果真如此吗?要知道,消费者是不仅是理性的,更是感性的,消费者对于一个商品的判断是综合了自己过去所有的经验的,不管这经验是何时何地通过何种途径获得的。"'品牌接触点传播'模式认为,消费者依据平素为了满足某种需求与欲望通过放射性思维积淀下了众多相关的讯息。最后,当他们接触到品牌为他们提供的讯息时,又非常自然地运用放射型思维发散开来,与心智中积淀下的讯息进行印证,最终做出是否购买的决策。"②"当潜在顾客在接触到各种不同的品牌信息时,其思维会分别依据产品属性、使用经验、生活体验,以及特定时候产生的与品牌对应的相关因素进行类似一个较大的放射状联想过程。"③——这就是品牌接触点传播模式。

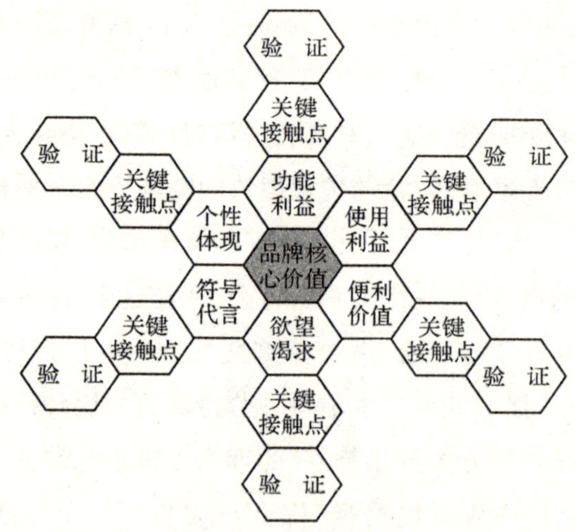

品牌接触点传播模式④

① 中国传媒大学广告主研究所,《新媒体激变:广告"2.0时代"的新媒体真相》,中信出版社,2008年版,第284页。

② 李海龙,《"品牌接触点传播模式"——强势品牌塑造与提升的解决方案》,《有效营销》,http://www.em-cn.com/article/2005/1886.shtml。

③ 李海龙,《强势品牌塑造与提升的解决方案(下)》,中国中小企业协会网站,http://www.eme2000.com/knowledge/content.asp? id=5299。

④ 李海龙,《"品牌接触点传播模式"——强势品牌塑造与提升的解决方案》,《有效营销》,http://www.em-cn.com/article/2005/1886.shtml。

我国著名品牌专家、被称为中国“品牌接触点传播第一人”的李海龙在《“品牌接触点传播模式”——强势品牌塑造与提升的解决方案》一文中提到了波蒂化妆品“消费者洞察”(consumer insights)的实例：他们发现通过广告宣传和赞助策略传播“天然环保”的品牌诉求并不是最好的办法，因为顾客认为这不能排除“作秀”的成分。而喜欢使用“天然环保”产品的人潜意识中希望能够获得实实在在的体验。基于这样的分析，波蒂把每一个商店都变成了一个可以获取环保信息和体验环保氛围的地方，大量环保信息、可降解包装材料、“素面朝天”的产品共同生动传达了波蒂“可感知的质量”，以这种方式，波蒂赢得了大量的顾客。李海龙指出，“真正有效的品牌传播计划和媒介是由明确的品牌核心意念和顾客期望如何体验相结合的‘灵感地’(接触点)所引发的。”

理论上看，受众每一次接触品牌都是一个接触点，那么，整合所有的接触点进行营销传播，效果无疑应该是很好的。但是同时，成本也是相当巨大的，大多数品牌难以承受。“在信息大量过剩的社会前提下，另外一个媒体价值点变得越来越重要，那就是‘接触质量’。所谓‘接触质量’的高低，取决于媒体信息的设计与界面，取决于信息与接受者心态的吻合程度，也取决于接受的情景(包括心境)。”[①] 因此，我们需要在接触点中提炼出关键接触点，再进一步，在关键接触点中创造出“兴奋点”。

“玩广告”是在品牌接触点中通过独特的创意，创造出关键接触点中的“兴奋点”——即关键接触点中最能调动受众参与体验(包括行为与情感)、最能给受众留下深刻印象、最能让受众体验到品牌理念或个性的接触点。比如佳能伊克萨斯通过多种途径与受众接触，电视广告、杂志广告、网络广告、售点广告、户外广告等，但让部分受众最“兴奋”的接触点则是以下三个：2011 年 3 月北京三里屯的“IXUS 公寓”、9 月上海南京路的“快乐街”、12 月广州上下九步行街广场的“IXUS 公寓”炫彩舞蹈秀，亲临现场、与伊克萨斯亲密接触、享受视觉盛宴的那些受众，获得的佳能伊克萨斯品牌体验也是无与伦比的。可能很多人会以现场参与者数量与目标消费群体相比微不足道而对此种方式产生质疑，但我们不能忽视，三地三次路演现场结束之后还有后续的二次传播，其中包括视频的网络传播(官网、受众自发上传)、网络媒体与传统媒体的新闻传播、现场参与者的自发传播(利用微博、

---

① 张惠辛，《超广告传播》，东方出版中心，2007 年版，第 7 页。

博客、SNS等)等,而且二次传播都是以免费的形式完成的。这一“兴奋点”,不仅于受众是兴奋点,于媒体同样是,“兴奋点”有较强的触动力,则能够自动引发下一轮传播,下一轮的传播不仅免费,且有可能更为高效。

“玩广告”需要遵循品牌接触点传播模式积累下来的若干成果,同时也需要洞察受众需求,在关键接触点中尽可能创造出“兴奋点”,增强受众印象和体验,从而在同质化产品的海洋中记住并喜爱某一品牌。

对于品牌接触点传播模式的理论贡献,李海龙有如下论述:于品牌塑造与管理的诸多理论而言,“品牌接触点传播”模式绕开了连篇累牍的品牌建设理论,首次提出了透过“关键性接触点”直击消费者心智,影响其购买决策过程;于定位理论,“品牌接触点传播”模式推出的“品牌接触点感知反应模型”回答了拥有定位之后如何进行有效传播的问题;于顾客关系管理,“品牌接触点传播”模式直截了当地提出了从“关键时刻”入手培养顾客对品牌的信赖,并通过辅助性接触点强化关系联接度的理念;于广告传播,“品牌接触点传播”模式主张透过“消费者洞察”,在足以影响顾客购买决策的“关键性接触点”上发想创意和进行传播,最大程度地解决了创意无“义”、传播无“点”的广告诟病;于促销策略,“品牌接触点传播”模式主张从被动且烦恼的竞争性促销中解脱出来,针对“关键性接触点”和强化消费者购买信心的“验证性接触点”上实施点对点的促销激励,最大程度地减少不必要的人力和财力投入。

品牌兴奋点由于完全立足于品牌接触点传播,也人性化地做到了理论的简化,刘悦坦分析指出:20世纪营销理论的发展路线是从“简单”到“复杂”,21世纪营销理论的发展路线是从“复杂”到“简单”。[①] 简单并不是对整合营销传播的全盘否定,而是要在整合的基础上提炼关键点,充分发挥关键接触点的价值。简单便于执行,具有很强的操作性。

品牌兴奋点要解决的是在关键接触点确立之后,如何强化受众的体验,增强记忆点,提升好感度,密切品牌与受众的关系。

兴奋点需要充分发挥创意,具备极高的原创性,因此,通常是竞争对手无法复制的,比如碧浪《去渍乐趣》。即使复制,有了先入为主,也难以入逐新的受众的法眼。

---

① 刘悦坦,《21世纪营销理论的两次转型》,第一营销网,http://www.cmmo.cn/home.php? mod=space&uid=81900&do=blog&id=21301。

第二章

“玩广告”兴起动因分析

“玩”的因素已经渗透到社会各领域，虽然有关它的研究还很少。目前对于“玩”的研究和关注，多是以“娱乐”进行表述的。

第一节 “玩广告”的大环境：娱乐因子的全面渗透

娱乐一词，《现代汉语词典》的解释是：(1)使人快乐或消遣；(2)快乐有趣的活动。娱乐就是追求刺激，满足好奇心，或追求休闲，丰富情趣。

约翰·奈斯比在他的《大趋势》中说：想卖东西？搞培训？抓管理？调动积极性？首先，你必须让人家高兴。在今天这个变幻莫测的世界里，娱乐被认为是日常生活中必不可少的一个因素。奈斯比的话提醒我们，让人高兴是很多事情做成的先决条件。

《娱乐经济》的鼻祖沃尔夫说：“到 21 世纪上半叶，‘娱乐’将不再是一个特定的行业，因为所有的事情都可以换个角度或者方式来做，为人们提供娱乐，让人们过得更轻松愉快。”沃尔夫在 21 世纪伊始的预言已经在逐渐成为现实。随着经济的发展，人们用于休闲的时间越来越多，也越来越有用于娱乐的闲钱，娱乐的方式也越来越丰富。“据预测，2015 年前后，发达国家将进入休闲时代，新技术和其他一些趋势可以让人把生命中 50%的时间用于休闲。”[①]事实上，无论人们在时间的占用还是金钱的消费上，娱乐都呈现出日益扩大比例的趋势。“据美国佛罗斯特—沙里文市场咨询公司的调查数据，美国 73%的年轻人第一消费动力来源于娱乐，他们的可支配收入有 60%花在了娱乐消费上。他们每周有 61 个小时用于娱乐，几乎占醒着时间的一半。他们每年用于看电影、听音乐或玩电子游戏的消费高达 270 亿美元。”[②]

政治一直都是一个严肃的话题，但从美国总统候选人开始借助媒介树立形象，就逐渐被注入了更多亲民性、生活化与充满亲和力的元素，政治领域的“政治人”开始以较为立体、有个性的形象呈现在人们面前。传统娱乐媒体也涉足政治领域，以大众喜欢的方式戏言政治，比如，“新加坡《联合早报》21 日刊文《美国政治的娱乐化》说，美国脱口秀节目有寓教于乐之功能，让民众从笑话中了解时政。不过，这些笑话主要是揶揄政客，很少触及政见和立场。除弊兴政，为民发声，不是它关心的。把娱乐当正经事，是美国媒体的特色。……共和党总统候选人麦凯恩曾上过《雷特曼秀》和《今晚秀》，而奥巴马也未免俗，上任后两个月便上了《今晚秀》。”[③]进入互联网时代之后，政治的民主化与娱乐化趋势进一步显现，博客、微博、论坛等都是政治领域人士和百姓议政的主要“场所”。国家领导人出访除了常规新闻外，还会提供一系列出访“花絮”，比如领导人大秀自己的球技，这成为领导人出访新闻中普通民众最愿意看到的新闻。政治的娱乐化摆脱了领导者高高在上的传统形象，与民众的联系更加紧密，让自己更具有亲和力。政治换了一个轻松而又平和的面孔，并非改变了职责，只是改变了职责履行的方式，而这种方式是更受民众欢迎和喜爱的方式。

经济娱乐化更可以被称为一种普遍的现象了。“许多企业，在不少产业领域甚至是一些本来与娱乐毫不相干的产业内的企业，都在融入娱乐内容。我们称这种现象为 E 因素(注：E 是英文单词 Entertainment 的首个字母)的广泛侵蚀。E 因素已经成为一个基本因素……在‘真正的’商业业务与娱乐之间还有界限吗？

---

① 万新恒，《玩经济：数字娱乐拷问中国》，经济科学出版社，2007 年版，第 13 页。

② 万新恒，《玩经济：数字娱乐拷问中国》，经济科学出版社，2007 年版，第 45 页。

③ 联合早报：《美国政治娱乐化 从笑话中了解时政》，原载中国新闻网，转引自搜狐网，http://news.sohu.com/20100121/n269747160.shtml。

显然这一界限已经不再存在。”①很多企业卖的并非具体商品或服务，他们最主要推销的是快乐，迪士尼就是典型之一。“真正的支出增长较少地来自于购买有形商品或至少是耐用消费品，而将购买重点转向能给生活带来更多的感觉舒适和更多的欢乐的服务。如果说20世纪80年代和90年代是一个‘我要更多的家当’的年代，那么下一个十年就可能是一个‘我渴望更好的感觉、更加性感、更多信息，我希望吃得更精致、活得更轻松’的时代。”②

如今，每个公司必须“创造某种体验，必须提供信息、提供娱乐……换句话说，正像购物者希望牛奶生产者将维生素D加入到他们的产品中去一样，消费者也在寻找带E因素的种种产品……这个‘E’就是‘娱乐’(Entertainment)。这是一个在货架上将自己的身份充分地突现出来的卓有成效的方法。只有在公司的产品能够卓立出来，人们乐于将它们从货架上或者从互联网的网址上摘选下来时，公司才能真正获得成功。娱乐已经成为消费者的价值方程中的一个关键部分。”③

全球最大的半导体芯片制造商英特尔在1991年的时候启动了“Intel Inside”整合营销项目，这个项目让英特尔这个并非直面终端消费者的品牌家喻户晓，“Intel Inside”案例也几乎被编入所有MBA的教科书中。较之这一营销策略，英特尔的广告很长时间中算是平淡无奇的，即使塑造出蓝人形象，以幽默的情节进行表现，也难以在把创意奉为灵魂的广告界被推崇和记忆。

迅驰是基于移动和无线的，英特尔迅驰广告中三个蓝人选择不同的工具进行速度的比试，凸显迅驰的无线移动等优势。

而在之后的广告中，英特尔越来越显现出对于娱乐的认识和关注，其“绝妙的娱乐体验，就在膝盖上”(Experience entertainment in your lap)的全球推广活动就预示了英特尔由贩卖科技走向了贩卖娱乐。英特尔邀请了体育、电影、音乐领域的六位大牌明星，分别是歌手席尔、演员刘玉玲和梁朝伟、英国喜剧大师约翰·

---

① [美]迈克尔·J.沃尔夫，《娱乐经济：传媒力量优化生活》，黄光伟、邓盛华译，光明日报出版社，2001年版，第66页。

② [美]迈克尔·J.沃尔夫，《娱乐经济：传媒力量优化生活》，黄光伟、邓盛华译，光明日报出版社，2001年版，第44页。

③ [美]迈克尔·J.沃尔夫，《娱乐经济：传媒力量优化生活》，黄光伟、邓盛华译，光明日报出版社，2001年版，第37页。

英特尔迅驰蓝人广告

克莱斯、专业滑板运动员汤尼·霍克以及足球巨星迈克尔·欧文。在影视、平面、网络、户外以及售点广告中，这六位耀眼的明星坐到了普通消费者的膝盖上，与普通消费者“亲密接触”。广告开创了名人代言的全新表达，真是一次绝妙的“娱乐”体验。

英特尔“Experience entertainment in your lap”

此后，英特尔更是大踏步地“玩”了起来，速度与理念远远超越技术更新的脚步，比如英特尔推广迅驰双核的一则作品，一个“牛人”把旧台式电脑加了一些辅助元件，最终变成了一台笔记本，广告语居然是“用上笔记本，感觉好一点！”破旧的宿舍环境，隔壁房间被震惊的刷牙男，还有一个格外胖的人，这些都增强了广告的趣味性，英特尔越来越不“英特尔”了，越来越有亲和力，越来越好玩，变得让我们不认识，让我们又认识了一个全新的英特尔。

英特尔迅驰双核

获得第十六届中国国际广告节全场大奖的英特尔《俄罗斯方块篇》，更是玩了个大的，可以算作最大型俄罗斯方块了，广告中没有高科技，只有让人称奇、让人震撼的玩乐，英特尔真是不玩则已，要玩就玩大的。

英特尔酷睿2四核《俄罗斯方块篇》

“美国的商人们早在我们之前就已经发现，商品的质量和用途在展示商品的技巧面前似乎是无足轻重的。不论是亚当·斯密倍加赞扬还是卡尔·马克思百般指责，资本主义原理中有一半都是无稽之谈。就连能比美国人生产更优质汽车的日本人也深知，与其说经济学是一门科学，还不如说它是一种表演艺术……”[①] 经济学是表演艺术，舞台就是社会和生活，演员包括商品和服务、企业和员工、受众和消费者、广告……从生产到最终消费，流程中的每一个环节、每一个参与者都可以表演，当演员不是局限于商品和企业的时候，我们发现，营销传播的空间一下子开阔了许多。当然，商品和企业一定是核心。

位于西班牙巴塞罗那的“斗牛犬”餐厅（也有音译为埃尔布利的，网址：http://www.elbulli.com）就极为擅长表演，严格来说，斗牛犬并不是一家餐厅，因为和传统意义上的餐厅有着非常大的不同。斗牛犬是需要提前三个月预定的，每年只在4月到9月之间营业且只供应晚餐，每天晚上也只接待50位客人。闭门谢客的几个月，斗牛犬全力进行试验研发新菜谱。客人就餐时间长达四个小时，餐厅首先给客人提供的是让客人“清醒”的鸡尾酒，然后会依次上20多道菜，每一道菜都详细介绍菜名、原料和做法。据悉，斗牛犬提供外送服务，但消费在两万欧元以上才能享受这项服务。斗牛犬的老板费兰是绝对的传奇人物，他在很短的时间内完成了由打工者到总厨到股东再到老板的蜕变过程。斗牛犬摘得了国际餐饮领域多项顶级大奖，击败了不少著名大饭店。在斗牛犬，人们基本没有可能边吃边聊天，因为特别的美食和服务已经占据了消费者全部的注意力。

再如教育领域，“寓教于乐”一直是理想中的状态，虽然这个词起源于文艺领域，但已经被应用于很多方面，其中也包括教育领域。如果能让人们在快乐、被娱乐的状态中学习，那么学习的积极性、主动性都会得到极大程度的提高，学习效果自然也就相应提高了。斯坦·戴维斯和吉姆·波德金在《床下的怪物》（*The Monster under the Bed*）中的观点是：“用工业化的方式办教育……使得教师成为了演员，而学生成为了消极的接受者。相反地，一种新出现的商业领导的模式，通过使得学生成为积极的参与者而成为市场的前景。焦点从提供者转移到了使用者，从教育者（老师）转移到了学习者（学生），教育行为将逐渐着眼于积极的学习者，而不是老师——管理者。在新的学习的市场中，消费者、雇员和学生全部是积

---

① ［美］迈克尔·J.沃尔夫，《娱乐经济：传媒力量优化生活》，黄光伟、邓盛华译，光明日报出版社，2001年版，第35页。

极的学习者，更准确地说，是互动的学习者。”①

工作领域同样如此，如果工作是好玩的、愉快的，那么人生相应就会幸福很多，因为工作时间在人们生命中所占比重极大。高尔基就曾说过：“工作快乐，人生便是天堂；工作痛苦，人生便是地狱。”不少公司已经把快乐工作作为公司文化和价值追求的重要指标。在完成这部书稿的过程中，作者发现，因为写有关玩乐的内容，所以过程也变得很愉快。而全程陪伴书稿完成的搜狗拼音输入法也功不可没。搜狗输入法本质应该属于一款软件，是汉字输入法软件，它拥有网络新词、快速更新、手写输入、细胞词库等多个特色，同时搜狗还拥有个性输入的特点，仅皮肤就有数万款，涵盖卡通、风景、游戏、酷炫、影视、明星、体育等数十个主题领域，应该是拥有最丰富外观的软件。在本书写作过程中，作者经常根据心情更换皮肤，增添了写作的乐趣。好用是前提、是基础，好玩是附加值，但我们无法小觑附加值的力量，如果好用是搜狗输入法迅速成为主流输入法的原因，那么好玩则有效地让它无法被替代。

第二节　谁促成了“玩广告”？

一、媒介

大众传媒的传播、教育、宣传、服务、舆论、经济、娱乐等诸多功能中，娱乐功能是最为显露的功能。按照麦克卢汉的观点，所有媒介都带有娱乐的先天印记：“娱乐不仅仅在电视上成为所有话语的象征，在电视下这种象征仍然统治着一切。就像印刷术曾经控制政治、宗教、商业、教育、法律和其他重要社会事务的运行方式一样，现在电视决定着一切。在法庭、教室、手术室、会议室和教堂里，甚至在飞机上，美国人不再彼此交谈，他们彼此娱乐。他们不交流思想，而是交流图像。他们争论问题不是靠观点取胜，他们靠的是中看的外表、名人效应和电视广告。电视传递出来的信息不仅仅是‘世界是个大舞台’，而且是‘这个舞台就在内华达州的

---

①　[美]B.约瑟夫·派恩、詹姆斯·H.吉尔摩，《体验经济》，夏业良、鲁炜等译，机械工业出版社，2002年版，第39页。

拉斯维加斯'。"[①]

麦克卢汉除了"媒介即讯息"外,还有一个著名的观点是"媒介即按摩"(medium is the massage),人们享受媒介就如同享受按摩一样,这一观点充分说明了媒介的大众化和通俗性。

娱乐与传媒几乎可以说是水乳交融的关系了,"娱乐与传媒是内容和形式的关系,甚至传媒本身就是人的一件娱乐品。"[②]在经历了娱乐与传媒业的整合之后,"信息娱乐"已经成为传媒业的主流。传播学者张西明曾撰文指出:娱乐业是一门历史悠久的行业,但是传媒的发展是 20 世纪的事情,而将传媒与娱乐全面地结合在一起则是近十几年现代高科技发展的结果。随着 19 世纪下半叶电子革命问世以来,娱乐业越来越具有"传媒娱乐业"的特点。娱乐的东西,大多能搬上传媒,与此同时,传媒本身又是一种娱乐形式。一方面,娱乐通过传媒的传播得以普及,扩大影响;另一方面,传媒通过娱乐节目赢得观众和市场。[③] 这并非是以娱乐的单一功能以偏概全地取代传媒的其他功能,而是娱乐产业中传媒的主体地位所决定的,两者融合形成了密不可分的"传媒娱乐业"。

进入互联网时代后,娱乐应用也一直是互联网最主要的应用,虽然最新的中国互联网络发展统计报告显示,"大部分网络娱乐类应用的使用率在 2011 年延续下降的势头,网络音乐、网络游戏和网络文学规模在 2011 年度增长幅度较小,使用率也分别下滑至 75.2%、63.2%和 39.5%"[④],但这只是进入网络时代后人们度过"适应期",网络应用回归正常和理性的表现,也是网络功能逐渐走向全面,进一步成为人们工作和生活重要组成部分的表现,娱乐应用依然会是互联网主要应用之一。

互联网时代,传媒"传者"与"受者"的界限日益模糊,"传者"呈现权力分化趋势,传统的"受者"逐渐演变成"传者",他们有着越来越大的主动权,可以主动寻找

---

① [美]尼尔·波兹曼,《娱乐至死·童年的消逝》,章艳、吴燕莛译,广西师范大学出版社,2009 年版,第 121 页。

② 张小争、郑旭、何佳,《明星引爆传媒娱乐经济》,华夏出版社,2005 年版,第 19 页。

③ 张小争、郑旭、何佳,《明星引爆传媒娱乐经济》,华夏出版社,2005 年版,第 161—165 页。

④ 《第 29 次中国互联网络发展状况统计报告》,中国互联网络信息中心,http://www.cnnic.cn/research/bgxz/tjbg/201201/P020120118512855484817.pdf。

需要的信息，拒绝和回避无用的信息，在这样的情况下，广告生存状况可以说愈发艰难。“网络的兴起并不意味着网络广告的成功，恰恰相反，根据调查的结果，网络消费者一向偏爱他们自己选择的网站，而不是强迫性的广告。虽然网络广告的观众相当特定，并且也可以进行精确计算，但是始终无法像大众媒体那样吸引营销者的青睐。根据欧洲的数字营销服务领导公司 Outrider 的研究结果，真正会去点击广告的人数，大概只能占到所有潜在观众的 0.3%。”[①]面临这样“严峻”的现实，广告能做的只有改变自己，改变自己作为“内容”边角料的现实，改变自己的干扰和强制，改变自己被动的、不受欢迎的样子。

二、受众

追求快乐是人的天性，玩乐是人的本质属性之一，也被称为人类的 DNA。作为生物体，人有追求快乐的本能。而生物体要生存和发展，也需要依靠玩乐来维持生命体的平衡状态。

美国心理学家布鲁纳认为，在个体尚未发育完全的时期，游戏似乎具有一种决定性的功能，这种功能随着个体从猴到类人猿，直到人类这个愈益向高级进化的过程，而显得越来越重要。人在社会化过程中，玩乐更是一直相伴并在一定程度上起着决定性的作用，人的成长、发展都离不开玩乐。德国宗教改革运动的发起者马丁·路德指出：他们需要快活和娱乐，如同需要饮食一样，他们的需要也依靠这个。

随着生活水平的提高，人们用于娱乐的金钱和时间都越来越充裕。罗歇·苏以休闲类型为标准将娱乐分为身体娱乐、实用娱乐、文化娱乐、社会娱乐四大类。张小争则依据娱乐范围把人类的娱乐分为自我娱乐、人际娱乐、群体娱乐、组织娱乐和大众娱乐。张小争还指出，“人类的娱乐需求可以分为三个层次：生理需要、社会需要和精神需要。这三个层次的需要决定了娱乐主体、主题、时间、场所、形式、内容、功能、手段、效果等方面表现的千差万别。”[②]玩乐调节着人，促进人的健康发展，同时也是人类未来的决定性概念。

人的玩乐需求在不断增长和提高，相应地，不断发展着的闲暇方式也进一步

---

① 武晔岚，《广告的娱乐化生存初探》，北京大学硕士学位论文，2005 年，第 54 页。

② 张小争，《娱乐财富密码》，复旦大学出版社，2006 年版，第 151 页。

"助长"了人们对高质量玩乐的追求。虽然闲暇时间增多了,但仍然是有限的,并且快节奏的生活带来了更大的压力,于是人们努力寻找那些添加了玩乐成分的产品或服务,只要事物有娱乐的因子,被接受的可能性就增加了,人们在这些事物中也获得了更多的体验和满足。娱乐因子也带领着那些本来不属于娱乐领域的内容长驱直入人们的内心。

三、市场

"当代市场经济最有代表意义的特征,恐怕是消费者作为主动性一方,有权自主选择,而生产者只不过是处于服务地位。这种'消费者主权'现象正是社会福利增长和生产走向良性循环的基本机制。但这也给生产者带来了一个巨大的难题:有了生产能力,怎样才能将产品卖出去?由此营销成为当代企业的核心任务。"① 基于这一难题,《娱乐经济:传媒力量优化生活》的作者给出了一条与众不同的出路——用娱乐因素改造我们的经济。

这是一个产品过剩的时代,白热化的市场竞争状况使得商家营销支出成倍地增加。"仅仅是为了得到消费者的注意,各个娱乐产品制造商都不得不大大增加其广告、营销、促销的支出。……进一步说,激起消费者的注目的需要,已经打破了原有的生产和促销的平衡。在任何一个公司的损益表上,这些开支都是坐在底线之上的一笔庞然巨款,像个巨兽一样有些吓人。在一些案例中,广告、促销、营销的支出超过生产支出达100%。"②

这也是一个产品高度同质化的时代,产品就功能性利益来看,基本是无差异的,这时候,人们选择产品的理由通常来源于主观认知,购买的实际多是心理层面的附加值,这些附加值正是品牌通过日常各种营销传播手段不断附加给产品的,这些附加的价值一旦和消费者产生沟通,也就转化成了购买的理由。品牌塑造,实际也就是心理价值的营造。比如宝洁的飘柔,在柔顺之外,品牌附加了自信、每一面都美、心动等心理价值,使得品牌形象日益充盈。在产品没有真正的新闻点

---

① [美]迈克尔·J.沃尔夫,《娱乐经济:传媒力量优化生活》,黄光伟、邓盛华译,光明日报出版社,2001年版,译者序。

② [美]迈克尔·J.沃尔夫,《娱乐经济:传媒力量优化生活》,黄光伟、邓盛华译,光明日报出版社,2001年版,第35—36页。

的时候，广告也必然要脱离产品的功能利益转而诉诸心理价值，通过那些让人感动的、让人愉快的、让人惊喜的、让人难忘的、让人想看的、让人主动靠近的营销传播方式，让人不但愉快地选择，而且还忠诚地持续选择。

“快乐主义（也被一些人称为功利主义）是一种重要的西方哲学思潮，也是西方经济学产生的最直接的哲学基础。从古代到现代，从哲学到经济学，从利己主义到利他快乐主义，直至以‘最大多数人的最大幸福’为思想原则的福利经济学的发展和阿马蒂亚·森获奖，快乐主义作为一种重要的经济哲学思想，已经经历了许多重大的发展变化，并对我们的经济学思维与发展产生着重大的影响。”①谁能够给予消费者快乐，谁就能够占据消费者内心，从而也就占据了市场，这已经成为今天企业生存和竞争的重要法则。“娱乐业之所以能够成功，是因为它在观众之间建立了一种感情上的联系。这种联系越强大，成功也就越辉煌。”②我们不能忘记的准则是，一切产业都是娱乐业。

用沃尔夫的话来总结，就是：“在正确的（媒介）融合中，配以适当的（广告）信息，加上恰到好处的（娱乐）心理联系，就能在某一特定的节目中做得更好，远胜过在任一碰巧吸引住大量观众的某个随机时刻，换句话来说，广告应当部分地作为娱乐组合来看。”③

第三节 广告，不得不玩的理由

套用狄更斯的一句话，对于广告，这是一个最好的时代，这是一个最坏的时代。

没有哪个时代的广告数量能与当下相比，没有哪个时代受众的注意力是如此稀缺，没有哪个时代信源如现在般碎片化，没有哪个时代广告像现在一样无力和无效，比起广告振臂高呼应者云集的过去，比起每天开进央视一辆桑塔纳开出一辆奥迪的辉煌，今天广告的生存状况几乎可以用“凄惨”来形容了。“由于电视频

---

① 陈惠雄，《快乐思想的发展与科学意义》，《浙江学刊》，2001(03)。

② [美]斯科特·麦克凯恩，《商业秀》，王楠岽、徐化译，中信出版社，2004年版，前言。

③ [美]迈克尔·J.沃尔夫，《娱乐经济：传媒力量优化生活》，黄光伟、邓盛华译，光明日报出版社，2001年版，第303页。

道越来越多，而互联网作为一个新的媒介又可以提供无穷多的交流渠道，所以媒体的分化使单个广告频道的顾客认知份额有所减少。与此同时，媒体的饱和又使消费者越来越感到信息量的超负荷，面对每天成百上千的广告信息，他们越来越感到手足无措。随着大众传媒的不断发展，消费者似乎也开始对 20 世纪中后期说教式的广告方式感到怀疑了。最近，人们还发明了 TiVo 等新技术，使顾客们能够自由地删除电视节目之间的商业广告。所有这些因素使得传统的广告在吸引受众以及对产品、服务和品牌做出令人信服的宣传效果方面一日不如一日。”①

也没有哪个时代的人像今天一样感性，像今天一样冲动消费，像今天一样愿意仅仅因为“喜欢”就一而再再而三地心甘情愿买单。而“喜欢”这个理由具有一叶障目不见泰山的魔力，不仅无视其他品牌，也会自动过滤掉自己所钟爱品牌的缺点。所以，对于以创意为灵魂的广告而言，这也是一个最好的时代，可以不受产品功能的约束而最大程度地“讨好”那些喜欢自己的人，因为有共鸣点，有情感的维系，所以消费者与品牌的关系可能会达到从未有过的境界。机会是有了，抓住这个机会难度也着实不小，数不清的品牌在消费者面前千姿百态地努力着，消费者又是那么善变，所以，品牌必须马不停蹄地超越消费者需求变化自己，引领消费者，这样才可能一直被追随，且无法被超越。

---

① 伯恩·史密特、大卫·罗杰斯，《懂得 SHOW，就对了！》，叶思迪译，台湾培生出版社，2004 年版，第 3—4 页。

第三章

“玩广告”关键词解析

“玩广告”依据的依然是目前广告所遵循的社会营销传播的基本理念与法则。其理论基础没有发生根本的变化，不过指导性的理念确实有了很大的不同，这其中 UGA、玩伴就是两个关键词，领会了这两个关键词的精髓，才能学会如何玩，也才可能玩得精彩。

第一节 UGA(用户产生广告)

UGA，即 User Generate Advertising，用户产生广告，是互联网时代广告的重要理念之一。随着 UGA 的发展，此理念已经不局限于互联网领域，但仍以互联网为主。所谓 UGA，指的是互联网使用者部分或全部参与广告的生成或传播，没有这些用户的参与，广告则无法完成或无法传播。UGA 的概念比较早是由酷 6 网提出来的。UGA 是大家一起做、利益共享、合作共赢的模式。品牌获得了理念的深入渗透，平台有了原创的内容和更高的点击，用户则获得了创意发挥和参与的空间及乐趣，部分用户还能够获得物质或金钱的奖励。

传统的 AIDMA 营销法则(1989 年美国刘易斯提出)，即 Attention(注意)、Interest(兴趣)、Desire(欲望)、Memory(记忆)、Action(行动)，正在向具有明显网络特质的 AISAS 模式，即 Attention(注意)、Interest(兴趣)、Search(搜索)、Action(行动)、Share(分享)转变，AISAS 模式是电通公司提出来的，其中搜索、行动与分享鲜明地呈现出了互联网的特性。

“传统的 AIDMA 模型是以大众媒体的传播为核心，重点在于引起消费者的认知和兴趣，但是基于 AISAS 的 Cross Media Planning(跨媒体策划)不仅仅要引起消费者的注意(Attention)，让他们产生兴趣(Interest)，使信息达到最大化，更重要的是要让更多的消费者参与其中，与品牌产生互动，去体验品牌所带来的价值，并自发地向周围进行传播。”①电通提出了 CGM(Consumer Generated Media)的消费者发布型媒体概念，媒体包括博客、维客、论坛、社交网站等环境。下图即直观呈现和比较了 AIDMA 与 AISAS 的流程：

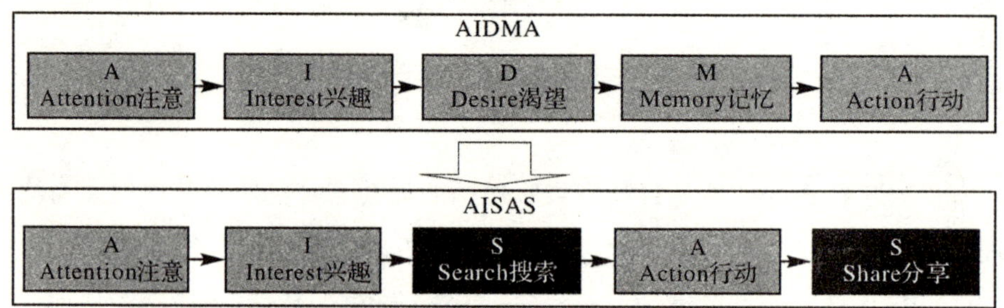

AIDMA 向 AISAS 的转变②

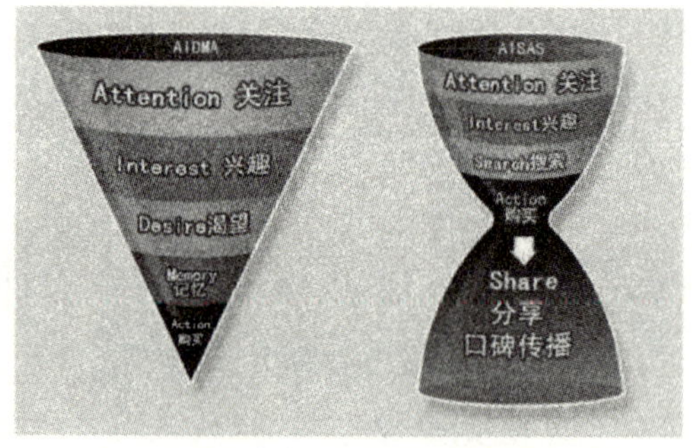

AIDMA 与 AISAS 营销模式比较③

人人参与模式其实已经超越了电通的“Cross Media Planning(跨媒体策

① 《电通 AISAS 模式下的整合传播创新》，http://www.chinavalue.net/Media/Article.aspx? ArticleId=40973。

② 《口碑营销正在逐渐取代传统营销模式》，http://www.wopush.com/blog/read-6.html。

③ 赵有财，《基于 AISAS 模式的用户分析研究》，http://www.zhaoyoucai.com/aisas-model.html。

划)”,而是把所有人纳入策划的范畴,并将其作为重点,人的生活方式是思考的出发点,而非媒体。

日本片平秀贵先生提出了AIDEES,即在消费者产生媒体的环境下,口碑影响消费者行为的六个阶段,分别是Attention(注意)、Interest(兴趣)、Desire(欲望)、Experience(体验)、Enthusiasm(热情)、Share(分享)。以笔者一次购买与分享经历为例进行简单分析。某天在经常购物的一家网店看到一个高度仿真的桃子外包装护手霜,引起了注意,发现正是自己需要并且想要的,于是产生了兴趣,看了其他买家的评价之后,更进一步调动起自己购买的欲望。收到商品试用之后,发现实在是太棒了,滋润效果、味道、清爽程度等均堪称完美,这样的体验带动起了分享的热情,于是立刻通过微博以图片加评价加链接的方式推荐了这一产品。而笔者也曾因为朋友的微博推荐而购买过其使用过的商品,这一行为在饮食、旅游地推荐中尤其普遍,效果也格外好。

一、UGA模式“生逢其时”

所谓时势造英雄,在物质与观念条件不具备的情况下,UGA是无法产生的。Web2.0是UGA产生的基本环境,也是这一环境培养了用户的参与理念。Web2.0的核心价值就是注重用户的交互作用,用户既是网站内容的消费者,也是网站内容的制造者。“Web1.0到Web2.0的转变,具体地说,模式上是单纯的‘读’向‘写’、‘共同建设’发展;基本构成单元上,是由‘网页’向‘发表/记录的信息’发展;工具上是由互联网浏览器向各类浏览器、RSS阅读器等内容发展;从运行机制上,由‘Client Server’向‘Web Services’转变……用户主导网络世界成为不可逆转的潮流。”[①]在这个时代,广告也相应发生了变化,不再是高高在上振臂一呼应者云集,而是把受众邀请到广告制作过程中,由其参与完成广告的创意、制作和传播,UGA模式深深印上了Web2.0时代的核心特征,也必将在这个时代成为最受瞩目的广告形式之一。Web2.0把人视为灵魂,Web2.0是多人参与的、可读可写的,信息是多样化和个性化的。

业内人士已经多次提及Web3.0这个概念,技术、信息、用户角度的分析都有,“假如说Web1.0的本质是联合,那么Web2.0的本质就是互动,它让网民更

---

① 林升梁,《网络广告原理与实务》,厦门大学出版社,2007年版,16页。

多地参与信息产品的创造、传播和分享,而这个过程是有价值的。Web2.0 的缺点是没有体现出网民劳动的价值,所以 2.0 很脆弱,缺乏商业价值。Web2.0 是脆弱的,纯粹的 2.0 会在商业模式上遭遇重大挑战,需要跟具体的产业结合起来才会获得巨大的商业价值和商业成功。Web3.0 是在 Web2.0 的基础上发展起来的能够更好地体现网民的劳动价值,并且能够实现价值均衡分配的一种互联网方式。"①

有人以十年为单位绘制出了 Web1.0、Web2.0 和 Web3.0 的基本状况:

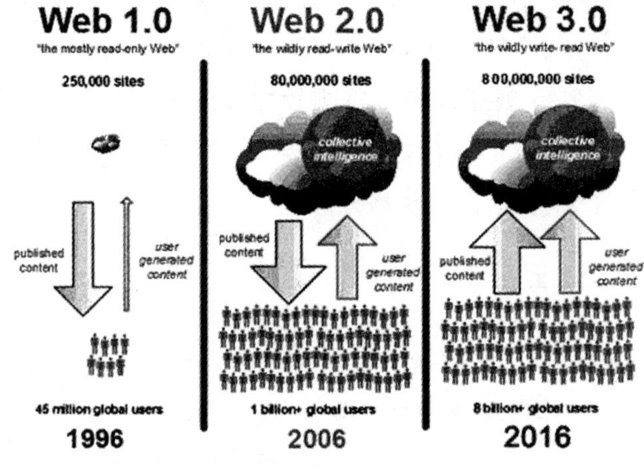

Web1.0 Web2.0 Web3.0②

Web1.0 是广泛地只读的时代,Web2.0 是广泛地读和写的时代,Web3.0 则是广泛地写和读的时代,广泛地"读和写"与广泛地"写和读"绝对不仅仅是顺序的差异,两字换位才是 2.0 与 3.0 的重要不同之处。互联网的发展不在于技术的创新,而在于观念的创新。"现有 Web2.0 由少量用户产生内容……但到了 Web3.0 时代,这项革新则变成所有的内容产生、发布都由用户来完成……才能真正实现 collective intelligence 所保护的包括技术因素在内的更多的思想的因素。就目前而言,要实现 collective intelligence 尚有些困难,要改变我们自己的思维模式,从 Web2.0 时代的'Read-Write Web'到 Web3.0 时代的'Write-Read Web'并不仅

---

① 《Web1.0 Web2.0 Web3.0 Web4.0 看互联网趋势》,新浪网,http://club.tech.sina.com.cn/thread-688505-1-1.html。

② 《漫谈 Web3.0 是一种思想进步》,新浪网,http://tech.sina.com.cn/roll/2006-12-07/1047182327.shtml。

仅是一个‘写’(Write)与‘读’(Read)谁先谁后的简单排列。我期望这一切在十年后(2016 年)真正实现。”①互联网的发展速度是超越我们想象的，商业模式需要跟上它的速度，一落后可能就错过了一个时代。

二、UGA 主要形式

UGA 虽然并非是用户完全自由的发挥，但用户在“写”上是有着绝对的自主权的，尤其是用户产生完整广告作品的 UGA 形式，除了基本主题以及植入品牌相关元素外，其他无限制，广告创意制作主体变成了原来的受众，这也是广告革命性的变革。

用户产生完整的广告作品

用户产生完整作品，即广告的创意、制作、发布完全由用户个人来完成。这种形式较为常见的如各种广告大赛，包括视频、平面、网络广告大赛、广告摄影大赛等，还有其他植入商业信息或者企业发起的创意征集也涵盖在内。作品从创意到最终发布都是由用户完成的，企业或者企业的合作方提供发布平台，最终企业拥有作品的使用权。

针对在校学生的大广赛、大广节(学院奖)、金犊奖等诸多奖项，都是看中了年轻人的创新和创意能力，这些年轻人代表的正是市场的未来，通过这种方式，企业有效征集到了海量创意作品，也获得了了解这些年轻人的一手资料，还让学生在参赛过程中深入认识了自己的产品。学生在这一过程中获得了接触市场和把自己所学以及所擅长的应用于实践的机会。比赛合作方，比如一些视频分享网站，通过这种方式获得了原创的内容，丰富了自己的资源库。还有其他的合作方，如微博作为交流的平台，图片库作为素材平台，都增加了用户和人气；纸媒和电视台等媒体有了新闻素材，其他互联网平台也增加了人气，高校也增加了交流机会，无一例外，均有收获。

一些通过网络平台征集作品的大赛，给了网民一个创意发挥的空间，不论职业、年龄、地域，只要有创意想挑战均可参与，参与者看中的并非是奖品，重要的自己的智慧或技术有了发挥、展示、交流的平台，重要的是参与者可以玩得很开心。

---

① 《漫谈 Web3.0 是一种思想进步》，新浪网，http://tech.sina.com.cn/roll/2006-12-07/1047182327.shtml。

用户介入广告作品进程，部分决定广告产生

很多广告作品，需要用户部分参与进去，才算是完整。比如以游戏形式创意的作品，如果没有人玩，游戏也就不能被称为游戏，其中蕴含的信息也就不可能被认知；比如像“大众自造”这样发动大家一起造车的活动，没有“大众”的创造，活动也就无法进行；再比如网络互动电影形式的广告，虽然预设了很多不同的情节变化，但如果用户不参与、不点击、不选择，这部互动电影也就等同于不存在；帖子无人看和评论，话题无人参与……广告也就不能被称为广告。也就是说，用户虽介入部分环节，但没有他们的介入和参与，广告同样等于不存在。

用户完成广告传播

广告必须通过传播才能达到营销目的，广告发展史上，长期以来广告主要都是通过媒介直接传递给受众的，特别是大众传播媒介，这也使得在广告领域媒介一直是拥有“霸权”地位的。进入网络时代，这种广泛告知的传播仍然居于主导地位，随着互联网的发展及其理念的变迁，这种状况才逐渐发生改变。

网络重要的营销方式病毒式营销就是由互联网用户自发传播而实现的。百度著名广告《唐伯虎篇》由一些员工通过电子邮件发给朋友以及从一些小网站挂出链接开始，由于创意的独特和情节的趣味性，在网民中几乎可以说是以光速在扩散，并且网友还赋予其新的名字或评价，如“百度超级打击谷歌”等。有效的病毒传播中，病毒是在不断发生“变异”的，这样的“变异”不会改变原有的传播主旨，而是网友赋予其更强的感染力和生命力，这样病毒在传播过程中就不会休眠，也就能够感染更多的人。怎样才能保证用户在没有任何回报的情况下主动为企业传播呢？这就需要广告足够有趣，创意足够独特，或者信息足够有价值等，用户就会变成自动的传播源。

根据中国互联网络信息中心在2011年1月发布的《2010年中国网民网络视频应用研究报告》的图表统计显示，网络视频分享与转发有如下主要途径：

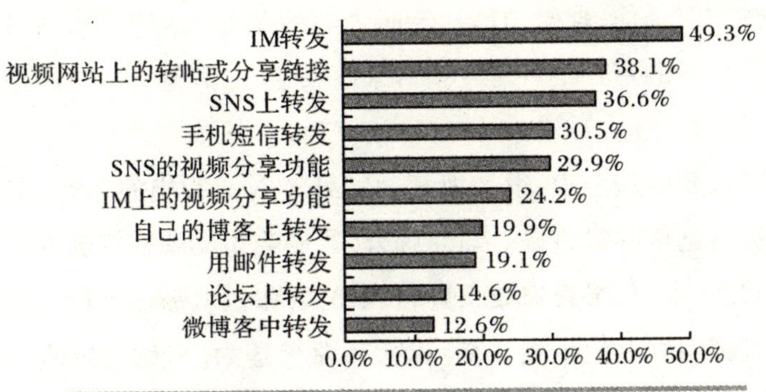

这些转发和分享也包括了视频本身就是广告这一类别的内容，仅由此图表即可知，转发与分享非常便利，能够选择的途径多种多样。

未来随着网络的发展，用户参与完成传播的广告会越来越多。

三、UGA 模式主要生存环境

UGA 有它生存和发展的环境，缺少平台，用户是没有机会和可能去产生广告的，无论是广告作品，还是广告传播。UGA 主要存在于互联网中，已经逐渐演变成了互联网主要的广告理念，几乎可以说有遍布互联网的趋势。我们仅分析几种主要的存在环境：

视频网站

视频网站是近几年互联网发展的热门领域，也是用户应用率逐渐增长的网络类别。知名度较高的视频网站包括优酷、土豆（两家现合并为优酷土豆）、酷 6、乐视网、百度奇艺、网易视频、搜狐视频、新浪互联星空等，其中多数属于视频分享网站，由于视频分享网站是用户上传原创视频的重要平台，因此也成为 UGA 的主要生成环境。

根据中国互联网络信息中心在 2012 年 1 月发布的《第 29 次中国互联网络发展状况统计报告》的数据显示，网络视频行业的发展势头相对良好，用户规模较上一年增加 14.6%，（截至 2011 年 12 月底）达到 3.25 亿人，使用率提升至 63.4%，是中国网民继即时通信、搜索、音乐、新闻之后的第五大应用。① 网络视频用户增幅比较明显。大量的用户不一定直接带来高收益，但大量的用户一定是高收益的基础。

在高额版权费的压力下，很多视频网站处于入不敷出的境地，多渠道扩展商业模式才能让自己生存得更好。与品牌合作，成为为品牌征集创意和作品的平台也是重要方式之一。如果合作效果好，长期的合作也就形成了稳定的客户源。

酷6网是国内知名的视频分享网站，其理念是"分享你的价值"，它是第一家获得广电牌照的民营视频网站，也是唯一一家奥运点播合作伙伴，被业界评为全球上升速度最快的互联网公司，也曾被华人网民评为"中国十大实用 Web2.0 网站"。酷6网在创立之初就以 UGA 营销为核心理念，它所取得的成就也离不开这种得到业界认可的商业模式。

微博

2010 年是中国互联网的微博年，微博用户增幅极大，140 个字，可附加图片、视频、网址链接等，可谓零门槛 UGA 环境。微博人数的剧增也使得其商业价值备受瞩目，虽然现在还没有形成成熟的盈利模式，但可以预见的是，商业前景还是比较乐观的。

2011 年 5 月起，361°在腾讯微博举办了"多一度热爱，多点燃一个梦想"为主题的"361°腾讯微博大运梦想传递"活动，历时四个多月，吸引了数以万计的参与者发表与 361°、大运会相关的微博，主办方从中选出获奖作品进行奖励，既宣传了大运会，更宣传了 361°产品。

微博 UGA 用户发布广告巧妙地把广告信息嵌入有价值的内容中，这样的广告因为能够为用户提供有价值的东西，而且具有一定的隐蔽性，所以转发率更高，营销效果也更好。像小技巧、免费资源、趣事都可成为植入广告的内容，对用户而言也是有价值的。

关于微博，本书在后面有详细探讨，此处不再赘述。

品牌官网或迷你站

依托品牌官网或者其他站点建立迷你站而发起的 UGA，也是较为常见的

---

① 《第 29 次中国互联网络发转状况统计报告》，中国互联网络信息中心，http://www.cnnic.cn/research/bgxz/tjbg/201201/P020120118512855484817.pdf。

UGA 生存环境。

品牌官网有权威性和公信力，品牌官网发布的活动可控性也更强，当然在品牌官网发布活动仍然需要寻找合适的途径告知用户活动参与信息。

迷你站，一般是依托于某个网站（包括视频网站）而独立的页面，通常这个迷你站就是一个品牌活动站点。比如麦当劳“麦向未来”迷你站，这是麦当劳携手豆瓣网推出的“后 2010 麦当劳创意设计大赛”，活动时间是 2010 年 11 月 15 日至 2010 年 12 月 11 日。大赛活动历时 4 周，到投票结束，一共收到近 600 幅极具创意的作品，获得了过万人次的关注。[①] 依托于其他站点建立迷你站，需要考虑这一站点用户与自身品牌用户的重合度，重合度越高，效果也就越好。

四、UGA 优势分析

深度参与

在传统的广告形式中，受众只是被动的接受者，网络广告出现后，其互动的特征始终被视为最有生命力的特征之一，而今在此基础上又有了新的发展，以受众的深度参与让信息的传达更加深入。由于摄影、摄像技术的普及和各种制作软件的人性化、简单化趋势，技术已不构成障碍，这使得受众参与变成可能。而视频网站又为受众提供了简便快捷的发布平台，这保证了创意、制作、发布过程没有干扰，可以最快速、最流畅地完成。

UGA 模式的出现，打破了传统广告单向度传递信息的局面，通过受众参与实现了广告主与受众双向的、深入的沟通，不仅节约了广告主的成本，更能在受众参与过程中实现他们对广告主产品和品牌理念的充分了解，同时，借助视频网站的发布平台，还能带来更多的人分享、探讨，这样主动参与和分享的行为对于传统的广告而言，都是具有颠覆意义的。

分享产生价值

一旦涉及利益共享，受众的主动性和参与度就会大大提高。就像酷 6 网的口号“分享你的价值”一样，酷 6 提供一个平台、一个机会，受众参与其中，贡献自己的创意同时获取一定的收益。比如酷 6 网和伊利共同举办的“微视频大赛”，通过这一活动，酷 6 获得了 600 万元的广告费，而网民中最高有人获得了 10 万元的

---

① “麦”向未来，豆瓣网，http://www.douban.com/minisite/mcd2010/。

奖金。

分享产生价值的同时也带来了视频行业的良性循环:作者通过作品展示自己的创意并获取收益,之后可以拍摄出更好的作品;平台因为参与和作品获得更多的关注和点击;广大网友能够享受到更多的原创作品;企业借此传播了自己的理念,提升了知名度和认可度,促进了销售。

近年来,互联网 UGA 模式慢慢走向理性和成熟,并为诸多品牌成功运用。越来越多的企业切实感受到用户产生广告给他们带来的收益。DCCI 视点提出:互联网各种视频服务边界逐渐模糊,视频分享网站 UGC 模式日趋淡化,而 UGA 广告前景看好。① 互联网 UGA 模式必定是未来广告形式的主流。

互联网 UGA 模式具有用户主动参与的优势,受众不再是被动的接受者,他们也可以参与广告创意、广告制作、广告传播,所以无论从接受上还是参与制作和传播上,受众有着巨大的兴趣,传统的受众也兼有了传者的权利。用户深度参与、利益共赢并有着充分娱乐体验的 UGA 模式与理念是未来广告重要的力量。

UGA 成功的关键点是要保证参与方式的便捷,如果流程复杂,需要用户做的事情太多或者太难,参与方法或步骤繁琐,都会降低参与的主动性和可能性。在各种摄录设备、视频剪辑和图片处理软件日益人性化和简便化的今天,UGA 有了更坚实的保障。

UGA 不仅是模式,更是一种理念,要成功运用 UGA,就需要充分了解自己的目标消费者,他们喜欢什么样的广告,他们喜欢怎样创意和制作自己心目中的广告,他们愿意如何分享与传播,什么样的参与才能调动他们的积极性同时有益于品牌发展等。给一个支点,可以撬起地球,在 UGA 模式中,企业提供的主题就是这个支点,只有高质量的支点,才能撬起重量级创意。

第二节　玩伴

由于每个企业的资源都是十分有限的,不同企业优势领域也都不同,企业在发展过程中逐渐发现,自己单打独斗耗时耗力耗钱,得不偿失,如果有合适的合作

---

① 《DCCI 视点:2009 网络视频 UGA 广告前景看好》,易传媒,2007-08-27,http://tech.china.com/zh_cn/news/net/domestic/11066127/20090807/15591377_1.html。

伙伴,大家联合起来,优势资源共享,会达到事半功倍和"钱半功倍"的效果。

1966 年艾德勒在《哈佛商业评论》发表了题为《共生营销》(*symbioticmarketing*)的文章,他在文章中将共生营销界定为"由两个或两个以上的企业联合开发一个营销机会",这被认为是合作营销开先河的研究。肖恩·克拉克的《合作营销》是这方面研究的代表性著作之一。

联合、合作、共生包括不同行业企业的联合、相同行业企业的联合,也包括产业链上下游企业的联合,联合不等同于捆绑销售,合作双方是完全平等的,他们资源共享。

海尔和苏宁联合创立了海尔苏宁模式,这是家电产业上下游企业整合的营销模式,制造商和销售商资源共享,风险共担,不仅能以最快速度和最低成本进入新市场,还增强了抵御"外敌"的能力。

卡帕与百事合作时期卡帕官网截图

2007 年,卡帕和百事开始了跨行业的战略合作,两个品牌合作推出了首款产品——卡帕—百事"影舞"系列时尚运动产品。合作的初衷在于卡帕由于专业性上无法抗衡耐克阿迪,所以希望把自己打造成运动品牌中最时尚的。从这个角度看,卡帕应该是合作的发起方,不过就合作过程来看,卡帕并非是主导方,两者属于合作伙伴的关系。百事的包装设计师和卡帕的设计师一起给服装添加了大量百事的时尚元素，包括照片、旅行、表情、欢庆四个主题。照片运用的是流行的人物头像图案表现年轻人欢腾时刻；旅行则再现了年轻人渴望环游世界的梦想；表情则以常用的网络符号混搭创意，格外受年轻人青睐；欢庆是侧重展现年轻人缤纷的生活以及对未来的美好憧憬。处于不同行业的卡帕和百事一直都有共同的"运动＋时尚"的品牌策略，再加上目标消费者的高度重合，确属"情投意合"，联合也就自然顺理成章。两个品牌合作推出的新品融合了他们对时尚、个性和流行的理解，充分迎合了年轻消费群追逐时尚的心理和行为。较之百事的饮料，服装距离"时尚"这个词汇更近，所以此次合作也会带领百事靠时尚更近一点，这正是百事突破自己运动饮料形象的策略之一。由于各自在行业内部资源日益稀缺，因此"跨界"成为必然的选择，基础则在于两大品牌拥有共同的消费群体。另外需要说明的是，双方的合作没有分成，重在借势，这样的方式操作便利，给对方产生的干扰几乎没有，多属"联合传播"的方式，这也是联合的大趋势。

传统线下企业联合互联网企业是当前市场上最为常见的联合推广方式，这需要企业改变互联网是媒体、只是依靠他发布信息的陈旧观念，视其为伙伴，双方才是平等的，才能更为深入地合作。

比如可口可乐与各大小网游的合作，基础仍然是共同的消费群体，双方拥有各自不同的资源优势，在网络和现实两个世界合作打天下。所以有人曾开玩笑说，百事和可口可乐两大品牌网络时代竞争最大的受益者不是这两个品牌，也不是消费者，而是第九城市(注：国内最大的网络游戏开发和运营商之一)。

可口可乐与魔兽世界进行了较为深入的合作，线下可口可乐中可见魔兽世界，线上魔兽世界中可见可口可乐，形成了"你中有我，我中有你"的传播态势。可口可乐广告中有魔兽世界的场景、人物，在魔兽世界中，可口可乐的相关元素都增添了更多奇幻的色彩，双方的促销合作更是频繁而细致。可口可乐还与街头篮球、劲舞世界、天黑请闭眼等多款不同类型、不同风格的游戏进行合作，游戏多了推广自己的途径和方式，百年可口可乐老牌则活力非凡，合作沿着年轻、活力、时尚的道路一路高歌猛进。

"玩广告"时代，就是要找志同道合的玩伴，没有玩伴自己一个人玩，可玩的项目是非常有限的，没有玩伴也是孤单的，不够快乐的，要找伴儿一起玩，才能玩得不亦乐乎，也才有更开阔的玩乐空间和丰富多彩的玩乐方式。玩伴多，营销传播之旅自然愉快，有人陪你玩，还有人把自己好玩的东西与你分享。学会把合作伙伴变成玩伴，然后找到最适合一起玩的方式，最后就能收获皆大欢喜的硕果。

世界上最大的软冰淇淋销售商 DQ(Dairy Queen)于 2011 年 5 月 10 日在加拿大多伦多市的邓达斯广场展示了一个重达 22300 磅(约合 10115 千克)的冰淇淋奶油蛋糕，蛋糕大概高 1 米，长宽 5 米，创造了世界最大的冰淇淋奶油蛋糕的吉尼斯纪录。展示结束后，这个冰淇淋蛋糕免费分给了在场的参观人员。据悉，这个大蛋糕使用了超过 9000 千克的冰淇淋、91 千克蛋糕、约 136 千克奥利奥，数十名工作人员日夜不停工才制成。而此次秀是公司创立 30 周年的庆祝活动之一。在活动现场图片中我们可以清楚地看到 DQ 冰淇淋上的奥利奥，DQ 冰淇淋本来就有奥利奥类别的产品，两者属于合作伙伴，DQ 的展示也顺带让奥利奥大型曝光了一次，立足“玩伴”的视角，转变为奥利奥庆贺 DQ 创立纪念，“亲密”了两者的关系，也还能够增添更多可玩乐的环节，这场秀也会更精彩。

DQ 世界上最大的冰淇淋蛋糕[①]

“玩广告”过程中，产品、品牌理念、广告作品等是提供给人们玩乐的元素，在玩乐中，有些环节、形式、创意等企业的可控性并不是很强，部分环节交给受众的同时要考虑到可能出现的负面问题，而在企业完全不知情的被玩乐情况发生的时

① 图片来源：冰淇淋加盟网，http://dq.icecreamchina.com/dq-bingqiling/0520975.html。

候，更需要企业有宽容的心态。毕竟在这个注意力稀缺的时代，有人关注，有人愿意把玩你的产品或广告，也算是一种幸运。企业要有被玩乐的准备和心态。

这是一个娱乐经济的时代，北京光线传媒有限公司提出："生活是为了娱乐，工作是为了娱乐，广告也娱乐。"[①]法国休闲学专家罗歇·苏认为：娱乐活动摆脱了不惜一切代价必须达到一个确切结果的约束。娱乐时，人们只服从于自己毫无拘束地选择的规则，以达到自己预定的结果，没有任何强制或外界的义务来干扰个人的选择。[②] 张小争《娱乐财富密码》一书的前言中把娱乐学称为"21 世纪当红学问"，这本书的前言还提到："位于世界娱乐中心洛杉矶的南加州大学有意通过不同学术范畴，如法律、建筑、商业及新闻等，以'娱乐作为 21 世纪人类生活的决定性概念'为主旨进行研究，希望把娱乐提升至学术讨论层面，以培养新一代的传媒大亨。"[③]美国著名歌手欧文·伯林曾写过一首著名的歌，《娱乐至死》的作者尼尔·波兹曼半开玩笑地说，只要伯林改掉歌名中的一个词，他就会成为像奥尔德斯·赫胥黎那样的先知。伯林歌曲的原歌名是"*There's No Business Like Show Business*"(《没有哪个行业能像娱乐业》)，而波兹曼认为应该改成："*There's No Business But Show Business*"(《除了娱乐业没有其他行业》)。[④] E 因素对经济全面侵蚀已经成为大趋势，顺应这一趋势，走在这一趋势的"潮头"，有玩乐的心态，找到合适的玩乐方式和伙伴，才能不落后于时代。

---

① 来源：北京光线传媒有限公司宣传手册，转引自张小争《娱乐财富密码》，复旦大学出版社，2006 年版，第 130 页。

② [法] 罗歇·苏，《休闲》，姜依群译，商务印书馆，1996 年版，第 1—3 页，转引自张小争《娱乐财富密码》，复旦大学出版社，2006 年版，第 149 页。

③ 张小争，《娱乐财富密码》，复旦大学出版社，2006 年版，前言。

④ [美]尼尔·波兹曼，《娱乐至死》，章艳译，广西师范大学出版社，2004 年版，第 119 页。

第四章

扩大了的广告形态与日益模糊的界限

广告最根本的问题即:"究竟什么是广告?"人们的认识是随着广告的发展而不断变化的。

张金海教授在他 2002 年出版的专著《20 世纪广告传播理论研究》一书中有如下分析:"20 世纪 60 年代之前,人们对广告的认识,主要是把广告视为单一的广告作品……时至今日,当广告已由单一的广告作品和单一的存在形态、单一的活动形态,走向更为丰富而复杂的整体广告运动,我们似乎应该为广告作如下明确的定义:所谓的现代广告,应该是包括广告运动在内的扩大了的广告概念。"[①] 距张金海教授这本书出版已经十个年头了,十年间,广告更是以加速度发展着,理论界对广告的认识也相应地发生着变化,就广告形态来说,总的趋势是日益"扩大"的,这给如何界定"广告"这个词又增加了不小的难度。

杨海军教授在他的 2007 年出版的《现代广告学》"广告概念的衍变"一节中对于广告概念的发展有如下分析:作为单一作品形式的广告——作为整体运动形式的广告——作为传播观与营销观双重观照下的广告——作为以文化缔构为本质特征的广告,并由此认为"现代广告的本质问题,实际就是广告市场中多角关系利益冲突或利益共享背后的文化缔构问题"[②]。杨海军教授为现代广告下的定义是:"现代广告是以策划为主体,以创意为核心的整体运动形式,是通过科学协调

---

① 张金海,《20 世纪广告传播理论研究》,武汉大学出版社,2002 年版,第 152—153 页。

② 杨海军,《现代广告学》,河南大学出版社,2007 年版,第 5—9 页。

广告主、广告代理、广告媒介、受众之间的关系，综合运用各种元素传递有效信息，努力促使广告市场中多角关系利益共享，以期实现营销目标和文化传承目标高度统一的信息传播活动。”①这一概念比较全面地对广告进行了论述，核心词汇是“信息传播活动”，就这个核心词汇来看，其实仍然是“广告”这两个字，也就是说，万变不离其宗，广告为什么叫做“广告”，而不是别的，说明这两个字最能体现它的本质含义，广告形式变了，存在方式变了，但“广而告之”的本义始终未变，只是描述清楚它的外延变得越来越困难。所以，广告扩大的只是形式，而非广而告之的本质。

任何能够广而告之的信息传播都可以被称为广告，这虽然是一种化繁就简的界定途径，却也是最能够涵盖当前各种与传统广告面目差异极大的丰富形式。张金海教授说，总结20世纪广告理论的发展历程，我们可以发现，虽然广告的终极目标也就是促进销售——自始至终都没有变化，但是广告实现目标的手法一直根据环境变化的要求而变化着。这样的变化反映在各个层面上就是：在传播内容层面，广告渐渐由“商品信息”过渡到了“文化诱导”；在传播受众（消费者）层面，已经由“大众”的概念过渡到了“分众”的概念；而在传播手法层面，则由原先的扩大消费群体的概念，过渡到针对不同重要程度的消费者施以差异化行销的概念，并且从如何促成购买的概念，过渡到了如何争取消费者满足以及重复购买的概念。②

刘千桂高举广告解放的大旗，提出了“众媒介”理论，并且指出，众媒介并非一种全新的媒介形式，它是在反思广告、媒介和人以及广告、社会系统和人的基础上，对广告本质的再认识，对媒介的再认识，对社会信息系统的再认识，重组信息资源，重新搭建新的传播模式，重新规划新的商业模式。通过开发社会信息资源的价值和增值效应，节约社会成本，以谋求“人—社会”更为和谐地发展。③ 他还在另一本书中指出，广告是企业和消费者之间的信息传播、信息增值和信息开发活动，即广告是企业和消费者之间以信息传播为基础的信息价值增值活动。信息传播、信息增值和信息开发，即为广告的三重价值。④ 这一观点把原来的信息传播发展为信息传

---

① 杨海军，《现代广告学》，河南大学出版社，2007年版，第8页。

② 张金海，《20世纪广告传播理论研究》，武汉大学出版社，2002年版，第79页。

③ 刘千桂，《众媒介理论——广告解放运动宣言》，中国传媒大学出版社，2008年版，前言。

④ 刘千桂，《广告大逆转——众媒介与新广告》，清华大学出版社，2009年版，第29页。

播、信息增值和信息开发，而后两个方面一度是被广告所忽视的，认识到这一点，也就为较为全面地认识今天的广告提供了思考基点。刘千桂还把自己的理论和观点做了高度总结："众媒介理论强调：背靠五座大山——体验、娱乐、智慧、商品、货币；手执四大王牌——力度、速度、广度、深度；偕同三位财神——广告、商务、金融；借用两件法宝——合作、共享；依附一个平台——网络；托起诸位巨人——你。"[①]

尽管"大众"走向"分众"又走向了个人，尽管有了点对点的传播，但无论产品、服务还是观念终究是要被自己尽可能多的目标消费者所接受和认可，途径可能是一对一，结果却仍是"广"，广告不断吸纳各种可为自己所用的资源，使得自己和内容之间的界限越来越模糊，只是因为长期以来广告对各种媒体内容的依附性，使得人们对广告"寄生"的印象根深蒂固，而忽略了它的独立性而已。刘千桂论及广告本质的时候，有如下论述：广告的本质是信息传播成本最优下的规模（广）效益和效率（告）。新广告需要适应市场的分众化、产品的定制化、消费的碎片化和需求的个性化，更要回归广告的实质：成本最优，规模制胜……（众媒介）广告传播兼具规模与个性。[②] 所以，回归信息，以信息为源点，以人为核心理解广告，才能真正认识当下的广告。

信息论创始人香农认为："信息是能够用来消除不确定性的东西。"对于信息，不同角度有不同的定义，信息定义的数量也是数不胜数的，在线新华字典中对于"信息"的解释是：通信系统传输和处理的对象，一般指事件或资料数据。其量值取决于事件的不确定性，若接收端无法预估事件所含内容和意义，信息量就越大。通常以事件发生概率的对数测度来度量。还有人认为信息通常是有意义的内容，信息是有新内容新知识的消息，信息是确定性的增加，等等。综合诸多的定义，能够发现一个共同点，那就是信息一定是有价值的。对于广告信息，同样要求是有价值的，如果人们接触到的广告都是有价值的信息，那么人们不但不会反感，不会拒绝，反而会主动接触、主动吸收、主动传播。陈格雷曾经说过："现在的创意人是很惨的，因为传播效果的好坏，首先是取决于选择的媒体和时段，而且广告长度越

① 刘千桂，《众媒介理论——广告解放运动宣言》，中国传媒大学出版社，2008年版，封底。

② 刘千桂，《广告大逆转——众媒介与新广告》，清华大学出版社，2009年版，第60页。

来越短，这只能使有效的广告变成叫嚣吆喝，广告人的创意空间被极大压缩了。但是在未来则很不一样，因为一个广告能否被消费者主动传播，最主要是取决于创意，只有创意才能不断出新，才能让消费者有新鲜感，并被感染为传播的渠道，成为媒体的一部分。”[①]于是，有创意的内容营销日渐成为趋势。

关于品牌内容营销的概念，业界一直没有清楚的定义，品牌内容营销，是指Branded Entertainment和Branded Content，直译分别是“品牌娱乐化”和“品牌内容化”。[②] 内容营销不同于广告人制作广告的形式，也不同于在已有的内容中植入自己的品牌信息，而是为品牌量身定做最为适宜的内容，内容包含的类别非常多，不管存在于何种媒体中，有内容的地方就可以有品牌信息。这是一个内容与品牌信息整合的时代，很多时候，品牌就是内容的提供者，或者两者是伙伴。受众在这样的品牌内容中获得的价值是多方面的，除了商业信息外，还有娱乐体验、情感体验等很多心理价值，通常正是因为这些心理价值，使得受众主动成为广告的积极参与者和再传播者，从而有效扩大了广告的影响。“广告活动的每一个环节都可以成为传播源，每一个环节都可以实现信息的传播、增值和开发，每一个环节都有广泛的运作空间，使得广告由静态的广告活动变成动态的广告进程、由受众被动接受变成主动参与、由单向传播变成互动传播、由广告传播活动变成广告商务运作。”[③]

品牌内容营销较之传统广告，可能存在着更大的风险性，因为内容本身的传播力和影响力预估存在着极大的难度，更不要说建立起完整的效果评估体系了，这是制约内容营销发展的关键。虽然内容营销并不会取代传统广告，但因其相对而言的低成本高效率的优势，绝对是今天的品牌不能忽视更不能小视的形式。海润影视集团与国际著名广告公司奥美广告合资成立的海润奥美娱乐行销广告公司，想来就是关注到了品牌内容营销大趋势的产物。还有合润传媒，“合润传媒是国内首家以品牌内容营销(branded content marketing)为主营业务的专业公司，亦是国内首家加入国际品牌内容营销协会(BCMA)的成员公司”[④]。在诸多传统广告公司、内容生产者、新形态内容与品牌整合传播者等的共同努力下，内容营销

---

① 《百度唐伯虎：中国广告走向数字娱乐小电影的奠基之作》，《国际广告》，2005(12)。

② 《润物细无声——内容营销引领品牌传播新境界》，《品牌管理参考》，2007(08)。

③ 刘千桂，《广告大逆转——众媒介与新广告》，清华大学出版社，2009年版，第45页。

④ 《凤凰卫视广告女副总闪电辞职 出任合润传媒总裁》，转引自新浪网，http://finance.sina.com.cn/chanjing/b/20071218/23494307659.shtml。

的价值很快就会得到很大程度的开发。

而且事实上，就像“并不是所有的娱乐业产品都是以幽默为中心一样，没有人强迫他们说一种‘令人愉快的体验’定义的仅仅是取乐。例如《辛德勒的名单》根本不是一部逗乐的影片，而是一部能给观众带来一种感情上的强烈体验的影片。‘欣赏性’这个词的意思是，舒适流畅，和缓而不激烈，具有感染力。要营造一种具有欣赏性的体验，你不必非要去创作某种搞笑的东西。但是，你必须要做的是创作某种客户想要反复去体验的东西”①。

第一节　广告＝电影

如果我们说《变形金刚》是梦工厂和派拉蒙大片，那么很多人看过会说，就是一部通用汽车的广告大片，不过看在怀旧和视觉冲击力的面子上，骂声应该不会太多；但如果我们说通用汽车和好莱坞一同为大家打造了《变形金刚》，那么是不是很多人都会纷纷感谢通用奉献给我们的视觉盛宴呢？当然，很多人的观影感受是，我们心甘情愿掏钱去电影院看这部广告巨片。

能变形的机器人是日本玩具公司 TAKARA 于 1983 年首先设计制作的；1984 年美国玩具厂商孩之宝（Hasbro）与 TAKARA 达成协议，使用他们的专利和形象开发美版的变形玩具，孩之宝还和美国动漫巨头 MARVEL 公司合作开发了机器人系列漫画产品，在他们的漫画中，变形机器人被赋予了生命。为了推广这些玩具，孩之宝公司为机器人制作了三集商业动画片，付费给电视台播出，说白了这就是推销机器人的三则电视广告。“广告播出后反响强烈，收视率连破纪录，占到了当时美国所有动画系列片收视率的 40%，大喜过望的‘孩之宝’干脆将它制作成了一部长篇动画连续剧。这个时候，‘孩之宝’与电视台的主动权发生逆转，‘孩之宝’不向电视台付广告费了，反过来要收取高额的版权费。短短几个月内，《变形金刚》动画片的收入已经成为‘孩之宝’变形金刚盈利计划的主要部分，占全部盈利的 1/3。”②这也由此拉开了变形金刚辉煌多年的序幕。

---

① ［美］斯科特·麦克凯恩，《商业秀》，王楠岽、徐化译，中信出版社，2004 年版。

② 高宏，《〈变形金刚〉从商业广告到商业大片赚的不是钱是记忆》，原载《时代商报》，转引自搜狐，http://roll.sohu.com/20110727/n314637903.shtml。

真人版电影《变形金刚》是美国著名导演迈克尔·贝于2007年推出的科幻电影,共三部。在动画片《变形金刚》中,主角是擎天柱,而到了真人版则是大黄蜂,动画版的大黄蜂是甲壳虫汽车,而真人版则是通用雪佛兰。据通用汽车透露,通用汽车产品参与了《变形金刚》拍摄全程。

《变形金刚Ⅰ》,通用旗下四大品牌雪佛兰、GMC、悍马和庞蒂亚克的部分高科技车型都在影片中担任重要角色。通用汽车公司董事长兼首席执行官瓦格纳表示:"这将是通用汽车产品和电影工业的一次经典合作,通用汽车的目标是为人们制造最好的汽车,我们不仅要给消费者带去生活上的便利,同时,我们也希望通过这次合作,结合电影的娱乐性,将通用汽车的高科技产品生动地展现在公众面前,带给他们超级享受。"①

"在《变形金刚Ⅰ》中,植入广告分担了4000万美元的电影投资,而《变形金刚Ⅱ》增加的30多款金刚就等于30多款车型,这让植入广告比第一部更加泛滥成灾。不过,由于故事情节都与汽车有关,因此片中出现的车型并未引起观众的反感。很多观众甚至坦言,正是为了看到自己心爱的车型才去看《变形金刚Ⅱ》。就像没有了阿斯顿马丁、欧米茄和不加冰块的威士忌,詹姆士邦德的魅力就会减半一样,《007》系列也会变得索然无味。而喜爱《变形金刚》的理由似乎也变得如此单一。"②据说在《变形金刚Ⅱ》剧本还没有成型之时,通用汽车就安排导演迈克尔·贝参观通用汽车北美研发中心,他看到了很多概念车。出演大黄蜂的是已经宣布量产的2010款雪佛兰 Camaro。《变形金刚Ⅱ》中,金刚的数量增加了很多:由冰激凌变成的搞笑双胞胎都是雪佛兰的概念车,横炮是通用旗下的考维特(Corvette)概念跑车,摇摆(Jolt)是雪佛兰最引人注目的新能源概念车型之一……这些车在片中不仅表现了外表和性能,而且都被赋予人性化的性格。

更有意思的事情在于,通用参演《变形金刚》系列电影的时候,自身也在经历着"变形",《变形金刚Ⅱ》上映的时候,通用已经申请破产保护,通用汽车将仅剩四个品牌:雪佛兰、别克、凯迪拉克和 GMC,其他品牌或出售或剥离。通用汽车急于

---

① 《通用 GMC、悍马担当〈变形金刚〉电影重要角色》,深圳车城网,http://www.sznews.com/szsbcar/content/2007-03/07/content_913538.htm。

② 李村,《变形金刚 变形广告?》,原载《新快报》,转引自网易新闻中心,http://news.163.com/09/0701/17/5D5EHN84000120GR.html。

改变自己原来传统的、庞大而难以生存下去的印象，转向创新、未来、时尚，《变形金刚》就是其转型的大手笔宣传。以雪佛兰为例，通用在中国已经把这一品牌定位于年青一代的品牌，推出多款经济型轿车，此次借助“大黄蜂”形象宣传雪佛兰概念跑车，无疑是对品牌文化创新的最好注解。所以，在《变形金刚Ⅱ》中雪佛兰被进一步突出。另外，我们还必须关注一点，雪佛兰在通用的品牌阵营中属于比较低端的，通用着重对其进行描绘，也可以反衬高端品牌的不凡。品牌理念与产品信息的整合使得传播更具分量，也更容易深入人心。

不同于《变形金刚Ⅰ》和《变形金刚Ⅱ》，《变形金刚Ⅲ》上映的时候，其中出现的雪佛兰车型我国的消费者已经可以在现实中购买了，2011 年 4 月，上海通用全进口引进了“大黄蜂”—— 雪佛兰科迈罗第五代产品。“作为美国最畅销的跑车之一，科迈罗自 1966 年问世以来，已历经五代车型，销量超过百万，见证了几十年来美国汽车文化的演变，堪称美式跑车的标志。2010 年，科迈罗更是在时隔 24 年之后夺回了美国最畅销跑车的桂冠。今年，科迈罗在北美市场已经售出了 40275 辆，成为细分市场的领头羊。”[①]雪佛兰众多的明星车型齐聚《变形金刚Ⅲ》，雪佛兰旗下的科鲁兹也首次亮相，这是通用全球战略新生代产品。

《变形金刚Ⅲ》截图

① 《全城“热”爱〈变形金刚Ⅲ〉王者归来》，原载《华西都市报》，转引自网易汽车，http://auto.163.com/11/0718/07/797SGMCV00084IJM.html。

“据了解，当《变Ⅲ》即将在中国全线上映之际，雪佛兰品牌同期推出了以‘变形’为主线的系列整合营销。母品牌广告‘热爱我的热爱’推出第二季，通过阐述‘变形’的意义来引发中国当代年轻人的共鸣。每个人心中都可拥有自己的‘变形’定义，只要发现自己心中的热爱，不断经历人生中的变型，就可以变成更强大的自己。其次，雪佛兰也以‘整合接力’的创新方式呈现，打造出了一部悬念迭生的‘连续剧’，随着《变Ⅲ》热度的持续升温，雪佛兰也必将成为这个夏季引发一场全城‘热’爱的焦点。”①

《变形金刚》系列电影中所展现的各种车型都是有个性的，不是冷冰冰的工业流水线上生产出来的，而是人类的朋友。在《变形金刚Ⅰ》中有一段情节：男女主角在车内抱怨汽车太旧了，旧车突然甩下了两个人，变身为最新款的概念跑车，帅气地风驰电掣般跑回主人身边，汽车和剧情完美对接。

产业链的每个环节都是伙伴，没有所谓的谁主谁次。“以《变形金刚Ⅱ》为例，‘孩之宝’需向出资2亿美元的派拉蒙公司和导演迈克·贝支付一定的酬劳，其中‘孩之宝’每卖出一件变形金刚玩具，迈克·贝就能获得8%的提成。在‘孩之宝’看来，这是鼓励创作人员想象力的最好办法。”孩之宝自然更是大赢家了，电影中变形金刚的数量不断增加，这意味着孩之宝可以卖更多的玩具了。孩之宝“还在电影情节中强化了变形金刚们的‘全球认同感’。从中东到中国，变形金刚无处不在，道理很简单，就是要拉近世界各地的孩子们(当然也包括曾经的孩子们)对变形金刚品牌的亲近和认同。”②孩之宝可谓一手版权费，一手玩具费，赚得盆满钵满。“据不完全统计，20世纪80年代到现在，‘孩之宝’通过变形金刚玩具、海报等周边产品在中国赚走了近50亿元人民币。”③同样赚得盘满钵满的自然还有好莱坞。我们称其为“孩之宝＋好莱坞＋通用”模式，缺一不可。《变形金刚》与通用联合打造了耀眼的好莱坞＋麦迪逊形式，在广告历史上可谓树立了一座丰碑。

《变形金刚》的影响力从一个侧面可以印证，那就是“9·11”以来，它是第一部

---

① 《全城“热”爱〈变形金刚Ⅲ〉王者归来》，原载《华西都市报》，转引自网易汽车，http://auto.163.com/11/0718/07/797SGMCV00084IJM.html。

② 高宏，《〈变形金刚〉从商业广告到商业大片 赚的不是钱是记忆》，原载《时代商报》，转引自搜狐，http://roll.sohu.com/20110727/n314637903.shtml。

③ 高宏，《〈变形金刚〉从商业广告到商业大片 赚的不是钱是记忆》，原载《时代商报》，转引自搜狐，http://roll.sohu.com/20110727/n314637903.shtml。

被允许在五角大楼取景的影片,《变形金刚》还被获准租用位于新墨西哥州的霍洛曼空军基地,虽然有人说这是因为迈克·贝总在电影中赞赏美国政府相关机构,但我更愿意相信这是《变形金刚》本身的影响力所致。

虽然真人版《变形金刚》系列电影不是为通用量身定做的,但是无论通用品牌还是通用产品,绝对属于"无缝植入",就算不是通用,也一定会有另一家大型汽车公司加盟,上演一场相互成就的"变形"奇观。据悉,导演迈克尔·贝之前声称《变形金刚Ⅲ》是自己执导的最后一部真人版变形金刚,但《变形金刚》系列执行制片人、孩之宝公司首席执行官可不答应,他说《变形金刚》肯定会有第四部。我们一点儿都不怀疑还有第四部,甚至期待还有第五、第六……第N部,不知道我们有生之年能看到第几部,就像很多人特别想知道自己活着的时候能看到iPhone和iPad出到第几代。一起期待吧!

第二节　广告=微电影

微电影,顾名思义就是小电影,也被称为网络电影,是利用电影的拍摄手法,以网络作为主要传播途径的娱乐性视频短片。这样的视频短片有爱好者自己制作的,更多的则是由企业出资完成的,企业出资完成的电影手法的网络视频短片我们称其为"网络电影广告"。和一般电视广告相比明显的差异在于不受时间限制,几分钟到十几分钟均可。

微电影不像《变形金刚》通用汽车广告大片那样鸿篇巨制,难以企及,它好在可学习、可模仿、可超越,毕竟成本是制约性的因素,而且网络即使再高清,人们也没期待享受到电影院那样的效果,更何况这些视频短片是免费让大家看的。所以,微电影很有市场。

宝马聘请全球八位著名导演拍摄的八部网络短片是这种广告形式较早的成功实践,至今仍被奉为经典,甚至被纽约现代美术馆永久收藏。那是在互联网在我国普及化程度还不是很高的年代,很多人是通过论坛或购买光盘等途径来欣赏这八部短片的。几年后,百度《唐伯虎篇》、《孟姜女篇》、《神捕篇》也把这种形式的优势发挥到极致,而且更具备了网络普及化时代的色彩,成为中国市场被广为称道的本土执行。雅虎三部搜索引擎广告《阿虎篇》、《前世今生篇》、《跪族篇》,大导演、大明星加上轰轰烈烈的选秀,虽然没有把雅虎搜索打造成另一个百度或谷歌,但三大短片倒不乏可圈可点之处，雅虎“烧钱”我们免费看片，何乐而不为呢。而且，偷偷乐的肯定不仅仅是普通百姓。可口可乐首先在电视上以连续剧形式播出之后集合成《要爽由自己》网络短片，继续在互联网上发挥作用，典型的偶像剧风格小电影。随着网络的发展，这种广告形式越来越普及。

挣脱了电视广告费用制约下的时间束缚，网络电影广告可以无拘束地讲故事，从而为产品营造一个或感人或吸引人的情节和氛围，抵消人们对于过于明显的商业信息的天生抵触心理。“亚里士多德‘诗学’提出戏剧的六个要素，其中最重要被视为‘悲剧的灵魂’的便是情节……亚里士多德认为，戏剧是对于一个完整行动的仿真，仿真的对象是‘行动中的人’，包括性格与思想，都必须透过‘情节’的发展才能使戏剧行动具体而完整地呈现，因此情节乃戏剧中最重要的元素。而情节的作用可以让观赏者产生一个想象的世界，暂时远离现实生活上的压力，追求情感上的解放，如果一部戏剧作品缺乏情节可看性，则无法使故事在发展上产生冲突、纠葛、高潮、惊喜与悬疑的感觉，观众必定会觉得单调乏味。当一部电影的情节可看性很高时，观众就会迷失在它的故事情节里，并深陷其中，而观众越喜欢电影情节，就越容易产生‘转换作用’，进而对电影中的组成要素（主角、植入产品或品牌等）产生态度上的改变。”①

微电影或网络电影广告属于蓬勃发展状态中的网络视频的类别，根据中国互联网络信息中心2011年1月发布的《2010年中国网民网络视频应用研究报告》的分析，“目前，国内视频网站纷纷推出自制网络剧，并受到用户的好评。自制网络剧的出现与版权成本压力密切相关。但同时，自制网络剧也能够缓解目前国内网络视频节目同质化严重的问题。无论对于网络视频行业来讲，还是对于传统影视媒体来讲，视频创意的来源都更加丰富，也为多媒体产业融合提供一个很好的模式参考。”②这样的自制剧中，也包含着企业联合视频网站推出的网络电影广告，内容和商业信息并驾齐驱，是相互依存的关系。

网络电影广告的出现，对于传统的电视广告是具有颠覆意义的，传统的电视广告是夹杂在电视节目中播出的，对于收看电视节目的很多人来说都是一种强行的干扰，

---

① 尹琪雯，《产品置入之相关理论探讨》，《广告大观理论版》，2006(03)。

② 《2010年中国网民网络视频应用研究报告》，中国互联网络信息中心，http://www.cnnic.cn/research/bgxz/spbg/201102/P020110222438442559461.pdf。

同时,中间插播的广告又是多则,广告信息很难被关注到,效果大打折扣。而网络电影广告有效利用了电影的娱乐特点,把广告拍摄成电影短片,主要放在互联网上,因为情节或者演员、导演极具吸引力,能把受众的目光主动吸引过来,广告信息的接受从干扰变成了娱乐,迎合了全球娱乐化的大潮,让广告变得很精彩。

一、网络电影广告特点

电影的特征

比起广告,电影更注重情节本身的描绘,尽管因为植入式广告的出现,产品、品牌有时会干扰观众的视线,但总体来看,情节、人物仍然是其中最具吸引力的内容。网络电影广告改变了原来广告紧密围绕产品的特点,重心在于剧情,因为只有情节具有吸引力,才能在网络上提高点击率,才能被受众主动传播,以此扩大传播范围,提升传播效果。传统电视广告可以是单纯叫卖形式,通过批量轰炸,提高注目度、记忆度,网络电影广告则借助明星、知名导演、有吸引力的情节等电影的特征,仍然是为产品做广告,但看上去是电影短片。宝马八部重量级导演执导的短片自然不用说,今天互联网的很多主打爱情的网络电影广告也是各有各的风采。

娱乐化的外表

网络电影广告一般都用娱乐化的亮点来吸引受众的眼球,可以是导演或者演员知名度高、有号召力,比如宝马、雅虎搜索、可口可乐就是如此;也可以是短片内容或者人物有吸引力,比如百度运用唐伯虎、孟姜女两个在中国人人皆知的形象;也可以配合前期的活动,比如“雅虎搜星”网络选秀活动,借助中国选秀热,延长了受众的期待时间,增加了关注程度,广告拍摄变成了部分受众参与、娱乐的过程。

同时,网络电影广告在传播过程中,因为内容精彩、观赏价值高、娱乐性强,首先接触到的受众会加上自己的评价,这些评价比正式的介绍更能吸引眼球,百度《唐伯虎篇》在网上以“百度超级攻击谷歌”的介绍出现,或者直接加上“超级搞笑”、“绝对精彩”等字样,想不被注意到都难。

骨子里是广告

网络电影广告本质上仍然是广告,精彩情节是为了让产品或者其最大优点集中凸显出来。宝马八部网络短片中有紧张的情节、大场面的制作、演员精彩的表演,但所有的人都能看出来真正的亮点在于宝马汽车,疾驰、急转弯、瞬间停止、飞车、撞击,宝马良好的性能体现无余;百度的三部短片幽默的情节让人记住了百度的优势:中文搜索、流量大、准确等;雅虎的《前世今生篇》、《跪族篇》则体现了输入各种关键词的强大搜索功能。网络电影广告在表面娱乐电影的掩盖下,仍然深刻诠释了广告传播信息的基本功能。

创意很精彩

有精彩的创意,才能保证广泛的传播。网络时代是"注意力经济"时代,受众的注意力成了稀缺资源,网络上的信息(包括广告)首先要做的就是抢夺眼球。

高水平的创意来源于制作费用,因为网络电影广告花费在媒体上的费用非常小(甚至几乎是没有),所以可以在创作方面做更大的投入。"百度副总裁梁冬曾经开玩笑似的说过:三个视频短片的创作是因为'没有广告预算'而想出来的。话虽诙谐,却道出了这三个短片以10万级的拍摄费用,达到了近亿元传播效果的实质。"①

二、网络电影广告传受方式

网络电影广告较之传统电视广告在传、受两个方面都有了明显的不同,"传"具备了感染性的特征,"受"则成了无障碍、主动的接受,借助网络技术,传播的速度之快、空间范围之广都非传统媒体可企及。

病毒式传播

面对网络,很多受众都习惯了只寻找、关注对自己有用的信息,而过滤掉其他信息。因此,广告人、营销人都认为最难沟通的目标群体就是网民。他们不喜欢也不接受强行的灌输,而一旦信息新鲜、值得观看,他们又很习惯利用网络评论或者其他方式推荐给其他人观看,网民"分享"意识很强。基于此,网络可以被看成是大众传播与人际传播的充分融合,把两者的优势发挥到极致。

"病毒式传播"、"病毒式营销"今天在互联网上已经不是新名词,成功实例也非常多。根据"病毒"的特点,这种营销传播方式具备传播速度极快的特点,同时是在不知不觉中完成的。而要有极强的感染性,病毒本身必须具备顽强的生命力和强大的攻击性,一般都是突发而又未知的。网络上的营销和传播沿袭了现实中病毒的特点,因为"病毒"极富感染力、新鲜,首先接触到的人会主动传播给其他人,一层层传播开来,最终俘获惊人的"感染"人群。

陈格雷在一次接受访谈的过程中曾经说过:"病毒营销其实一直都存在,只是

---

① 任文,《百度的病毒式营销》,《企业文化》,2007(03)。

过去被大众传播给掩盖了。其实，一切成功的营销传播都是因为成功地从大众传播发展成了口碑为主的传播，这就是病毒营销……我所理解的病毒营销很简单，就是人们能够主动传播的都可以算是，其主要原则是：主动而非被动；分享而非灌输；去中心化而非中心化；以及一定要借势，不能借势的就一定要造势。”[①]网络时代病毒营销格外受关注无非是因为其可以脱离大众传播，只以人际传播的形式就能够完成，互联网回归人际传播在病毒式营销传播中再一次得到充分印证。借助技术的帮助，人际传播的速度、范围都远远超越口耳相传。

成功的病毒式营销传播并非有了强有力的病毒就算完成，最重要的仍然是商品或者服务信息、品牌价值的有效沟通，最终能够引发购买行为。因为网络上的色情化的图片、流言蜚语、大胆出格的语言或行为一样能大量流传，一样能吸引眼球，获取知名度在网络时代不是什么新鲜的事情，关键是美誉度以及和受众沟通的程度。“最难的是，如何将品牌价值及商业信息巧妙地放进去，让人们能够主动传播这些信息，这就很难了。”[②]

主动、无干扰接受

只有快速、有感染力的“传”还不够，接受通畅、无障碍，传播才能有效完成。传统媒体上的广告信息是夹杂在节目、新闻、文章中间的，受众观看、收听、阅读媒体的目的都不是广告，特别是在视听媒体上，广告经常被视作一种强行的干扰和入侵，平面媒体大量的广告也被看成是增加了受众的经济和阅读负担，就是到了互联网时代，网页大量的广告拖慢了页面打开的速度，不时跳出的广告干扰了受众的正常使用，所以广告经常处于不受欢迎的境地。同时，自己的广告也是掺杂在诸多广告中的，这使得广告效果大打折扣。

病毒式传播颠覆了受众的接受行为，不再有强制的意味，基于“分享”，我们按照自己的意愿主动去点击和观看，或者干脆放弃。因为人际传播没有功利的商业目的，也因为网络交流通常包含共同的喜好，所以我们主动接受的情形远远多于放弃。广告的接受行为第一次由被动转化成主动，这符合伴随网络成长起来的一

---

① 陈格雷，《关于百度唐伯虎病毒短片的一次访谈（上）》，陈格雷博客，http://blog.sina.com.cn/s/blog_4af157270100067t.html。

② 陈格雷，《关于百度唐伯虎病毒短片的一次访谈（上）》，陈格雷博客，http://blog.sina.com.cn/s/blog_4af157270100067t.html。

代的需求,接受行为本身就能提高传播效果。

同时,主动的接受也带来了观看的无干扰,在网络上收看视频短片是受众主动点击的,在接受信息的过程中处于高度关注状态,加上情节本身的吸引力,受众几乎是全身心投入,看得不过瘾或者没有看明白都可以重新来过,深度传播和沟通的作用也是传统广告形式难以望其项背的。

良好的传播沟通是促成营销目标实现的前提条件,在病毒式传受形式中,网络电影广告和受众达成了无障碍的交流。"受众是以完全轻松的心态、在被娱乐的状态中轻易接受广告信息的,可能并没有意识到这是广告,也可能是因为广告带来了娱乐体验而不会对它产生抵触和反感的情绪,甚至会产生反复阅听或主动寻找的欲望。"[①]这使得网络电影广告这种以娱乐带动信息传播的广告形式大行其道。

2012 年年初,中信信用卡推出了一部名为《他和她的 365 小时》的网络电影广告,广告打的是爱情牌,提醒日益忙碌的年轻人,不要忘记生活的本质到底是什么。这部微电影情节是:女主人公初夏是一家公司白领,忙碌,压力大,因为一杯刷卡买一赠一的咖啡而结识了一位催眠师,催眠师带领她找到生活中的各种幸福和美好的同时,他们相爱了。而催眠师为她治疗的最后一步就是让她忘记治疗的过程,当然也连同他自己。女主人公在一个月的假期结束之后,发现自己失忆了。她通过一张中信银行信用卡账单的记录一一走过和男友相遇、一起走过的地方,回忆起了过去的种种,Costa 咖啡店、哈根达斯、钱柜 KTV、海南三亚的单车……当然还有甜蜜的爱情。女主人公最终找到了男主人公,"从此王子和公主过上了幸福的生活",圆满的结局。而他们一起去过的很多地方都是中信银行信用卡活动合作商家,让他们相遇并相识的 Costa 咖啡也是刷中信银行信用卡买一赠一的活动,中信意在告诉大家,中信银行卡伴随生活的方方面面,拥有就等于拥有了简单而又美好的生活。幸福其实很简单,只是忙碌常常让人们忽略或者忘记了幸福,时不时需要有人提醒一下。就像广告中说的"踮起脚尖,我们就能离美好近一点"。

网络电影广告属于网络视频的一种,当带宽、技术都不再成为问题的时候,"视频广告继承了电视的大部分特点,同时兼有网络受众为城市人群的优势,有可能成为独立于网络广告的第三类媒体和广告形式。"[②]网络电影广告又因为兼具

① 戎彦,《探析广告的娱乐化生存》,《浙江万里学院学报》,2007(01)。

② 王晓兰,《网络视频广告大行其道》,《中国科技财富》,2006(09)。

中信信用卡《他和她的365小时》

电影的特征，也成了网络视频广告中最精彩、最富有创意和吸引力的一种。

伴随着网络成长起来的一代人，心理、行为都深受网络的影响，他们注重个性，追求时尚，崇尚感官娱乐，习惯快速浏览信息，对视频的敏感和喜爱超出文字。网络电影广告无论内容还是形式，都可以看作是为这一代人而生的，它以轻松的外表、幽默的情节、娱乐的过程、主动的接受轻易俘获了商家正在密切关注和积极采取措施迎合的这一庞大群体。“网络一代”成为市场消费的主力军，传统的广告形式必然会发生变化，虽然变化不是一朝一夕就能够完成的，但可以预见的是，变化的速度将超出我们的想象。

网络电影广告本身的优势、颠覆传统广告的传播过程，加上娱乐化的大潮、技术的变革以及受众的转移，共同培育起广告值得关注的新形式——网络电影广告，同时也预示了这种广告形式的前景将会是灿烂光明的。可以预期的是，广告编剧将成为未来广告领域炙手可热的职位，毕竟很多内容都是取决于情节。

三、网络电影广告来贺岁片

贺岁片起源于香港，后来传入内地，是指在元旦、春节期间迎合人们的节日心理而制作和上映的电影。随着贺岁片的发展，电影类型越来越多样，很多和过节无关，也不属于吉祥喜庆风格，和真正意义上的贺岁片已经有了很大的不同，仅是在贺岁档期上映而已。

广告贺岁也不算新鲜事，春节期间的广告经常会呈现出和平日不同的面貌，比如红色为主，直接使用与祝贺新年相关的广告语，喜庆祥和的氛围，人物的着装行为等都呈现出鲜明的过年特色……只是这其中很多，我们还是愿意称其为春节促销广告，号召人们用自己的产品送礼拜年的很多，借这一时机折扣或赠品促销的也很多，我们并不否定这样的贺岁广告，只是感觉红火热闹有余，打动人心不足。当然这其中也有一些触动了我们，被我们久久记忆，比如可口可乐的《春节回家》，百事可乐的《祝你百事可乐》，一汽奔腾的《让爱回家》，再比如金龙鱼、金六福等的《回家》，都受到了我们的认可和欢迎。春节在中国人生活中的特殊地位决定了人们此时特殊的心理需求，包括广告在内都需要迎合这一心理需求。

2011年12月21日，由百事集团打造的2012贺岁微电影，同时也是贺岁广告巨制《把乐带回家》在北京举行了隆重的首映典礼。贺岁广告早就有，广告首映也不是第一次，但贺岁广告首映典礼，应该属于第一次。这部贺岁广告云集了百事可乐代言人古天乐和罗志祥，乐事代言人张韶涵，纯果乐代言人周迅以及张国立和霍思燕，影片讲述了杂志主编周迅、摄影师张韶涵、歌星罗志祥因为工作而不能陪爸爸张国立过年，但在古天乐的帮助下，最终赶回家的温馨故事。古天乐正是目前百事可乐的核心代言人。短片的情节不算新颖，打回家牌更算是老套了，说起来这部微电很直接地植入了百事旗下的三种产品。就是这样一部短片，感染了很多人，引发了大家的观看、分享和评论，更重要的是，激起了一些人回家过年的欲望。

从广告视角来看，至少集团旗下品牌抱团宣传，能够增强“这是一个比较有实力的品牌”的印象，另外抱团的三种商品都适宜节日消费；情感策略在我国一直都是比较有效的营销传播策略；贺岁广告名为《把乐带回家》，有着明显的双关意味，乐，既是快乐，也是百事可乐。这则广告在充满浓郁年味和人情味的同时，还在结尾遥遥呼应了百事可乐历史上“还有百事可乐吗”的经典广告，“还有百事可乐吗？”被百事多个代言人演绎过，分别在多个国家播放，是百事可乐广告史上的重要作品。

视频开篇有如下字幕：“每个人都期望和快乐不期而遇，有趣的是，我们永远不知道，它会在哪里等我们”，而结尾又颇具回味和提醒地加了如下的字幕：“我们已经在回家的路上了，你呢？”署名：“一群在百事工作的年轻人。”

第三节　广告＝电视剧

康定斯基在《艺术中的精神》卷首中说：“任何艺术作品都是其时代的产儿，同时也是孕育我们感情的母亲，每个世纪的文明必然产生出它特有的艺术，而且是无法重复的。”[①]我国唐诗、宋词、元曲等就能证明康定斯基的这个观点。俄罗斯当代美学家卡刚认为：“艺术就是它所属的文化的反应和代表，从这种意义上讲，艺术起到了‘文化自我意识’的作用，因为艺术仿佛是一面镜子，文化从中照见自己，从中认识自己，并且只有在认识自己的同时，才能认识它所反映的世界。”[②]

当今跨文化传播日益频繁和日常化，跨文化传播不同的领域有不同的途径，其中日常的影视剧的作用不容小觑，它拥有庞大的受众群体，又是让人们在娱乐的状态中不知不觉地接受其中的信息，我们以韩国电视剧为例，对此进行分析。一句话概况，那就是韩国很多的电视剧都是韩国文化广告，是韩国生活的宣传片，韩国的衣食住行等均通过电视剧传播给包括中国在内的很多国家。

20 世纪 90 年代后期跨文化传播领域不可忽视的就是一股“韩流”，它在短期内获得巨大经济效益的同时，也获得了广泛的文化认同，主要集中在东亚地区。

---

① [德]康定斯基，《艺术中的精神》，中国人民大学出版社，2004 年版。

② 《马克思主义文艺理论研究》编辑部选编，《美学文艺学方法论》(下)，文化艺术出版社，1985 年版，第 368 页。

普遍认为“韩流”的发展过程如下：韩国流行音乐—电视剧—电影—游戏—书籍，始于韩国流行音乐，之后诸形式相互影响、相互促进。

我国大陆引进第一部韩剧是在中韩建交的第二年即1993年，剧名是《嫉妒》，反响不大。1997年，中央电视台播放的韩剧《爱情是什么》创下了极高的收视率，后来的《星梦奇缘》、《人鱼小姐》、《夏娃的诱惑》、《蓝色生死恋》、《冬季恋歌》等同样成绩优异。到2005年《大长今》掀起收视狂潮，收视人群不仅是女士和中年人，而是男女老少“通吃”，还带动了韩医韩药韩食韩服韩国旅游等等，形成了当年独特的一道“韩风”。到现在，韩剧对于韩国大众文化在我国的传播都是起着非常重要的作用。一个简单的例子就是《冬季恋歌》的拍摄地之一南怡岛原是游人罕至的小岛，电视剧之后迅速成为旅游热点，韩国各级政府也从中得到启示，纷纷邀请影视公司来本地拍摄影视剧，拍摄结束后建设的场地归地方政府，政府在此基础上开发旅游，于是原来一些几乎没有什么知名度的地方随着影视剧被人们所熟知。电视剧获得高收视率和高点播率的同时，也让韩国文化悄悄地渗透到全球年轻人生活中，使得他们的衣食住行都受到韩国电视剧的影响。这种影响看起来是日常的、细节性的，却也是“渗透”性的。

对于“韩流”，有人“鄙视”，表示不屑，有人“仰视”。抛开个人喜好和一些“复杂”的民族情感，我认为“平视”更为适合，也更为客观。其实在“韩流”一路高歌猛进的同时，“汉风”也在韩国土地上劲吹，这从韩国学汉语和来中国旅游的人数上就足以看出来。不同之处在于，韩流已经建立了完善的产业链，汉风则还没有形成文化产业上的优势。韩国早在1998年就正式提出了“文化立国”的方针，把文化产业作为战略性支柱产业，立志成为文化产业的大国和强国。针对“韩剧威胁论”，中央电视台影视部主任汪国辉曾表示：文化应该是无国界的，韩剧很有值得借鉴的地方，这样的开始是一种压力，但也会变成动力，可以促进我国电视剧的发展。[①] 毕竟，跨文化传播、各国文化的交流只会日益频繁，也会向日常化、民间化方向发展，文化全球化是不可阻挡的大趋势。

韩剧能够俘获全世界特别是亚洲部分群体的心，重要原因就在于把握住了不同文化的契合点，从而引起了这些群体的共鸣。看过韩国偶像剧和家庭剧的人，经常会被其中的重视亲情、崇尚爱情、尊敬长辈、长幼有序、尊师重道所感染；也经常会

① 转引自董旸，《韩剧攻略：当代韩国电视剧研究》，中国传媒大学出版社，2009年版，序一。

惊叹于韩国对于传统的保护、尊重和发扬，传统饮食、医药、歌舞、仪式、服饰、建筑等轮番上演；当然还有那些时尚元素，比如服饰和家居用品，仅从淘宝网上韩国代购店铺的数量就足见其影响力了，而且很多卖家会特别强调一点，韩国服饰重样式而非质地，所以同等价位，可以在国内买到质量更好的，即使这样，也无法阻挡韩国代购发展的脚步，毕竟现在经济条件好了，有多少年轻人买衣服还会考虑质地是否耐穿呢？

我们以目前比较新的一些韩剧作为例子，通过其中的一些细节来看一下韩剧如何为自己的国家和文化广而告之。

2011 年播出的《新妓生传》以韩国唯一的传统妓女馆芙蓉阁为故事的主要发生地，讲述了现代韩国的妓生如何生存。妓生指的是朝鲜半岛古代为朝鲜国王和贵族提供歌舞表演的艺妓，所以这部电视剧可以在偶像痕迹很重、打着言情和伦理亲情剧的旗号下，理所当然地植入华美得让人惊叹的造型、音乐和歌舞。优酷同步播出的时候，获得了高点播率，还有网友在诸如百度贴吧这样的地方极力推荐。

《新妓生传》（图片来源于互联网）

韩国电视剧中经常会出现婚礼的场景，不仅有现代的西式婚礼，还经常浓墨重彩地描绘传统的婚礼，电视剧《宫》就以大篇幅、大场面展示了一场“世纪婚礼”。即使在通常的西式简洁婚礼中，家人和一些长辈也都是要穿华丽的传统韩服的，相比之下，洁白的西式婚纱倒显得普通了，不得不承认，每次婚礼的韩服都是亮点。

韩国电视剧中总会刻意表现礼仪，比如无数次在各种剧中出现的很多细节：见面鞠躬，吃饭的时候长辈先入座先“开动”，和长辈一起喝酒转过身去，全家迎接下班回家的“爸爸”，校园见到老师就深鞠躬……几乎数不过来，可以说无处不在，每个细节都在告诉大家：这是一个礼仪之邦。下图是韩剧《鹊桥兄弟们》两次跪拜截图，左图是正式拜见未来岳父，跪拜行大礼，右图是结婚旅行后到婆家身着传统服装向长辈行大礼，说起来，这样的情节其实没有太多的吸引力，不断出现在各部韩剧中，没有意外没有惊喜，但韩剧就是在不遗余力地通过这些细节教育本国人民同时对外展示自己的形象。有人说这是粉饰，这是包装，这是美化，先不说日常生活中至少我接触的韩国人的确是很懂礼貌的，就说如果这种方式对内能示范给国民，对外能塑造一个美好的、让人向往的国家形象，那么又有什么理由不这么做呢？

电视剧《鹊桥兄弟们》第57、58集截图

很多韩剧还在不停地展示韩国人民对于本民族的强烈认同感、自豪感和极强的民族凝聚力，有专家分析造成这种民族特质的原因有：单一民族、被侵占和分割的历史、地理环境、“汉江奇迹”赋予的自信心以及韩国儒教传统的影响。[①] 比如在韩国电视剧中经常会在细微之处出现褒奖自己国家某些事物的语言，最经常听到剧中人自豪地说，这是韩牛，国产的！（含有理所当然就非常好的意思，咨询过韩国人，韩牛的确很好，当然也非常贵）韩剧中也出现过长辈告诉刚生完孩子的年轻人，一定要喝海带汤，祖辈传下来的习惯都是有道理的，这样做是对身体有好处的，毕竟是很多代人经验的结晶。

韩国在同一部电视剧中，通常有着经济条件差异很大的家庭，他们分别住在现代化住宅和传统住宅中，传统住宅多席地而坐，而往往经济条件一般、住在带院

① 参见卞智鸿，《二十世纪九十年代后期韩国电影振兴现象产业分析（上）》，《北京电影学院学报》，2002(04)，第38页。

电视剧《食客》中关于“韩牛”的截图

子的老式住宅中的家庭更温馨，更其乐融融。电视剧《鹊桥兄弟们》第57、58集截图中左图就是现代风格住宅，而右边则是传统风格的，整体格局、装修风格到一些细节都是有着明显不同的，我们称其为“混搭”的方式。除了居住环境外，在同一部剧可以“混搭”许多元素，比如服装，既有传统的韩服，也有当下的时尚服饰；比如饮食，有传统韩餐，西餐及其他各种菜式也都会出现，等等。韩剧中即使出现街边那些小吃摊，也会展示出小吃摊独有的特色菜式，也会让人看得垂涎欲滴，充满了向往。所以我们会经常在各种类型的韩剧中看到传统与现代天衣无缝地融合在一起，这应该就是韩国“拌饭文化”的产物吧。“韩国文化最大的特征之一是‘混性’(hybridity)。韩国菜里有一种拌饭，这是韩国饮食中颇具代表性的一种。拌饭是韩国文化的象征，目前韩国文化就是拌饭文化，就是把很多东西掺和在一起形成的文化。时间上，将过去与现在混合；空间上，将东方与西方相混合。西方社会用了100年才走完的路，在韩国只用了短短30年就实现了。这样，从空间上看，在近代以前，韩国受到中国文化的影响；近代以后，更多的则是受日本及西方文化的影响。由此，在空间与时间上，过去与现代、后现代，东方与西方，这一切都掺和在韩国文化里，使之呈现出自己特有的综合文化风貌。”[①]也许是受这样观念根深蒂固的影响，这个民族吸纳外来事物的能力极强，但与此同时，保护传统的观念更强。不管影视剧是不是给我们提供了一个经过装饰和美化的国度，但至少这样可以为影视剧提供取之不尽的素材。

韩国自己的文化是有限的，但韩国有意弱化了这一先天不足，把整个东方文化作为背景，所以能在亚洲特别是东亚长驱直入也是有赖于整个文化背景的支持。

---

① 《韩国文化是拌饭文化》，原载《新民周刊》，转引自董旸《韩剧攻略：当代韩国电视剧研究》，中国传媒大学出版社，2009年版，第31—32页。

我们不谈韩剧的制播方式、PD合一、产业管理等方面的问题,单就其强烈的“文化输出”理念就已经非常值得其他国家学习借鉴了,似乎每一部都预先按照海外输出思路或者说至少渗透了这样的观念。为了方便影视剧创作,韩国政府专门建立了两个文化项目——“原创文化数码机构”和“故事银行”。前者涵盖了韩国各个历史时期的风俗习惯、服饰、音乐、饮食和兵器等的相关资料,后者则收集了大量韩国历史故事,它们仿佛两个巨大的“文化数据库”。只要输入关键词,相应的资料便一一呈现。从前每拍一部历史影视剧,为了寻找那个特定历史时期的相关资料,制作人员往往要花费很大的精力,还不一定准确。“原创文化数码机构”和“故事银行”建立后,这样的问题就迎刃而解了。[①] 这样做的好处显而易见,还不容易发生曲解历史的错误。

就保护传统方面来看,有很多政策、法规等为其保驾护航,仅举一例:“在韩国,有一个叫做无形文化财产厅的部门……鼓励年轻人向老艺人学艺。学了手艺,徒弟们即使没上过大学,只要他们自己愿意,就可以得到大学学历并授予学士学位。”[②]只有相关政策或法规到位,这样保护的意识才有可能转换成保护的行动,所以意识、观念、理念的培育在先,但政策法规必须立刻跟进,否则只能是空谈。

另外,产业定位的不同也会决定着产业的发展,“中国和韩国对电视剧的定位是不相同的,中国的政府和知识分子希望电视剧能发挥多种文化形态(包括政府文化与精英文化)的作用,承担宣传工具和文化产业两方面的职能;韩国政府和知识分子都将电视剧定位于大众文化产业形式。这两种不同的定位就在电视剧的制播和经济利益上做了区别。”[③]

当然,无论任何时代的任何艺术都在受时代变迁的深刻影响,社会在变,人也在变,只有敏感地把握住这些变迁,并较为超前地付诸实践,才能不落后于时代。李秉勋在拍摄《大长今》的时候很希望达到的效果就是要吸引年轻人了解韩国文化,因为年轻人很少看古装戏,觉得故事太老套,颜色、服装、背景太暗淡,剧情太沉闷,所以当初就为了李英爱身上的衣服,光颜色就选了三十几种,李导演需要在画面上看起来既符合韩国传统又漂亮的颜色。除此以外,剧中的一切都给人一种

① 董旸,《韩剧攻略:当代韩国电视剧研究》,中国传媒大学出版社,2009年版,第35页。
② 董旸,《韩剧攻略:当代韩国电视剧研究》,中国传媒大学出版社,2009年版,第35—36页。
③ 李胜利、范小青,《中韩电视剧比较研究》,中国广播电视出版社,2006年版,第18页。

非常讲究的感觉。从用的东西、吃的食物、穿的衣服，到化的妆容，都极其精致。宫女们穿的韩服尽管款式单一，且只有大红、淡绿、墨绿和纯白几种颜色，但色调纯正，布料的质感清晰可感，头发丝缎般一丝不苟地梳上去，露出光洁的额头，是韩国女子特有的柔美干净。[①]

韩剧《发酵家族》个案分析

韩国著名的传统饮食韩国泡菜，说到底应该属于过去冬季没有新鲜蔬菜以及新鲜蔬菜比较贵而出现的食物，忽略做法的差异，在中国应该被称为“咸菜”或者“酱菜”，通常作为主菜的辅助，而韩国把这种传统饮食升华成了特有的传统和文化，从而为韩国贴上了一个独特的标签。在韩国关于泡菜的展示和研讨非常频繁，还经常举办各种泡菜腌制活动，韩国还不遗余力地对外宣传泡菜，比如1988年汉城奥运会，韩国把泡菜卖到了一百多个国家，后来2002年足球世界杯也同样努力进行泡菜的推广。

韩国电视剧中，泡菜的出镜频率就更高了，几乎每顿饭都不落下。最近网上有一部名为《发酵家族》的电视剧，更是集中宣传了韩国泡菜。确切地说，这部电视剧就是韩国泡菜文化的宣传片，里面展示了韩国的各种泡菜，不但手工制作，选料精良，还营养丰富，至关重要的一点就是很好吃。在这部剧开始，女主人公本来是在西餐厅工作，因为父亲的原因不得已回到家里的传统韩餐厅，之后的故事基本在传统韩餐厅——天地人展开，即使发生地不是这里，最终回归、疗伤、忘记不幸感受幸福的所在都是天地人。从成本角度看，这家餐厅是必然要倒闭的，他们用最好的材料，给足够的分量，还收留没依靠没地方吃饭的人；从心理角度，我愿意相信真的有这样一家餐厅温暖地存在着，并且我也期待自己生活的城市有这样一个地方，即使没有，我愿意在电视剧中看到这样梦幻的一个地方，并非带领人们逃避现实，而是那些温暖能够给人希望和抚慰，这就是一些网友称这部电视剧为“治愈系”的原因吧。

《发酵家族》开篇就是天地人餐厅被采访且上了电视，通过男主人公的眼睛，让我们看到了天地人秉承“让饥饿的人们吃饱饭的意念”，给人们提供传统韩式料理，“连挑食的青年们也为泡菜的味道着迷”，天地人没有菜谱，每天在门口黑板上写上“今天的餐桌”，把经过精心搭配的饭食提供给人们，颇有家的感觉。

---

① 董旸，《韩剧攻略：当代韩国电视剧研究》，中国传媒大学出版社，2009年版，第125页。

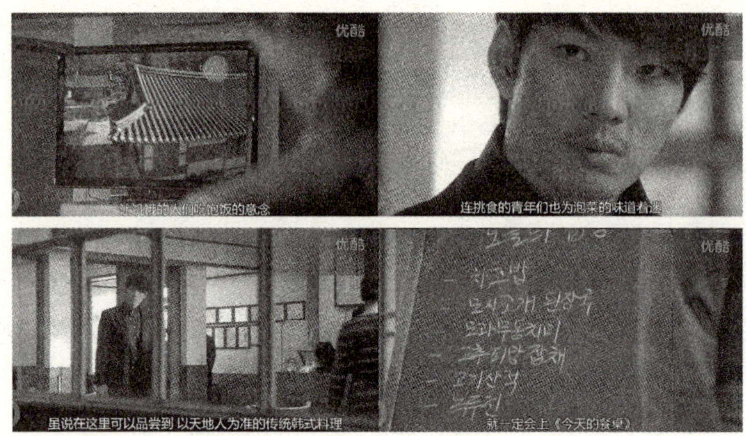

《发酵家族》第一集截图

《发酵家族》卖的是韩国泡菜，而且一下子展示了很多种泡菜，还有以泡菜为原料制作的各种食物，让很多一直以为泡菜就是辣白菜的人大开眼界：

电视剧《发酵家族》中出现的部分泡菜

在电视剧展示各种泡菜的制作的时候，会分别强调比如原材料及其功效、制作过程及工艺等，比如下图是海鲜泡菜原材料及各种调料的俯视图：

下图则是制作小葱泡菜的时候边展示边强调了“小葱这样腌制的时候味

海鲜泡菜原材料

道不会变少的”,同时也说明了“小葱泡菜中虾酱的味道最重要了”:

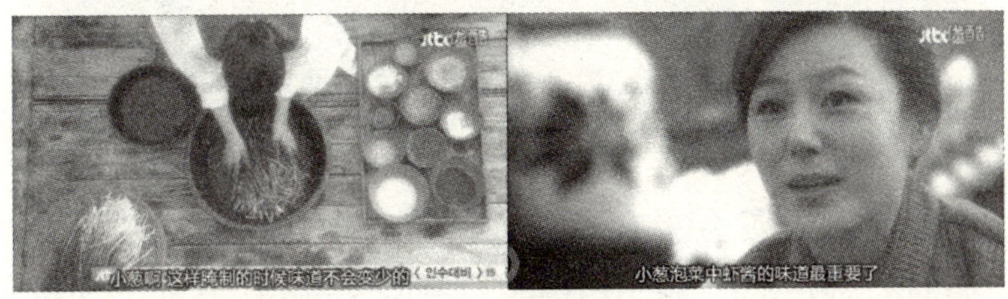

小葱泡菜

在制作萝卜泡菜的时候,强调原材料的珍贵和独特,“这种萝卜只有江华岛才能栽培,遇强大的海风,而且要生长在斜坡上呢,还有早晚温差大”……(制作这样的萝卜泡菜依靠)“天、风、地、阳光、发酵的时间”……极为明显的感恩大自然赐予的意味:

萝卜泡菜

做茄子泡菜的时候,就茄子的优点有特别说明,倒是可以看做是一次小小的“科普”呢,茄子皮里也含有一种很好的物质——花青素,进入我们的身体可以帮助我们的身体排毒，也能帮我们清理我们的心，还能解除眼疲劳、保护视力，用清澈的眼睛看到真实。超越食材优势，立足于做人做事进行更“拔高”的诠释：

茄子泡菜

剧中还提到了“白泡菜”，并称其为一切泡菜的开始，这种泡菜没有人工的味道，材料互相自然地混合吸收，才进去味道的；叫它白泡菜不是因为是白色，(而是)什么都不掺加单纯的原来的样子，材料自己互相调和，是所有泡菜的开始。如果这样的理念不仅每个家庭具有，而且每个饭店都有，那么完全无须担心食品安全问题。

白泡菜

在提到辣白菜的发酵过程的时候，剧中人说出了如下台词：夏天要热，冬天要冷，只有这样辣白菜才好吃；下雨也下雪，熬过炎热和寒冷；这么看，辣白菜真的是明朗又难得啊。带有拟人和暗喻的说法，着实表明了美味食品的来之不易与世间美好皆如此的道理。

辣白菜

制作过程当然也是一定会提及的，比如，“韩国料理讲究的是双手，特别是泡菜”，每个人手上的菌不同，“和各种材料混合在一起就会有各种特别的味道”，鲜明地表示出做食物的人的重要和独特。

制作韩国料理双手的重要

泡菜这个韩国国民食品和食品文化的核心代表，有着“用爱腌制”的说法，其实这种说法不局限于泡菜，在韩国，“妈妈”这个角色很特别，她是厨房的主宰，用爱全心全意为家人制作各种食物，因为满载着妈妈的爱，而享用的人也怀着感恩的心态，所以味道会格外好。而因为泡菜最能代表传统饮食，所以泡菜的味道被称为“妈妈的味道”，泡菜也被称为“孝子产品”，吃的不是食品，是亲情，是祖祖辈辈绵延不绝的亲情。下图中女主角学妈妈以前制作的泡菜，但味道不对，于是发出了“绝对不是以前妈妈给我们做过的味道”的感慨，回忆小时候，妈妈说，每天每天都跟家人一起吃的泡菜，妈妈更要好好地做，再次回到现在，主人公感慨，饱含着妈妈的爱心的白菜泡菜每个家庭的味道都不一样。1988 年汉城奥运会泡菜推广人韩晶慧就被称为“泡菜妈妈”。

泡菜的味道

当然提及泡菜好处的地方就更数不胜数了，下图仅作代表：

泡菜的好处之一

《发酵家族》还在诸多泡菜食材中融入了做人做事的道理，比如在做南瓜泡菜的时候说到“不要太尖锐，像南瓜一样有一颗圆润的心”，同时也提到了南瓜泡菜的好吃、大众和多种吃法，单吃和放泡菜汤里都很美味，经济条件不好的家庭更显重要了，他们能用南瓜泡菜制作出很多有营养又美味的食物。

做韭菜泡菜的时候，更是讲了一个付出与回报成正比的小故事：韭菜泡菜是反省泡菜，很久很久以前，有个人掉进了地狱，那个人太害怕了，所以就祈求上帝，上帝什么也没说，就抛下了一个韭菜根，上帝说了，你活着的时候付出的就只有这

南瓜泡菜

样；不是有那样一句话吗，种豆得豆。赋予食物这些故事，可以让这些食物附带情感色彩，于是超越口腹之欲的享用，而被戴上了文化的光环。

韭菜泡菜

《发酵家族》在结尾做了看上去比较“豪华”的一道泡菜，那就是海鲜泡菜，提到汤底制作的时候强调“就那样把伤心、痛苦、讨厌和孤单都捞出来”，天地人把海鲜泡菜称为“怀念的泡菜”，让剧中泡菜文化得以又一次升华。

海鲜泡菜

在展示惊人的泡菜类别和技艺的同时，这部电视剧还不忘顺带推销其他韩国著名的饮食，比如经常出现在韩剧中的豆芽汤，韩剧中如果有人晚上喝酒了，那么第二天一大早是要用豆芽汤解酒的。“豆芽是营养价值很高的食材，有很多维他命，还能解酒，对肝也好，对皮肤也好”。看韩剧的过程有这样一个感觉，这个国家国民的民族自豪感已经深入骨髓了，每一句都在夸奖自己。

豆芽

优酷有网友评价其中的食物，观剧体验确实是“馋并享受着”。

《发酵家族》就是这样一部在优酷号称“都市、家庭、言情、时装剧”的电视剧中，大张旗鼓地宣传了自己的泡菜，同时倡导了人生的很多道理。关注人的存在，抚慰人的心灵，宣扬善恶的因果报应，感恩自然，和风细雨中就让人们接受了这些理念和精神。

bookaaa39

完全同感啊 就看到些素的，可是还是觉得好好吃的样子啊~~~ //@ 囧兎兎づ: 是优点还是缺点啊、看着片子老是感觉好饿啊。。。。

1个月前　来自优酷网　　　　转发　回复

囧兎兎づ

是优点还是缺点啊、看着片子老是感觉好饿啊。。。。

1个月前　来自优酷网　　　　转发　回复

优酷两位网友对《发酵家族》的看法

第四节　广告＝节目

我们会在不少电视节目中看到各种美食、美景和休闲娱乐活动，就这些节目的内容与广告的关联来看，无非分两类，一类为主动广告，另一类则属于“被广告”。主动广告自然是付费的，而“被广告”免费，但难度那是相当高，或特色，或知名度，或美誉度等，也可能是多者兼具才能被“看上”，也才能“被广告”。

若干年前中央电视台第二套节目《为您服务》推出了《鲁花美食走四方》节目，两大主持人，也是两大吃客大嘴和馋猫带领观众四处探访美食。记得有一期是到陕西，介绍了一种有着独特名字的面食：biangbiang 面，这个汉字被称为中国笔画最多的汉字。见下图。关于这个字，有如下的说法：“一点飞上天，黄河两边弯；八字大张口，言字往里走，左一扭，右一扭；西一长，东一长，中间加个马大王；心字底，月字旁，留个勾搭挂麻糖；推了车车走咸阳。”据说是一个吃了面没钱付的秀才写的，用这个字抵了面钱。这个字还有着“一个字，写尽了山川地理、世态炎凉”的说法。这是因为有特色，属于“被广告”。

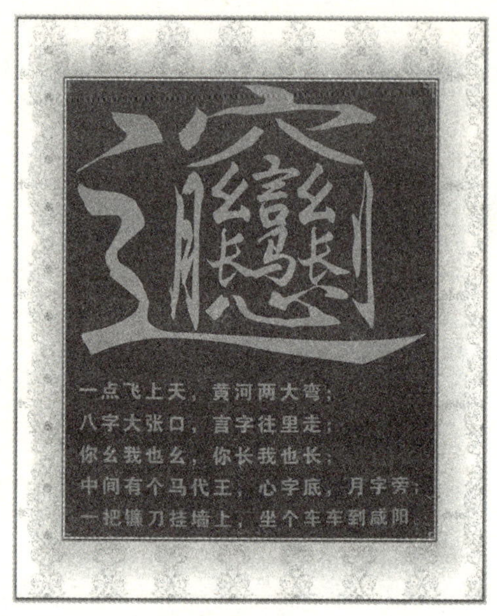

"biang"字的写法

而在某频道和互联网看到的一档休闲美食节目《淘乐生活》就能看出明显的主动广告痕迹了，节目内容是主持人带着大家去当地一些饭店或者休闲娱乐场所，介绍一些推荐菜肴或者服务，就节目流程来说观赏价值并不是很高，但是信息的实用性对于当地人来说确实很强，再加上触手可及的各种美食，广告价值不可小觑。这样的节目大家一看就知道是广告，但是如果主动选择收看，那么是不会产生节目插播广告时的那种抵触情绪的，更不会转台，因为这里的广告对于他们而言就是实用并且需要的资讯。

无论是主动广告还是"被广告"，这样的节目都有着共同点，那就是，主持人是观众的眼睛、腿以及导游，他们把美食、美景、各地风土人情带到我们面前，让我们足不出户就能大饱眼福。当然，在大饱眼福之后，如果愿意，还可以根据节目中的资讯自己实地领略，这样生动的美食或旅游指南，谁不喜欢呢？

浙江卫视《爽食行天下》是一档全外景综艺节目，集合了美食、美景、美女帅哥主持、明星嘉宾、竞争、探索、趣味等元素，致力于打造成为中国"最好玩、最好看的综艺美食节目"。节目组走南闯北，呈现给观众各地最有特色的吃喝玩乐以及风土人情和地方文化，好看、好玩、好吃融为一体，每次也都有话题，外景录制的意外还会带来很多看点。

《爽食行天下》与《两天一夜》的节目海报(图片均来源于互联网)

韩国 KBS 电视台有一档收视率很高的节目《Happy Sunday——两天一夜》(简称《两天一夜》),节目以"真实体验野生,走遍韩国美丽的地方"为宗旨,是韩国家喻户晓的节目。以下是网友翻译自官方网站的信息:

我们美丽的祖国——韩国!三千里锦绣江山,既有我们熟悉的地方也有不为人知的乐土!姜虎东(注:韩国著名综艺节目主持人)等一行六人开始了 2 天 1 夜的国内旅行,所到之处有纯朴善良的民风,更有令人耳目一新的秀丽风光。本节目就是六个男人回归乡土生活的体验型综艺节目。三千里锦绣江山,踏遍韩国的每个角落!……外表光鲜,人生精彩华丽的艺人们在 2 天 1 夜的艰苦行程中发生的真实故事。自立更生,自给自足的背囊旅行!听天由命的游戏进行方式!这是《2 天 1 夜》节目的最大看点。韩国首个野外生存现场综艺节目!

节目每期基本构架相同,选择韩国一处美丽的地方,然后成员开始真实的旅行生活,摄像机则不停机地记录旅行全程。除了突发事件、爆笑事件外,还有丰富多彩的任务需要完成,而只有完成任务的成员才能获得生存资料,包括零花钱和制作食物的材料等。因为在参加节目全程,成员是不能携带食物和钱包的。节目没有固定的剧本,总会出现突发状况,也正是这样的真实增加了节目的看点和趣味性。节目几次以高收视率创造了韩国综艺史上的奇迹。更为重要的是,节目带领观众去了并非一般韩国旅游线路会去的地方，当那些“不为人知的乐土”被一一呈现的时候，观众一定会在内容中找到不一样的惊喜，而此后，这些地方的知名度必然会大大提升。

第五节　广告＝拍客新闻

拍客，是互联网时代的产物，指的是利用相机、手机或摄像机等拍摄图像或者视频，经过计算机编辑处理之后上传至网络与人分享的人群。拍客并不在技术的高低，也与年龄、身份、职业等无关，拍客是一种生活方式，一种生活态度，一种眼界。谁都能做拍客，由于拍客经常记录一些珍贵的瞬间，有一双善于发现的眼睛，因此拍客也被视为是有社会责任感、爱心和公信力的主流网络群体。

雪佛兰科帕奇是上海通用汽车的一款中档 SUV 车，它具有阳刚气概和全路况优势的特点，科帕奇在 2008 年 11 月初上市，通用希望借助网络视频方式推广自己全新的这款汽车，为市场预热。通用选择了随机拍客手法，非职业演员，上海闹市区，MM 不满自己的车被拖走，一气之下上了自己的科帕奇，反过来拖着拖车走，拖车员只好在后面狂追。看上去就像是街边偶然拍到的一幕。女孩子开 SUV 本来就比较帅气了，再加上如此“彪悍”，进一步增强了视频的戏剧性，同时也准确传达出科帕奇的超强动力。

上海最彪悍雪佛兰 MM

视频最为成功的地方在于真实感的营造，整则视频就是一则拍客新闻，一点摆拍和雕琢的痕迹都看不到。视频在酷6网首发后，引起了网友的广泛争论，有很多媒体和网友纷纷致电咨询当时的情况，拖车公司也接到很多电话，甚至有网友发起了"人肉搜索"。视频上线仅仅四天时间，在酷6网的点击率就达到974021，此外，优酷、56网、六间房等视频网站的总播放量也达到了40多万。参与报道的平面媒体有新京报、东方早报、新闻晨报等数十家，同时，引起了北京卫视、东方卫视、安徽卫视、黑龙江卫视等多家电视台的报道。此后，视频多次被新浪、搜狐、天涯、西祠、QQ群、网易、开心网、校内网等转载和传播，并形成了巨大的专题讨论。通过视频的广泛传播，在百度上搜索与之相关的关键词，符合搜索条件的网页有54000篇；在谷歌上面，搜索"雪佛兰MM"等关键字，约有1310000条符合查询结果的新闻。[①]

关于导向问题，可能有人会质疑这样的传播方式会带来负面的影响，如果人人都模仿这个女孩子的做法，那么岂不天下大乱？但这无需担心，因为平民"拍客"通常属于"路见不平，摄录相助"的，这样的街拍本身就带有"检举揭发"的意味。即使人们有负面情绪，也是针对视频中的人而非车，所以，完全不用担心会给产品带来负面影响。

当然，拍客如果沦为网络炒作的工具，那么也就失去了存在的价值，这一案例无非是采用拍客风格进行记录而已，拍客依然会按照自己的轨迹阳光地发展下去。

第六节　广告＝帖子

互联网上，帖子代表的是论坛以及讨论区的留言，人们经常会说"发帖"、"回帖"等，是网络时代人们交流的一种方式。

凭借"怕上火喝王老吉"红遍祖国大江南北的王老吉凉茶，有着"中国可口可乐"的美誉，在王老吉准确的定位和市场培育之后，加之人们对于健康的日益关注，凉茶市场"热"了起来。2006年，粤港澳21家凉茶生产企业拥有的18个品牌54个秘方

---

① 《上海最彪悍雪佛兰MM》，酷6官方博客，http://guanwang.zone.ku6.com/entry/65738.html。

术语,被认定为首批国家级非物质文化遗产,更为凉茶的发展提供了切实的保障。

"加多宝集团生产的罐装'王老吉'凉茶,在2007年罐装饮料市场销售额指标上名列全国第一……成功的定位,大规模的宣传以及强有力的营销手段给王老吉的销售带来了立竿见影的效果:王老吉2002年销量1.8亿元,2003年销量6亿元,2004年销量15亿元,2005年销量超过25亿元,2006年销量达到了35亿元,2007年销量更是达到了50亿元。"①可以说,悠久的历史文化和商业创新是王老吉腾飞的两翼。

"昨天(注:2008年5月23日),王老吉在市场上卖断货了。究其原因,商家们给出了出乎人们意外的答案:5月18日晚,央视'爱的奉献——2008抗震救灾募捐晚会'现场,王老吉向地震灾区捐款1亿元人民币,创下国内单笔最高捐款额度。这一善举,感染了民众,也刺激了消费者对王老吉的热情。"②这是"后果",我们追溯一下"前因"。

2008年5月12日,汶川突发特大地震,全世界的目光都聚集到了这里。5月18日晚,多部委和中央电视台联合举办了赈灾募捐晚会,王老吉品牌所属的加多宝集团捐款1亿,成为国内单笔捐款最高额企业之一,一时万众瞩目。

正在王老吉被举国称赞的时候,捐款第二天论坛上突然出现了有关封杀王老吉的帖子,标题诸如"让王老吉从中国的货架上消失!封杀它!"、"彻底封杀王老吉"、"以后只喝王老吉,是中国人就进来"等,比较典型的内容如下:

王老吉,你够狠!捐一个亿,胆敢比王石捐得还多!

为了整治这个嚣张的企业,买光超市的王老吉!上一罐买一罐!

帖子一出引发了网络的轩然大波,正话反说的方式确实有效果,很多人纷纷跟帖表示,"买光超市的王老吉,上一罐买一罐"、"今年夏天不喝水,要喝就喝王老吉"、"加多宝捐了一亿,我们要买光它的产品,让它赚十亿"等等,表达了对加多宝善举的支持。

---

① 《王老吉勇夺全国罐装饮料市场销售额第一名》,青岛新闻网,http://www.qingdaonews.com/gb/content/2008-04/15/content_7836972.htm。

② 《王老吉卖断了货的启示》,原载《京华时报》,转引自凤凰资讯,http://news.ifeng.com/opinion/200805/0524_23_559689.shtml。

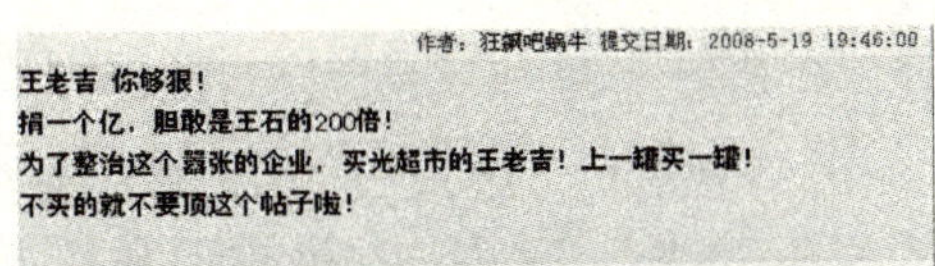

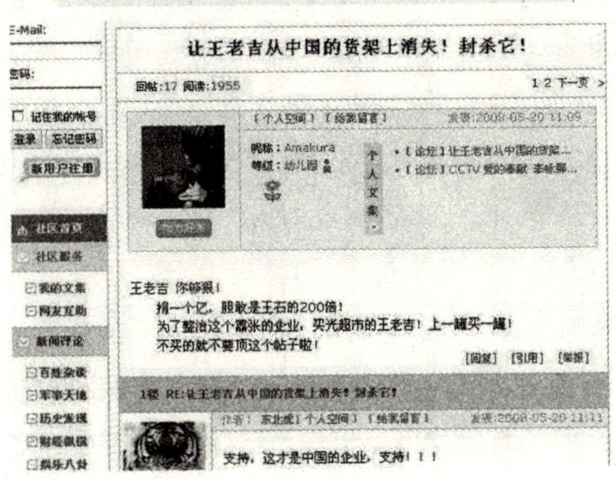

"封杀"王老吉帖子截图(图片来源于互联网)

除了论坛外，百度贴吧、QQ群、博客等都出现了同样或者类似内容的传播，极具煽动性，引发了热议。比如QQ群中就多次转发了如下信息：

以后喝王老吉(捐款1亿)，存钱到工商(8726万)，还是用移动(5820万)，买电器到苏宁(5000万)，买保险买平安(3500万)，喝白酒喝泸州老窖(3000万)，DVD买步步高(2500万)，买药修正牌(2500万)，上网用QQ(2000万)，运动服装穿李宁(1249万)，电脑买联想(1000万)，洗衣机买海尔(1000万)，空调买美的(1000万)，开车开吉利(1000万)……关键时候，才看出来谁是自己人

台湾是中国领土不可分割的一部分，台塑集团(1亿)，富士康科技(6000万)，台湾鸿海集团(6000万)，台湾润泰大润发(5000万)……

关键时候，才懂得血浓于水

支持国企，就是帮助自己，就是发展国家经济

如果大家都买联想，联想将在5年内超越IBM、戴尔；如果大家都去苏宁，苏宁将在5年内超越家乐福沃尔玛；如果大家都买吉利，吉利将在5年内超越大众丰田；如果大家都买海尔，海尔将在5年内超越飞利浦；如果……你……中国……就……能……

中国人无所不能!!!

把上面这段话转发到你所在的每一个群里。

而此时国企的慷慨和不少外企的“小气”形成了比较鲜明的对照，尤其加剧了人们“惩恶扬善”的心理，国殇之下，爱国情感被史无前例地激发出来。网络的传播也引发了各路媒体的关注，事件一次又一次被重播和放大，然后出现了很多关于王老吉卖断货的新闻，人们的爱国情绪又多了一个爆发的途径。

毫无疑问，王老吉捐款1亿是真，发帖炒作自己捐款1亿也是真，炒作本身也是成功的，至少让王老吉的关注度短期内飙升，以至于网络推手运作与网民自发行为交织在一起，真假难辨。对于王老吉这样的做法，不同的人立足不同角度给出了自己的看法。就一次网络病毒营销来说，火力够集中，参与度也高，争议点也有，赚足了眼球。对其的批判则主要集中在道德方面，毕竟即使有捐款在前，仍然逃脱不了发国难财的嫌疑，不过也有人据此反驳，捐款1亿总是实实在在的。等事过境迁、尘埃落定的今天，我们再次审视这次网络事件，是可以冷静地全面进行思考的时候了。

王老吉在危难之际伸出援手，雪中送炭，做好事的同时无疑强化了品牌的社会责任感，在自己红了几年之后进一步巩固了知名度，也提高了美誉度，短期内促成了购买，提高了销量。此次事件也确实凸显了病毒营销的低成本高效率的优势，反应迅速也是可圈可点的，另外还有显而易见的一点成效，那就是在王老吉之前的餐饮和家庭消费为主之外，吸引了年轻人的关注和消费，加上凉茶蓬勃发展的市场状况，继续撑起第一民族饮料的大旗是毫无疑问的。

但是，我们也必须看到，捐款毕竟是短期的行为，捐款之后，基本没有延续性的效果，营销历史上也没有哪家企业是靠着捐款成就品牌的，即使是公益性的行为，也该是密切结合品牌形象的。所以，总体来看，王老吉只能算不赚不赔吧。

还有一些不得不说的后话，那就是网络舆论操控问题已经日益严重，网络打假的呼声也是越来越高。有媒体称，公关人员几乎成为互联网空间人人喊打的对象。维客公开宣称不再允许公关人员输入内容，因为他们制造了大量有偏向和误导性的资料。维客创始人吉米·威尔斯说，“受客户的付费委托在维客上输入内容，产生了明显的利益冲突，影响了维客的可信度，显而易见是不合适的……我认为公关公司在网络空间制造不客观的内容是不道德的行为，这样做只会给他们的客户带来耻辱。”①有人甚至称其中的部分人为“网络黑社会”，普通人以为是偶然

① 《中国经营报：海外网络公关的边界》，网易科技，http://tech.163.com/08/0608/09/4DTGNPMH000915BF.html。

的“爆料”，甚至一些热点话题，其实大部分是被一股潜藏的势力所操纵。

近几年来，传统广告公关业务正在迅速走向网络，网络营销业务应运而生，但是其中一些以“公关公司”或“营销公司”名义注册的公司，不仅能为企业提供品牌炒作、口碑维护等服务，也能按客户指令进行密集发帖，诋毁、诽谤竞争对手。而且这股势力群体越来越庞大，又被称作“网络打手公司”。[①] 破坏了网络世界的真实与和谐，在此环境下生存的营销传播也必然会陷入“过街老鼠，人人喊打”的境地，自己坏了自己的名声，走向灭亡只能是唯一的结局。

第七节　广告＝MV

一、MV式广告的起源与概述

MV是“Music Video”的缩写形式，是近几年经常听到的名词，可以直译为“音乐影像”，通俗来说也就是一种可视歌曲，可以通过电视、影碟、手机、网络等多种方式传播。MTV的缘起，与20世纪六七十年代欧美摇滚乐的商品化有着直接关联。70年代中出现于英国的摇滚歌曲电视录像片(Music Video)，实质上就是摇滚乐唱片的电视广告。80年代的时候，美国华纳阿麦克斯公司在有线电视网建立了一个24小时播放热门流行音乐的频道，也就是Music Television，MTV由此正式得名，后来被很多国家的电视台仿效。“中国内地1993年流行音乐‘包装潮’中，MTV成为了‘打歌’的必要手段。”[②]后来播放媒介进一步拓展，不仅仅局限于电视，于是有了“MV”这一称谓。

“由于MTV一出世就带有浓郁的美国音乐工业色彩，是商业性流行音乐机制的重要环节，所以有人认为，MTV实质上就是推销歌手和音乐的广告片。”[③]曾经获得过美国MTV大奖的中国导演张元说过：“开始我将音乐电视作为实验电影来拍，后来渐渐觉得音乐电视只是广告，考虑的是怎样将音乐用广告形式表达

---

① 《“网络黑社会”操控舆论内幕》，原载《楚天金报》，转引自新浪网，http://ctjb.cnhubei.com/cache/paper_ctjb.aspx。

② 王峥，《音乐电视创伤群落的梳理与分析》，《现代传播》，1997(02)。

③ 李宗诚，《广告文化学》，郑州大学出版社，2008年版，第152页。

出来。”[①]可见，MV 与广告有着天然的关联。和采用单纯叫卖式广告形式不同，MV 有了完整的音乐、精美的画面和精良的制作，简单的、令人反感的叫卖变成了具有极强的观赏价值和较高艺术性的短片。

而在广告中音乐扮演重要角色已经不是什么新鲜事了。比如知名度很高的《卖报歌》，实际上就是聂耳为报童小毛头所写的广告歌，优美的旋律、简洁的广告语加上报童们的身影，就是一个 MV 的现实版本。如今，人们几乎已经忘却了它的广告功能，而只把它当作艺术品来演唱和欣赏了。[②] 从这个实例中我们可以得出这样的结论：MV 式广告是广告和歌曲嫁接的产物，通过视听觉共同完成信息传达。MV 式广告丰富了广告表现方式，有效提升了广告传播效果。当然，并不是说所有出现音乐的广告都能称其为 MV 式广告，MV 式广告必须是以音乐为中心，音乐是其中的灵魂，其他元素必须围绕音乐展开，而一般的广告音乐只是在广告片里配合主题，补充画面。判断带音乐的广告是不是 MV 式广告，“一个简单的方法就是看其音乐是不是片子的中心和主线，它在与画面分离以后，是否能成为独立传播的音乐作品。”[③]

用 MV 形式传达品牌或产品信息其实由来已久了，可口可乐和百事可乐在 20 世纪六七十年代就分别使用了 MV 式广告，百事可乐还在很多国家采用过这样的广告形式，我国内地知名度较高的有娃哈哈纯净水《我的眼里只有你》和《爱的就是你》，爱多 VCD《真心英雄》，大众企业形象广告《中国路 大众心》，等等。著名学者麦克卢汉早在 20 世纪 60 年代就提出了这样的见解：两种媒介相互结合可以产生新的媒介，而这种新的媒介通常会产生更大的能量。[④] MV 式广告即是融合产物之一。

二、MV 式广告的类别

从内容上看，MV 式广告可以分为两大类，以企业代言人为主和以情节为主[⑤]。企业代言人为主的 MV 式广告中，代言人通常不仅是名人，也是歌手，广告

① 王峥，《音乐电视与鼻烟壶》，《现代传播》，1995(04)。

② 肖建春，《现代广告与传统文化》，四川人民出版社，2002 年版，第 38 页。

③ 聂晓梅，《引入 MTV 的电视商业广告》，转引自传媒学术网，http://academic.mediachina.net/academic_xsjd_view.jsp?id=2276。

④ 马歇尔·麦克卢汉，《理解媒介》，商务印书馆，2000 年版，第 91 页。

⑤ 参见李宗诚，《广告文化学》，郑州大学出版社，2008 年版，第 155—156 页。

以 TA 的已经成名曲目或者新曲作为重要元素之一，这样的形式兼具名人代言与 MV 式广告的双重优势。张明敏《我的中国心》、周华健《朋友》、成龙《真心英雄》等等都曾拍摄成为 MV 式广告。

爱多 VCD《真心英雄》

另外一类则是以情节为主，歌曲配合情节展开，比如华龙日清针对东北地区推出了东三福方便面，为了让这款方便面深入东北人心，拍摄了《东北有福》MV 式广告，时间长度为一分钟，在东三省媒体投放。广告由一个人一条线来贯穿，主角是一个生在东北长在东北的年轻人，长大出去闯世界之后又回来建设东北，短片的基本情节是主角的成长历程：长大——离家——回来——爱情——事业——进取未来，似曾相识的经历打动了很多东北人，广告又吻合建设东北的时代需要，因此成为东北三省的美好寓言，东北人都把这则广告看成是公益广告，东三福方便面也已成为一个值得东北人骄傲的本地品牌。歌词如下：

推开窗，是长白山，爷爷的三宝，爸妈的二人转，支援全国，咱东北冲在了前，活雷锋也当了几十年。我绕着地球转了一圈儿，还是咱东北姑娘笑得最甜，咱东北歌星唱得最火，小品乐得翻了天。咱东北福气、豪气、财气，样样聚得最全，生在这儿是咱的福份不浅，东北有福，要靠敢闯敢干，根在这儿，这东北更有新的改变。东北有福，东三福在你身边。

因为歌曲的作用，使得很长的历史就这样浓缩在一则并不长的广告中，人们跟着音乐的氛围，很容易就串起了过去、现在和未来，并且深受感染。

东三福《东北有福》

三、MV式广告发展原因分析

中国大陆MV及其歌曲创作的发展，在20世纪90年代中期曾经达到过一个高潮，之后衰颓之势已日趋明显，倒是广告借用过来宣传产品和品牌，致使其有一定复兴的趋势。MV式广告有一个逐渐被认识、认可和接受的过程，其发展较快的原因，不外乎以下几点：

MV式广告顺应了市场营销理念的发展

简单来说，市场营销理念历经了如下发展、完善过程：4P→4C→4V→4R。4P指代的是Product（产品）、Price（价格）、Place（渠道）和Promotion（促销），这一理论认为，如果一个营销组合中包括合适的产品，合适的价格，合适的分销和促销策略，那么这将是一个成功的营销组合，企业的营销目标就可以实现。4C分别指代Customer（顾客）、Cost（成本）、Convenience（便利）和Communication（沟通），最明显的转变是企业生产导向转向顾客需求导向。随着高科技产业的迅速崛起，高科技企业、高技术产品与服务不断涌现，营销新组合出现，即4V营销组合，4V指代 Variation(差异化)、Versatility(功能化)、Value(附加价值)、Vibration(共鸣),它强调的是顾客需求的差异化和企业提供商品功能的多样化,以使顾客和企业达到共鸣。如今,美国营销学教授舒尔茨提出了4R营销组合,即与顾客建立关联(Reliance)、提高市场反应速度(Response)、运用关系营销(Relationship)、回报是营销的源泉(Reward)。4R营销组合的最大特点是以竞争为导向,着眼于企业与客户的互动与双赢。[①] 这几种理念的发展并非是互相取代,而是相互补充、不断完善的关系。以顾客为中心,强调共鸣、互动,就需要企业采用消费者能够接受、愿意接受甚至是喜欢接受的方式宣传自己,MV式广告可谓是"时势造英雄",蓬勃发展也就不奇怪了。

MV式广告符合广告娱乐化大趋势

娱乐已经无孔不入地渗透进我们生活的每一个角落,面对激烈的市场竞争和日益严重的产品同质化趋势,在新兴媒介赋予普通人主体地位和更多权力的情况下,消费者与生俱来的娱乐化需求被广告充分注意到,同时也被充分利用,于是叫卖的广告变成了一种与大众贴近的娱乐形式。

广告的娱乐化是进行广告信息发布的同时,还带有强烈的娱乐色彩和娱乐功能,受众在接受这样的广告信息的时候,通常没有意识到这是广告,而是以完全轻松和开放的心态、在被娱乐的状态中接受了广告信息,不会产生抵触心理和反感情绪,甚至会产生反复阅听或主动寻觅广告的欲望。海量的广告信息带来一个直接的后果就是广告有效性的下降,销售产品和服务依然是广告的最终目的,只是为了实现这一目的,我们要不断地寻找更好的手段,广告的娱乐化走向也许是目前一个比较好的方式。[②] MV式广告秉承了MV本身的娱乐性,加上大众传播媒介的普及力量,成为具有亲和力的的娱乐形式。

MV式广告是广告艺术化的产物

2002年,以广告定位理论闻名的阿尔·里斯出版了《广告的衰落与公关的崛起》一书,一时震惊了众多广告人。阿尔·里斯在他的书中一开始就提出,广告在不久的将来将成为一种艺术。他认为,广告缺乏创建品牌的关键要素——可信度,只有公共关系才能提供这种可信度;广告人应该放弃那种大爆炸式的方式,而通过公

---

① 菲利普·科特勒,《市场营销管理》,中国人民大学出版社,2003年版,第58页。
② 戎彦,《探析广告的娱乐化生存》,《浙江万里学院学报》,2007(01),第53页。

共关系来缓慢创建品牌;广告只应用来维护通过公共关系创建起来的品牌。广告在若干年内还会存在,还会受人欢迎,那是它作为一种艺术。是在通过公关树立了品牌之后,起维护品牌作用的。[①] 当然广告并非瞬间就会衰落,公共关系崛起是现实情况,至少在我国,广告与公共关系仍然是并存、共同发挥作用的。但是我们必须意识到,广告艺术化是广告的一个大趋势,历史上作为艺术品的广告作品也曾出现过,比如世界现代艺术的神圣殿堂——美国纽约大都会博物馆,就曾经展出了一件令人震惊的艺术品:世界名牌利维斯牛仔裤的 POP 广告;绝对伏特加的广告也被一些著名博物馆作为艺术品收藏。音乐本身作为一种艺术形式,广告嫁接音乐,是广告提升自己艺术水准的一种简单的方式,特别是一些经典作品,比如百事可乐和依云矿泉水都曾经制作以《We will rock you》为音乐的 MV 式广告,依云矿泉水更是以童声演唱《We will rock you》,加上生动的动画形式,塑造了依云矿泉水历史上里程碑式的经典作品。

依云矿泉水广告

① 阿尔·里斯,《公关第一,广告第二》,上海人民出版社,2004 年版,中文版序。

四、MV式广告传播优势分析

MV式广告被很多商家利用同时获得消费者认可，这是基于MV式广告具有很多先天的优势，这些优势扩展了MV式广告的传播范围，并且有效提升了广告传播的效果。

情节具叙事性和感染力

MV式广告很多都采用歌曲和情节贯穿始终的方式，这迎合了消费者喜欢听故事的心理，故事营销也被作为一种有效的营销手段。MV式广告由于有一定的时间长度，因此可以设置完整的故事情节，讲述一个或者"老百姓自己的故事"，或者扣人心弦的短剧，或者美丽的爱情故事等，通过情节吸引、打动消费者。

三星Anycall曾经聘请李孝利与神话组合的核心成员Eric合作拍摄了*Anymotion*广告，在长达10分钟的篇幅中，不仅讲述了一个动人的青春爱情故事，同时也将各类歌舞动感元素一网打尽，还颇具励志的意味。*Anymotion*的续篇主题为*Anyclub*，仍然沿用*MV*形式，情节之丰富俨然是一部小型韩剧。之后的第三季*Anystar*减弱了舞蹈元素，但进一步突出了情节。*Anyband*是广告的第四季，广告开篇有点类似科幻片，这是一个不允许交流、娱乐和爱的世界，抹杀个性与人性，4名年轻的歌手，通过音乐冲破禁锢和束缚，传达了"TALK PLAY LOVE"的理念，整则短片电影感觉很重。通过情节的吸引力和感染力，三星成功地把自己塑造成一个时尚品牌。

音乐的传唱度和识别性

优秀的音乐作品能够在人们心目中留下深刻的印象，甚至是代代相传，极大扩展品牌信息的传播。比如力波啤酒在2001年面对强大的竞争对手三得利，展开了一系列反击战，其中最精彩的就是拍摄了《时代篇》这则MV式广告，征服了竞争激烈的上海啤酒市场。广告情节是上海人生活的原生态，是上海人一系列的亲身经历，60秒广告述说了十几年的上海变迁，歌曲《喜欢上海的理由》在很长一段时间内被口口相传，很多人能在这首歌里面找到认同感。《喜欢上海的理由》成为2001年上海渗透力最强的一支民谣，引发了人们广泛的传唱和共鸣，成为这座城市的寓言。[①] 从消费行为看，中国啤酒市场具有一定的区域性消费现象，力波

---

① 何佳讯，《广告案例教程》，复旦大学出版社，2002年版，第3页。

啤酒由此被打上了“上海”的烙印，通过这支民谣，树立了独特的品牌形象。

三星 Anycall 广告海报（图片来源于互联网）

力波啤酒《时代篇》

较为宽泛的讲述空间

由于 MV 式广告一般都有比较长的时间，一分钟、几分钟，甚至十几分钟，因此有充分的空间叙述信息，展示品牌，这也是很多传统广告形式望尘莫及的。比如大众汽车企业形象广告《中国路 大众心》，其品牌主张是“中国路，大众心”，广告围绕着这一主题展开，向中国消费者传达了大众汽车与中国消费者心连心的品牌理念，将近五分钟的广告不仅用“心”字底汉字贯穿始终，比如“忠”、“志”、“恳”、“态”、“惠”、“想”、“慧”、“悠”、“感”等，而且采用多情节片断表现方式，其中出现的情节、人物或场景包括：故宫、游乐场、人类登月、体育运动、野外探险、街边乐队、日常生活、书法、婴儿、残疾人、相濡以沫的老人等等，将生活中再熟悉不过的画面剪接在一起，充分体现大众汽车已经深入到中国消费者的日常生活中。

大众汽车《中国路　大众心》

有利于品牌形象塑造

有吸引力的情节，有感染力的音乐，再加上时间的优势，品牌形象被张扬到极致。

三星 Anycall 四支 MV 广告 *Anymotion*、*Anyclub*、*Anystar* 和 *Anyband* 为三星品牌形象塑造立下了汗马功劳。广告不仅集合了舞蹈、时尚、爱情、明星、故事等元素，还让第一主角 Anycall 以合理的方式出现。三星迅速走出韩国，打开国际市场，在缔造这一传奇的过程中，MV 式广告功不可没。

丰田汽车也曾利用 MV 式广告重塑自己的品牌形象。在进口车盛行的时代，丰田占据着中国轿车市场很大的份额，但是，随着德国大众在中国以合资的方式生产轿车并取得空前成功后，丰田就在中国开始走下坡路。中国轿车市场巨大的发展空间，使丰田转变一贯只在中国销售的策略，与一汽集团和天津汽车集团合资，将威驰引进中国，准备重新夺回失去的市场。北京电通接手了广告代理工作，要做的工作就是通过威驰轿车的市场推广提升丰田的品牌影响力，增加丰田品牌在消费者心目中的心理份额，使丰田回到中国轿车市场一线品牌的行列中。① 其整合营销传播中最大的亮点就是一则 MV 式广告。这则广告邀请张艺谋担当导演，由香港偶像明星吴彦祖主演。广告时长为 5 分钟，朴树新歌 *Color-*

---

① 姜弘，《威驰新风——一次整合营销的突破》，网易汽车频道，http://auto.163.com/04/0929/15/11F5NBFP000816GC.html。

ful Days 贯穿其中，内容是张艺谋所擅长的故事叙述方式。整则 MV 式广告为我们讲述了一个故事，关于生活，关于爱情，关于人，关于威驰的消费者，广告对威驰轿车自身的功能宣传很少，着眼点集中在丰田和威驰的品牌上，希望借助名人的知名度、情节的叙事性、歌曲的感染力共同打造一个贴近中国消费者的品牌形象。

中央电视台“著名企业音乐电视展播”中播出过多则唯美的企业形象 MV，比如五粮春的《爱到春潮滚滚来》和康美药业企业形象 MV，颇有张艺谋电影《英雄》的精致和美感。当然在看过这两则 MV 之后我们也不难发现，两则整体感觉太过于雷同，满眼的绿色，爱情，品牌的历史感，除去里面出现的一些具体元素和人物及其着装所暗示的年代外，两则可以称得上无差别，这是塑造品牌形象的大忌，雷同代表着无个性，雷同不会给受众留下深刻的印象，无法形成品牌的独特识别，这也是 MV 广告在注重意境的同时，需要格外关注的问题，否则就得不偿失了。

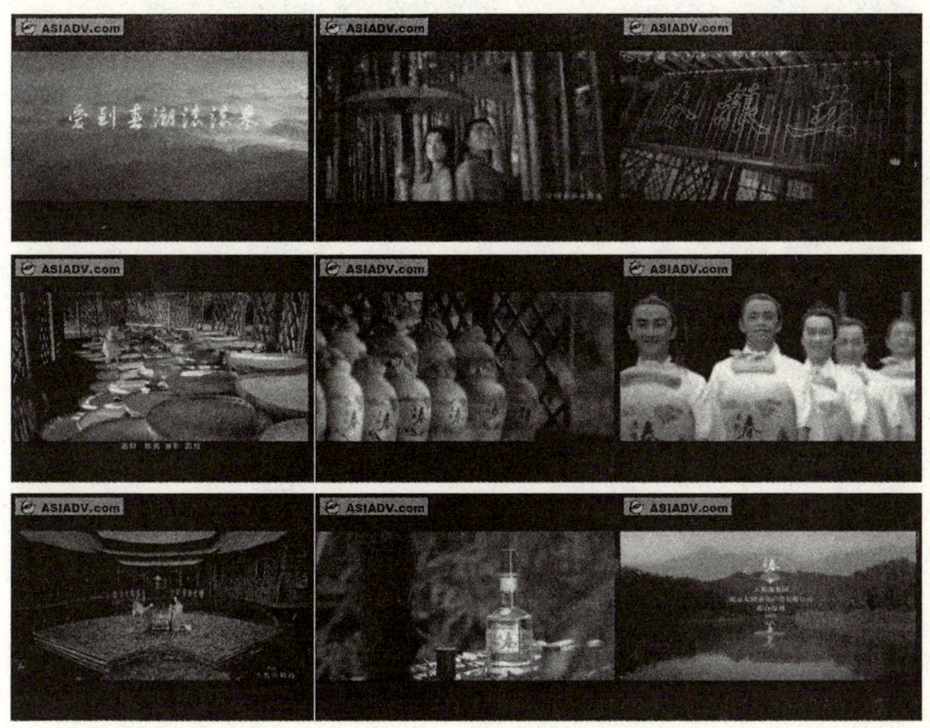

五粮春《爱到春潮滚滚来》

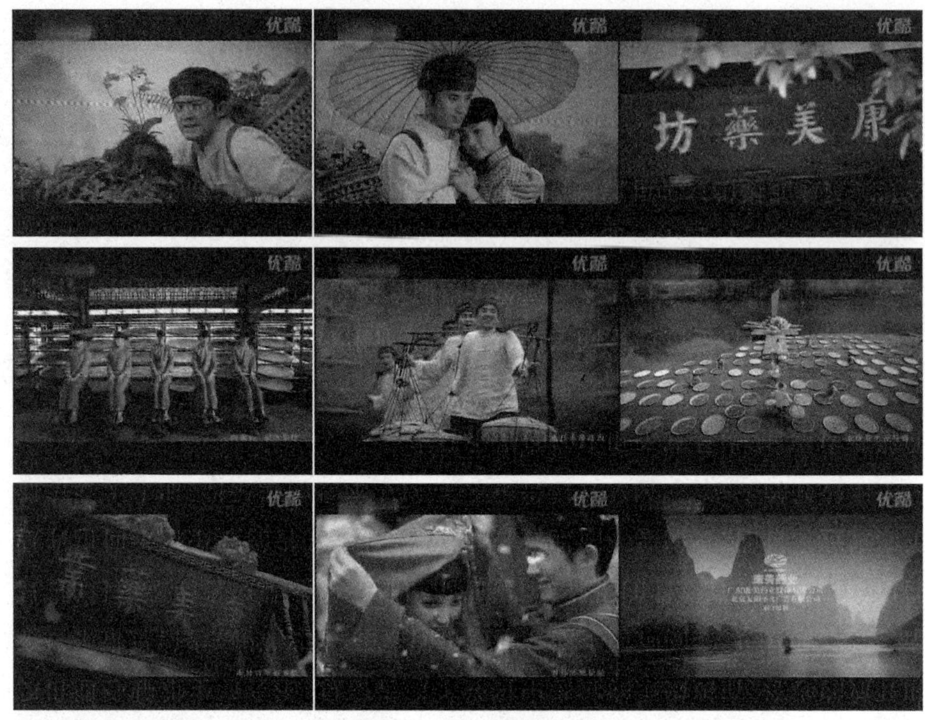

康美药业企业形象 MV

MV 式广告作为感染力强、影响力大、娱乐与观赏价值高的广告形式，受到很多企业的关注，同时也赢得了众多消费者的青睐。MV 式广告昭示着广告的未来：广告可以很精彩。

第八节　广告＝游戏

广告把自己变成游戏，游戏可以是实景游戏，也可以虚拟游戏，可大可小，我们仅以小小的形式——Flash 广告游戏为例进行分析。

Flash 是网络广告的主导形式，基于 Flash 技术发展出来的 Flash 广告游戏是为品牌量身打造的互动游戏形式的广告，品牌信息巧妙嵌入游戏中，通过受众娱乐的过程完成信息的传达。因其独有的特性和传播优势，成为一种简易并且比较受欢迎的广告形式。

Flash 的英文原义是“闪光”、“闪烁”，我们今天常提到的 Flash 是一款应用软件以及基于此软件制作出来的作品，这款软件是“一个基于网络开发的专门用于制作交互式矢量动画的软件[①]”，随着这款软件的流行和普及化，Flash 成为了“应用于互联网的交互矢量的标准[②]”。

Flash 最初除了技术领域的人深入挖掘它的潜力外，最主要的应用是一些爱好者出于个人兴趣制作作品，然后上传到互联网与网民分享，作品以娱乐性短片居多。这些娱乐意味很强的作品成为了 Flash 在中国普及的开路先锋，最具代表性的作品是老蒋的《新长征路上的摇滚》。这些“闪客”的作品把 Flash 的优势充分彰显出来，为其未来的发展奠定了坚实的基础。Flash 的发展也使其逐渐步入商业应用的领域，因为具备为互联网而生的与生俱来的特性，Flash 成为了网络广告的主导形式。而基于 Flash 技术发展出来的 Flash 广告游戏，更大程度上发扬了 Flash 的优势，成为极具潜力的广告形式。

一、Flash 广告游戏：游戏包装下的广告

Flash 广告游戏是基于 Flash 技术为品牌量身打造的互动游戏形式的广告，品牌信息巧妙嵌入小游戏中，通过受众娱乐的过程完成信息的传达。广告游戏是一种以游戏为载体进行广告宣传的模式，游戏的外表下隐藏着广告的内核，充分利用人们与生俱来的娱乐特性，使广告信息的传达以更新鲜的方式、更顺畅的流程成功完成，轻易消除受众对广告的抵触和反感情绪。可以说，Flash 广告游戏是对传统广告形式的一种颠覆，受众的接收行为由被动转为主动，由此可以极大提升广告的传播效果。

肯德基美味对对碰 Flash 广告游戏

---

① 王波，《FLASH：技术还是艺术》，中国人民大学出版社，2005 年版，第 1 页。

② 王波，《FLASH：技术还是艺术》，中国人民大学出版社，2005 年版，第 1 页。

二、Flash 广告游戏特性分析

Flash 广告因其体积小、传播速度快、跨媒体性强、成本低、交互性强等特征而成为互联网广告的主导形式，Flash 广告游戏在继承 Flash 本身优点的基础上，成功嫁接了游戏的长处，强强联合打造出了这一更为有效的广告模式。

今天，我们已经不能忽视"玩"的力量，"玩经济"或者说"娱乐经济"正在成为现实。"近年来，游戏产业作为文化产业中的核心产业发展十分迅速，并正以其持续高涨的成长率和附加价值引领其他文化产业的发展。"[①]Flash 广告游戏就是这一背景下的产物。较之其他 Flash 形式的广告，Flash 广告游戏具有以下特性：

亲和力强

广告不再是高高在上的说教，不再是振臂高呼应者云集的单向传播，而是让受众参与其中，在娱乐的过程中不知不觉接受信息。这种通过受众参与完成广告过程的方式充分拉进了广告和受众的距离，成为目前网络广告最受推崇的优势之一。这样的参与提供了一个平台，带领受众一起玩，是最具亲和力的广告形式，尤其对于伴随网络成长起来的一代，他们习惯了互联网的一些法则并在不自觉中把这些法则带入了现实生活，关注他们的特征和需求，广告才能顺应时代变迁。

把交互发扬到极致

网络广告从诞生开始就高举着"交互"的大旗，并把这一特征作为和传统媒体广告抗衡的核心优势。但绝大多数的交互无非是在广告中加入一个超级链接，通过受众点击鼠标链接到另一页面，严格来说，这只是一种"响应"而非真正意义上的"交互"。Flash 广告游戏则是根据用户的不同指令做出相应的反应，这些反应因指令而有差异，反应的速度和方式都因人而异，属于一对一的、个性化的交流。比如伊利和 QQ 都曾经利用互联网上非常流行的连连看小游戏，为自己的品牌量身定做了广告游戏。伊利把自己的多种产品作为核心元素，QQ 则把自己的各种头像图标放入其中，通过用户的连接指令作相应的消除反应。对于广告而言，这样的交互可以说是做到了一对一。由此我们认为，Flash 广告游戏极大发扬了 Flash 的核心优势，将成为生命力非常持久的一种广告形式。

---

① 李思屈，《数字娱乐产业》，四川大学出版社，2006 年版，第 223 页。

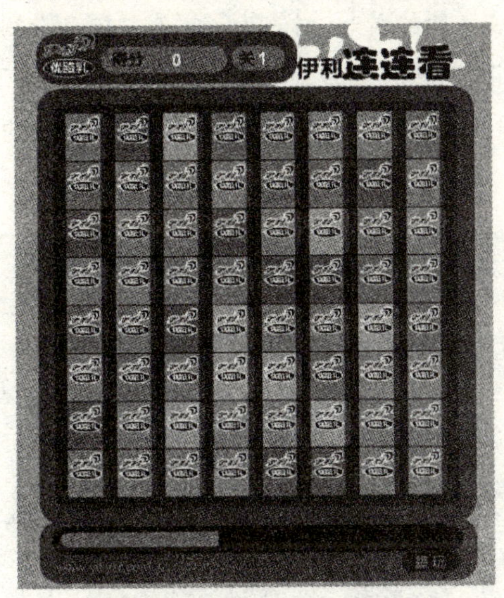

伊利连连看 Flash 广告游戏

主动接收

传统媒体上的广告信息是夹杂在内容中间的，广告经常被视为强制或直接被忽略。强制容易引发人们的抵触心理，对于广告传播而言也会成为顺利传播的障碍。Flash 广告游戏利用的是受众的主动行为，不像传统媒体的广告那样具备强制性，也不像互联网弹出式广告那样容易引起人们的反感。陈格雷在谈到百度《唐伯虎篇》广告作品的时候曾经说过："今天的创意主要是为了让消费者记住信息，而明天的创意则主要是为了让消费者愿意主动传播，这就是创意本身的最大变化。"[①]Flash 广告游戏相对于"主动传播"，又有了进一步的发展，能够引发受众主动参与和主动接收的行为，这要归功于 Flash 游戏广告极强的参与性和娱乐性，而主动接收也使得广告传播效果大幅度提升。

受众"粘着性"强

一般的广告形式只能让受众停留非常短暂的时间，仅仅是在阅读、观看的过程中留住受众，并且很多时候受众处于无意注意的状态。Flash 广告游戏借助了游戏能够留住受众的特征，只要创意独特就能够"粘住"受众，使其对游戏产生极

① 《百度唐伯虎：中国广告走向数字化娱乐小电影的奠基之作》，《国际广告》，2005(12)，第 97 页。

大兴趣，甚至上瘾。和一般的游戏一样，为了提高技能和获得更好的成绩，受众会不停地重复游戏，因此，广告游戏是最具备“粘着性”的广告形式。在大幅度缓解受众对广告抵触心理的基础上，用“粘着性”延长受众停留的时间，从而进一步巩固广告的效果。

麦当劳吉士汉堡快手大厨 Flash 广告游戏

三、Flash 广告游戏传播优势分析

基于以上的特性，Flash 广告游戏表现出了其独特的传播优势：

娱乐中接收信息

“娱乐作为21世纪人类生活的决定性概念”①，正无孔不入地渗透进人们生活的各个角落，娱乐的因子也充分渗入广告中，带领广告以全新的面貌呈现在受众面前。娱乐携带着广告长驱直入受众内心，成为提高传播效果无往不胜的法宝。Flash 广告游戏抓住了“玩＝记忆、玩＝兴趣、玩＝宣传”②的机遇，以娱乐化的包装让信息接受过程更加顺畅。

参与基础上的深度传播

游戏本身具备很高的参与度，广告游戏让受众在参与中达到深度传播的效

---

① 张小争，《娱乐财富密码》，复旦大学出版社，2006年版，序言。

② 《广告游戏和 Flash 游戏设计开发》，前线网络，http://www.frontnetwork.com/guanggaoyouxi/index.php。

果。比如有一则舒蕾小天使 Flash 广告游戏，要求受众用鼠标控制小天使，接空中下落的双护因子、冰凉薄荷、去油均衡，30 秒钟内接住 20 个，就可以成为清凉天使。在游戏的过程中，双护因子、冰凉薄荷、去油均衡几个关键词用形象可爱的图片形式出现在游戏中，作为游戏的主要道具，在玩家点击鼠标的过程中能够给他们留下很深的印象，这是传统广告形式望尘莫及的。

再比如开瑞坦的 Flash 广告游戏，小绿人是在开瑞坦电视广告中也出现的，玩游戏的人需要用鼠标操纵绿人跳起来，分别击破“喷嚏”、“流涕”、“鼻痒”几个石头状物体，游戏要在规定的时间内完成，否则人物的体力会消耗尽。这几个石头状物体代表的正是开瑞坦所针对的症状，在游戏过程中，这些信息很容易被记忆。

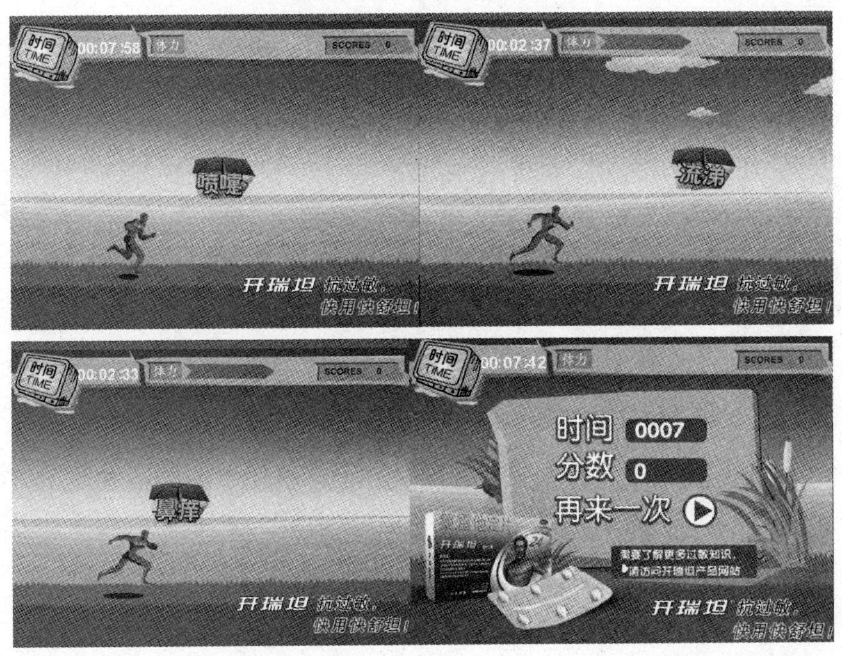

开瑞坦勇往直前 Flash 广告游戏

有利于增强受众的品牌体验

在点击鼠标移动可口可乐瓶子接冰块的过程中，不禁会感叹百年老牌魅力常青；在玩滑板游戏的同时，能充分体验麦当劳“我就喜欢”的主张……游戏的过程本身就是一个娱乐体验的过程，在游戏的过程中可以获得有关品牌感性、情感方面的很多信息，这对于品牌的塑造是至关重要的。“我们现在对品牌的思维方式太实了，'故事'和'印象'都是虚的东西，而这些恰恰是品牌的精髓。"[①]体验本身就是一种全方位的感知，Flash 广告游戏以声画并茂、深度参与的形式很好地营造了受众体验的氛围，使得受众更全面地感知品牌，从而容易和品牌产生密切的情感联系。

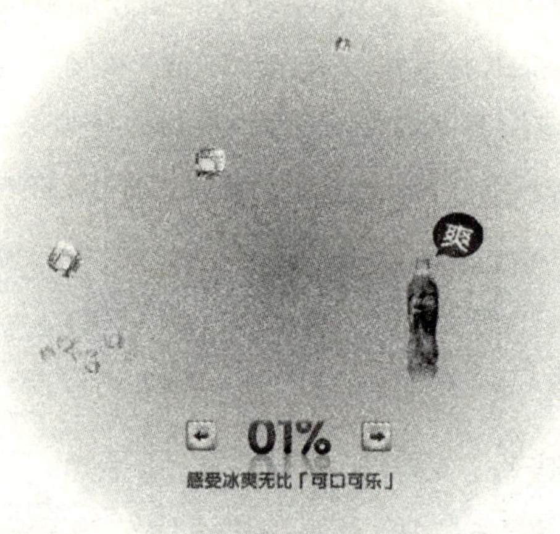

可口可乐感受冰爽无比 Flash 广告游戏

就现存的 Flash 广告游戏来看，存在着和产品或品牌关联度较为薄弱的通病，游戏没有密切围绕产品或品牌的核心信息进行创意开发，"量身定做"比较欠缺，这是 Flash 广告游戏要获得长远发展首先需要解决的问题。另外，广告游戏要深刻把握"游戏"的特征，不能只是打着游戏的幌子，以类似游戏的场景出现，而实际只是有关产品、品牌信息页面的链接，这样受众会有上当受骗的感觉，广告游戏的效果也就无从谈起了。

Flash 广告游戏把网络广告的优势进行了充分发挥，以游戏包装广告信息，让信息的传播以新的形式更顺利地完成，理应成为网络广告最主要的形式之一。目前在营销传播实践中对于 Flash 广告游戏的运用还比较少，除了人才方面的制约外，对 Flash 广告特性及优势的认识局限也是一个重要的原因，Flash 广告游戏未来的发展还要依靠理论界和实践界的共同努力。

---

① 张惠辛，《超广告传播》，东方出版中心，2007 年版，第 13 页。

第九节　广告＝动画片

动画片是一种综合艺术，并且受众群体可谓男女妇孺皆宜。

1929 年问世的大力水手形象首先出现在连环画中，之后发展到影视。这个一炮走红并风行世界的卡通形象身上还承载着另一项荣耀，那就是——第一部成功的广告动画片主角。来罐菠菜，然后力大无穷，勇敢地冲向敌人……这是《大力水手》的经典桥段，而实际，这部卡通片的赞助者就是生产菠菜罐头的厂家，也就是说，《大力水手》其实是卖菠菜的广告片。

大力水手的风行带来了显而易见的效果，那就是成功说服看这部动画片的孩子吃菠菜，很多小孩子不喜欢吃蔬菜，特别是像美国人又习惯把菠菜制作成菜泥，任由家长如何"威逼利诱"，也不见成效，而一部动画片就这么轻易地改变了孩子们。"美国在 20 世纪 30 年代的菠菜销量增加了 33%"[1]，菠菜销售猛涨自然带动了菜农，菜农们开始疯狂地种植菠菜。为了感谢大力水手对当地的贡献，1937 年，得克萨斯州的水晶城建立了大力水手的雕像，水晶城还把自己命名为"世界菠菜之都"。

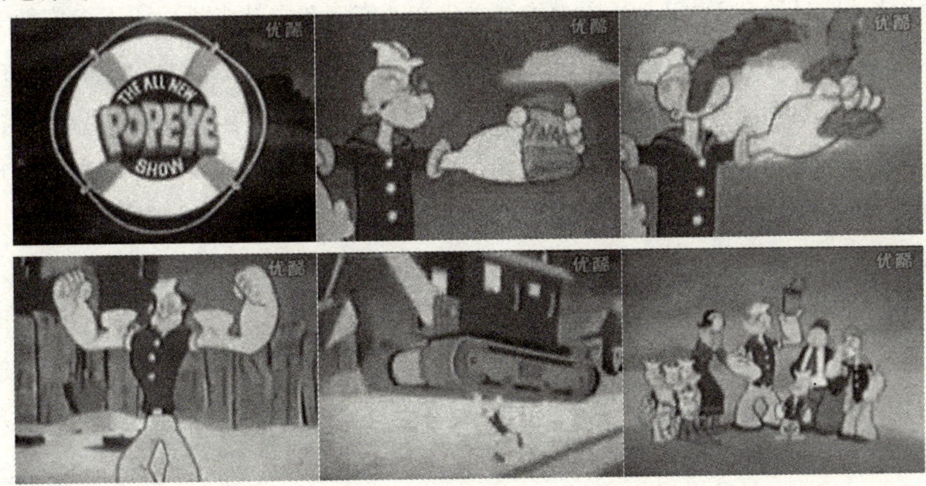

《大力水手》截图

---

① 《拥有强大力量的动漫美食》，腾讯网，http://comic. qq. com/a/20071119/000018. htm。

2004年，大力水手诞生75周年的时候，纽约帝国大厦在1月6号晚上用光把自己装扮成菠菜一样的绿色，这是帝国大厦第一次为庆祝一个人的生日而改换灯的颜色。另外，纽约电视广播博物馆还举办过以大力水手为主题的各种展览，由此足见大力水手的影响力。

动画片是一种幻想艺术，可以展示很多现实中不可见的事物，实际等于利用人类的想象力扩展了现实。于品牌，于文化等，更是提供了“有机”植入的载体。

2009年2月，长春华漫兄弟互动娱乐有限公司宣布，他们将在自己投资拍摄的长达104集的动画片《乌龙院之长白传奇》中植入长白山和人参这两个中国元素，借助动画片推动当地的旅游和人参产业。长春华漫兄弟互动娱乐有限公司首席执行官李儒奇说：“我们将长白山和人参植入104集《乌龙院之长白传奇》动画片中，就是通过这种植入式广告的形式，宣传吉林省的旅游圣地长白山和特产人参，配合吉林省政府开发旅游资源和人参特产资源。同时，我们将在动画片《乌龙院之长白传奇》中植入大量中国元素，利用动画片《乌龙院之长白传奇》在海外发行播放的契机，宣传、宏扬中华传统文化，为中国的传统文化做一次植入式广告宣传。”①

据悉，该动画片“将把长白山作为重要的背景植入，而将人参作为重要的动漫人物植入”，目的在于“配合长白山旅游文化产业开发和吉林省长白山人参产业开发，带动通化、白山等地长白山人参系列产品开发，推动以修正药业为代表的省内人参龙头企业发展，带动全省人参产业走向标准化、品牌化”。在《乌龙院之长白传奇》宣布要把人参和长白山植入动画片之后，“就在吉林省掀起了轩然大波，吉林省政协的政协委员就此专门做出提案，建议吉林省委、吉林省政府大力支持《乌龙院之长白传奇》动画片拍摄……吉林市一位副市长听说动画片要植入长白山，便向李儒奇提议，能否把吉林市的一些历史、旅游、文化植入到动画片中，可以把故事中的石头城换成吉林市的‘乌拉城’，重点宣传吉林市的人文、旅游、历史，形成对吉林市旅游资源的带动。”之后还有人参生产企业和相关产业纷纷要求植入自己的产品。

在目前互联网上能够下载到的一段动画片中，我们从中看到了蕴含中国语言

① 《动画片将成为商业广告新媒介》，牧渔人的博客，http://blog.sina.com.cn/s/blog_3ce1c4ec0100nbr1.html。

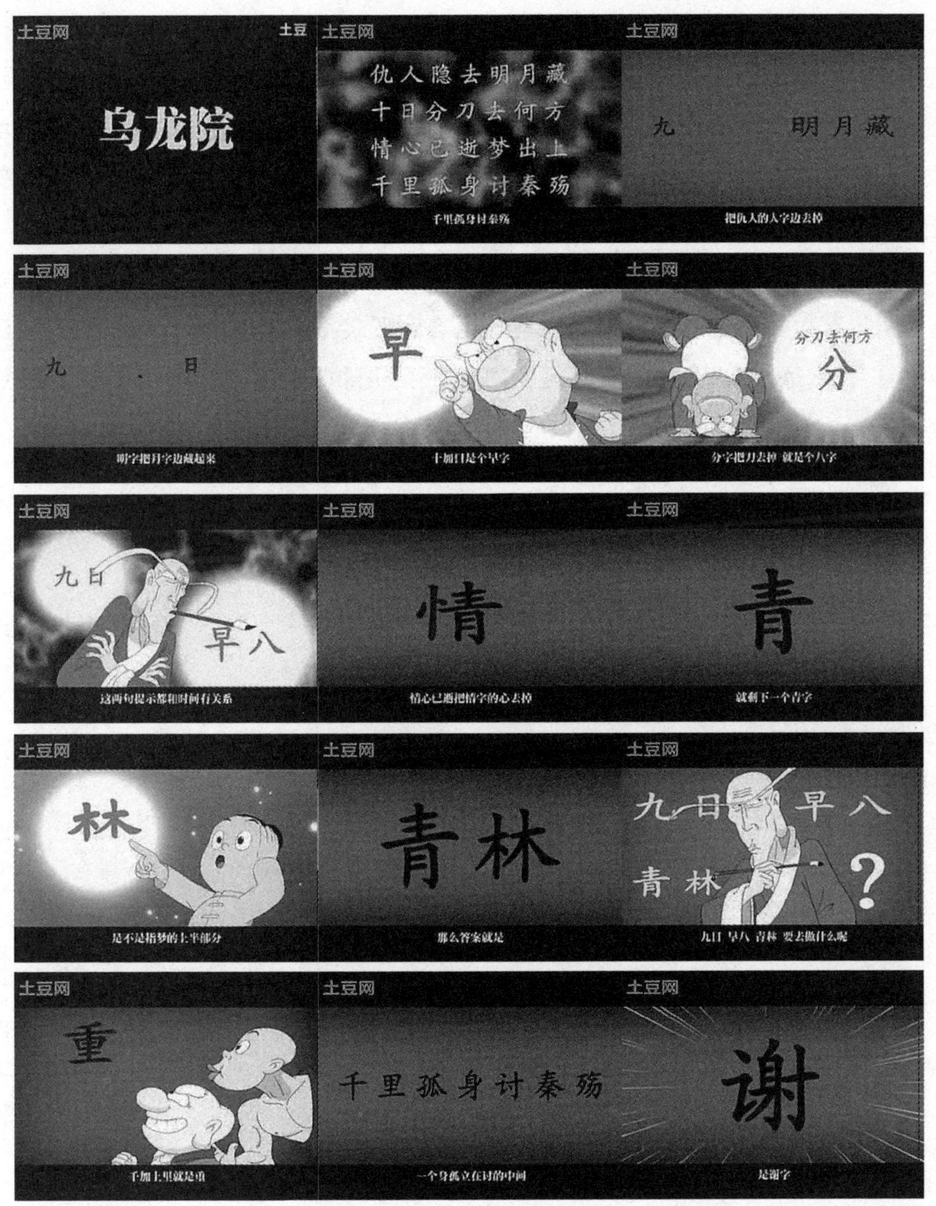

《乌龙院之长白传奇》第二集截图

文字智慧的猜字谜，在四句七言诗中藏着答案，第一句“仇人隐去明月藏”也就是“仇”去掉人字旁，“明”去掉“月”，得出的答案是：九日；第二句“十日分刀去何方”，十加上日得出“早”自，分去掉刀则变成“八”字，得出的答案是：早八；第三句情心已逝梦出上，情去掉心就是“青”，梦取上半部分就是“林”，得出答案是“青林”；第四句,"千里孤身讨秦殇",千加上里是"重",孤身讨三个字是一个身在讨字中,也就是谢,只余"秦殇""且听下回分解"了。中国语言文字之精妙,真是堪称奇观。如果我国的各种"内容产业"都能够做到主动融入我国文化精髓,那么不仅可以增强内容的文化含量,也能凸显我国文化优势,同时还起传承功能,所谓寓教于乐就是这个道理。

需要说明的是,本章不穷尽条目,也是无法穷尽的,仅就部分有代表性的方式做了初步探讨。广告形态仍处于和其他内容和形式不断融合、不断模糊边界的进程中,广告永远存在,只是不再是过去的样子了,旧貌换新颜是为了适应时代发展的脚步。

第五章

发现商品的另一个价值:可玩性

我们购买商品或服务,都是出于需要,也就是说,我们所买一定是对我们而言有用的,用处当然不局限于如吃饱穿暖等基础使用价值,还有更高层次的要求,比如吃饭的环境、穿得更时尚等。人们的需要逐渐由基础使用价值过渡到心理价值,既然同样的商品和服务,人们可以提出更高层次的要求,那么这些商品和服务中是否还蕴含着其他有待开发的价值呢?也许这一价值并非是商品与生俱来的价值,却是现在的消费者特别需要的。一旦开发出来,我们会发现,原来天地无限宽呢。比如,这个商品或服务能不能玩,又怎么玩呢?

第一节 看“玩”能达到的境界与避重就轻的价值

2004年,互联网流行一篇文章叫做《教你如何吃垮必胜客》,文章图文并茂地教给大家如何堆砌必胜客的自助沙拉,这篇文章很快就通过邮件、即时通讯工具、论坛大肆传播开来,迅速走红。很多网友亲自实践并在网络上展示成果,还有人进一步研究了堆砌的技巧,分享在网络上。去必胜客堆沙拉变成了很多人去必胜客的核心理由,主要是因为好玩,而不是好吃。去餐厅不是为了吃,是为了玩?不用惊奇,事实就是如此,去必胜客玩成为当年必胜客的一道景观。后来,必胜客取消了这款自助沙拉,有人猜测是因为这些堆砌技巧所带来的成本问题。

以下摘自某论坛一网友的帖子[①],时间是2009年11月25日:

标题:必胜客的自助沙拉没有了……

以"吃垮必胜客"为终极目标的"沙拉塔建筑师",再也无法享受堆砌"沙拉塔"的乐趣了。近日,被称为必胜客代名词的"自助沙拉吧"在进入北京市场19年后全部取消。有网友疑为堆砌高手使必胜客亏本。必胜客方面称,取消是为更好地满足市场需求。昨天刚刚看到的消息,心里也是挺失落的呢。想当初去必胜客,感觉最有意思的就是这个了,32元钱就可以按自己的心思放很多的沙拉,而且还有一种越放越多的乐趣。不知道亲们对这个有什么感觉呢,偶感觉这个是比较超值的,不过每次都有一种吃亏的感觉,当然是感觉放少了呢,看着网上有很多这样的图片,能摆那么高那么满,真是高手不少呢……

2012年年初,我们百度了《教你如何吃垮必胜客》这篇文章,惊喜地看到嘻嘻网做了全面的编辑、整理、总结。在此我们简要予以展示。

以下即《教你如何吃垮必胜客》简要版本:

我们去必胜客的口号是"给我一个小碗,还你一个奇迹!"

我们叠沙拉的宗旨是"没有最高,只有更高!"

我们吃必胜客的目标是"吃垮必胜客!"

去过必胜客的朋友,想必会对必胜客的沙拉有很深的印象吧,小小的一个碗就要收几十元!

必胜客的沙拉是自助的。给你一个碗(碗越来越小、越来越浅了),你能拿多少,就给你多少。不过,必胜客太了解人性了,所以规定沙拉碗只能装盛一次,不管你能装多少。

那碗并不大,而且很浅,简单地装,装不了多少,因而,如何保证自己的32元(价格真是一涨再涨,最早是25元一份,后来涨到28元,又涨到30元,现在已经是32元一份了)不至于被剥削得太多,尽可能地把那只可怜的小碗装满你喜欢的沙拉,也就成了一门有趣的学问。我每一次去必胜客,都会被这门精深的学问所吸引,为此花了不少钱。

---

① 《必胜客的自助沙拉没有了》,北京妈妈论坛,http://www.bjmama.com/thread-92574-1-1.html,2009-11-25。

示范案例

①首先准备一个碟子，里面放准备堆上去的材料和用于粘贴的沙拉酱。

②在碗里面结实地填上许多材料，碗沿上合理地贴上整齐结实的胡萝卜条。重点是从侧面看只能有一点点内凹，不能太多不能太少。

③在已经填整齐的碗的内圈整齐地放上形状合适（能摆一个圆）的大菠萝块。

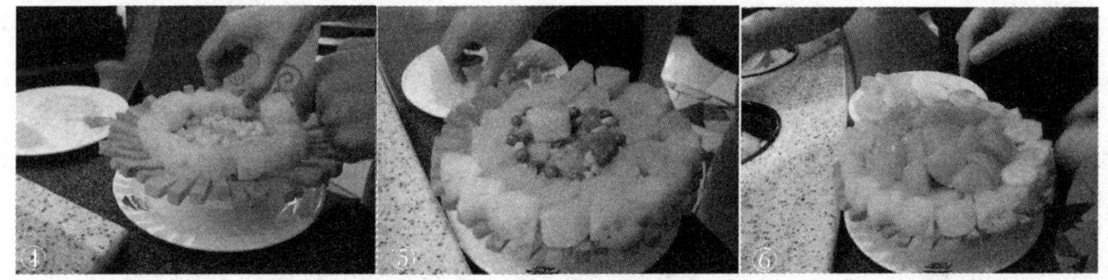

④再在菠萝圈中间填上你喜欢的小东西（黄桃是上选哈，再弄点可以填缝隙的小豌豆）。

⑤内圈抹平摆整齐以后再在外圈（胡萝卜条上）整齐地摆上一圈菠萝。这步是第一层地基，一定要保证整齐，侧面看要正！

⑥因为我喜吃黄桃，多放黄桃。在黄桃的外面，外层菠萝的上面堆上黄瓜，为下一层菠萝做准备……

⑦黄瓜放好后在表层撒点玉米粒、火腿肠之类的小东西，以使表面平一些。

⑧再在黄瓜上堆一层菠萝。

⑨就这样一层一层向上堆。越到后面就越要注意是否有垮台的危险,千万不要因为贪心而丢了脸呀。可以在砌平的时候加上一些提子干、沙拉酱。

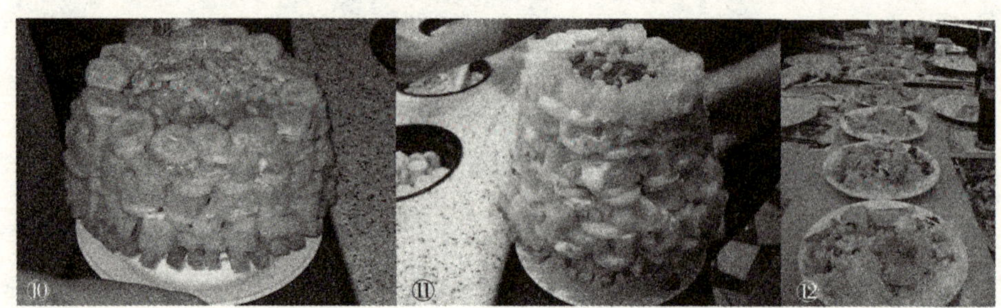

⑩初步的成果。

⑪传说中的六层沙拉!!!!!

⑫最终结果:上图中的那一份沙拉我们拿碟子分了7份,再加上2个比萨,用网上下载打印的优惠券换了4对鸡翅,加上11杯可乐,我们10个人吃得晕死晕死了,最后算下来每个人不过26元!

必胜客“建筑师”作品

网友点评

• 自从出来这个秘籍，在自助吧就看不到胡萝卜了……

• 垒沙拉是一项需要有极大耐性的工作。

• 其实我好好叠沙拉也能叠很高，只不过我从来没那个耐心去叠，我一般用10～15分钟就OK了，差不多也能让三四个人吃了。

• 都是经验丰富的，可是叠那么高吃的人少的话能吃得完么？毕竟吃必胜客人多了是需要勇气的……钱得带不少啊～

•"我每次都随便装点算了。看她们堆半天的真不知道是为什么？自己出去十块钱买一大堆。至于吗？"

"这是乐趣，和商家斗智斗勇的乐趣，你真以为我们去堆是为了那点吃的啊??? 堆那么多只是为了好玩。你想去必胜客吃也不会为了十元水果啊！"

• 说实话不喜欢必胜客。不过享受那种和朋友一起堆色拉的过程。每次都会有很多兴奋的小朋友跑过来拍照，我们还会把堆的给他们吃，这种快乐你去菜场买250块钱的菜都买不来。

• 无论怎么堆，小必还是不会倒闭的。

• 28元吃色拉和28元去菜场买一筐黄瓜，二者其实无任何区别，取决于你的心理需求函数。

……

除此之外，还有人写出论文《必胜客沙拉塔堆叠方案分析》，建立起模型方案，以学术的方式玩！大开眼界了吧？这就是网络时代的营销传播，不知不觉中俘获你，让你自发完成信息的再加工并自动积极传播，最终形成势不可挡之势。

玩沙拉，为必胜客带来了很多的顾客，自然也就带动了其他食品饮料的销售。更主要的是，通过玩沙拉，让人们觉得必胜客是一个娱乐场所，因为今天很多人对于餐饮的要求已经远远超出了"好吃"，附带了很多附加性的要求，比如环境，比如氛围，就像人们所熟知的星巴克，"这不是一杯咖啡，这是一杯星巴克"，对于星巴克到底是卖什么的做了最好的诠释。所以，来必胜客玩儿就是《教你如何吃垮必胜客》的最大价值。虽然现在自助沙拉没有了，但这一经典会被营销历史永远铭记。

同时，还有一点也不容忽视，那就是必胜客利用的是非主打产品"玩花样"。从现在必胜客的广告语"pizza and more"可知，在此之前，必胜客是主打比萨的，而《教你如何吃必胜客》也正是必胜客比萨时代的营销传播策略，必胜客可谓"避重就轻"，选择了非主打产品，这样做的好处在于降低风险性，即使此次策略失败，对必胜客也不会产生很大的影响，如果选择比萨做文章，不仅执行困难，风险也大，成本当然更毋庸赘述了。所以，必胜客给我们的启示在于：有些时候避重就轻才是上策。

第二节　自己玩与一起玩

曼妥思是著名糖果品牌 Mentos 的音译，台湾称其为曼陀珠，它是全球最大的糖果企业之一不凡帝范梅勒旗下的知名品牌，创始于 1932 年，第二次世界大战后在荷兰落地生根，后来因其清新的口感而在欧洲大受欢迎，之后又逐渐渗透到全球其他地方，尤其受到年轻人的追捧。

一、真的很曼妥思

如果说“真的很有趣”，“真的很个性”，“真的很神奇”，“真的很搞怪”，你都能明白是什么意思，那么，“真的很曼妥思”，你懂吗？我们相信，一定有人会大声回答：我懂得！

曼妥思之前的广告口号是“曼妥思给你好心情”，虽然也是诉诸快乐的，但并没有非常鲜明的个性感觉，也缺乏足够的号召力。2006 年，曼妥思启用了“真的很曼妥思”作为品牌传播的口号，玩味十足，充满了动感、趣味与年轻的个性气息。

那么什么是“真的很曼妥思”呢？以下视频截图会揭示出答案。

曼妥思《手影篇》

以上这则视频是曼妥思《手影篇》，在此视频中，我们看到了“神奇”的一幕：有人用手影居然拉动桌子上面的曼妥思糖前行，最后，曼妥思糖被女生弹入男生口中，一群年轻人玩得不亦乐乎。想知道谜底吗？那就登陆曼妥思网站看看“把戏揭秘”吧。

曼妥思《手影篇》揭秘

原来，桌子另一边有人在“捣鬼”，真正移动曼妥思的并非女生的手影，而是桌边的那个男生，恍然大悟，继而会心微笑，知道在捣鬼，知道是小小的把戏“骗”了我们，但绝对不会反感，甚至喜欢并享受这种“上当”的感觉，这就是“真的很曼妥思”的奇妙之处。

下面的一则是曼妥思《悬浮篇》截图，视频中，一个年轻人看似很神奇地“发功”，双手离开曼妥思糖，曼妥思居然“悬浮”在了空中，坐在旁边的朋友“趁机”抢走了“悬浮”的曼妥思。想知道谜底吗？那就登陆曼妥思网站看看“把戏揭秘”吧。

曼妥思《悬浮篇》

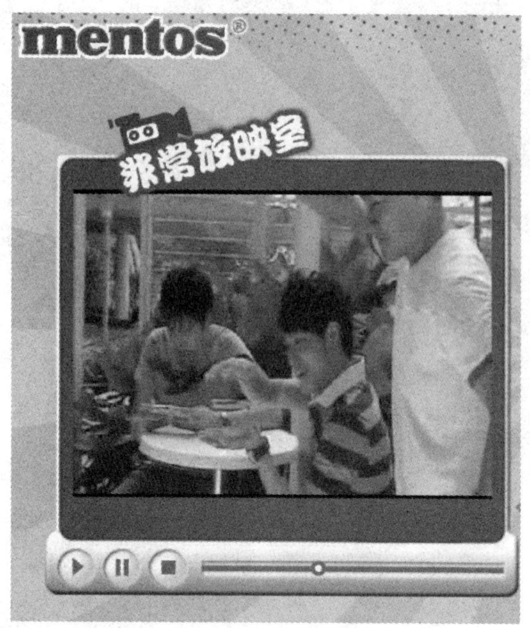

曼妥思《悬浮篇》揭秘

原来，让曼妥思“悬浮”的人并非这个“发功”的年轻人，而是他旁边的一个，此人在曼妥思《悬浮篇》中是没有露面的，正是他用细细的线在操纵曼妥思，使其看上去像是悬浮在空中一样。

下面是曼妥思《攀岩篇》截图，这则视频采用了直接揭示谜底的方式。视频开始的时候，一个年轻人在攀岩，接下来，发生了极不可思议的事情，在悬崖峭壁上，他居然单手撑住峭壁，还从口袋里掏出了曼妥思。旁边响起笑声，有人跑过去抢走了曼妥思，镜头转换角度并拉开，原来他不过是在石头地上倒立，并非什么悬崖峭壁。

曼妥思《攀岩篇》

下面这则曼妥思夹心口香糖《喷泉篇》获得了第二届中国 4A 创意金印奖、亚太广告节大奖、第十五届中国广告长城奖影视类金奖等多个重量级奖项。广告中的场景是相对刻板、严肃的白领的办公室，两个无聊中的年轻人嚼着口香糖，突然来了灵感，一个人把口香糖嚼出了骨头形状、人的形状，另一个人露出了不屑的表情，看起来在酝酿着大爆发，果然，他的舌头和舌头上的“喷泉”在人们的注视和期待中登场，一座喷泉惊现人们的视线中，居然还喷出绿色的液体！这正是曼妥思夹心口香糖带来的神奇效果。如此好玩，动心了吗？

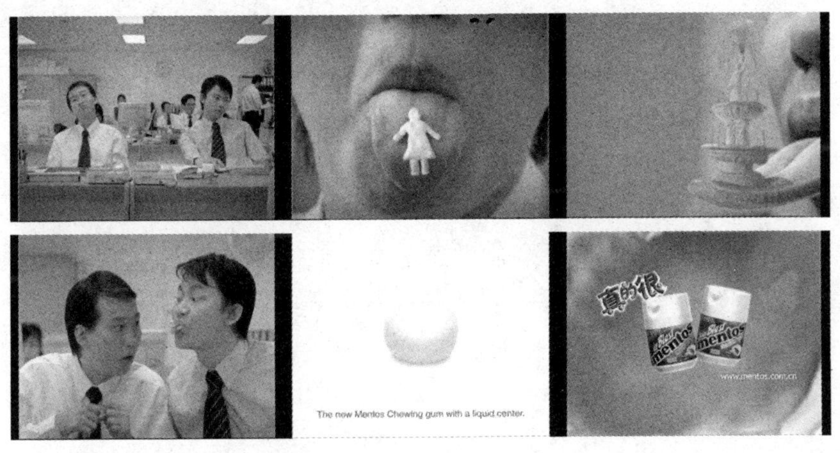

曼妥思夹心口香糖《喷泉篇》

以上只是“真的很曼妥思”视频的一小部分而已，但已经足够让我们体会到什么是“真的很曼妥思”了，它包含了太多意思，趣味、意外、神奇、搞怪、个性、年轻……，只有一个词能够完全涵盖所有的这些意思——那就是“曼妥思”。“真的很曼妥思”的视频备受年轻人推崇，很多人自发传播，也有人把曼妥思的创意进一步发展，超越商业功利促销，贴近年轻人情感和喜好，原来有着无穷的魅力。“数据显示，曼妥思 2007 年的销量比 2006 年增长了 50％，2008 年的业绩比 2007 年增长了 25％。”①

曼妥思产品的重度消费者是年轻人，他们喜欢追逐新鲜事物，不喜欢说教，轻松、奇妙而又有思考和参与空间的玩笑正中他们下怀。曼妥思广告创意表现有很大的发挥空间，但理念始终不变——那就是不断创造新鲜，真正做到了“以不变应

---

① 肖玉琴，《真的很曼妥思》，第一营销网，http://www.cmmo.cn/article-33859-1.html。

万变”,曼妥思的消费群可是不断求新求变的。

仔细分析曼妥思的创意,并无什么大手笔大制作,就是一些年轻人的小把戏和小玩笑,但却从全新的视角演绎了这个食品的新奇。其实,正是这样的轻松、随意、看似随处可发现和可创造的小创意才是最打动人心的,耗费巨资或运用复杂技术完成的创意虽然有震撼力,但毕竟是普通人难以企及的,难免会有高高在上的感觉,而这些小创意不同,充满了亲和力和感染力,如果日常生活中,人们多些这样的小点子,那么是不是会多了很多快乐呢?

“真的很曼妥思”赋予了曼妥思产品鲜明的个性特征,曼妥思所属的糖果这一产品类别属于快速消费品,产品同质化程度很高,竞争又非常激烈,只有创造出与众不同的形象,才能才受众心中留下鲜明的印象,也才能被市场认可和接受。而这一印象还需要通过持续的传播不断提醒和强化。“大家逐渐体会到品牌不只是吉祥物、标语或某个印在公司产品商标上的图案而已,公司是有品牌认同的,或用当时昙花一现的词来说,是有‘企业意识’(corporate consciousness)的。随着这个概念逐渐演化,广告人不再视自己为商品宣传者,而是广告学者罗思伯格(Randall Rothberg)口中的‘商业文化的哲学王’。寻觅品牌的真正意义(抑或许多人口中的‘品牌要素’),逐渐使公司远离个别产品及其特质,转而从心理学及人类学的层面上检视品牌对于文化及人类生活的意义。大家都认为这一点是很重要的,理由是,就算企业能制造产品,顾客买的却是品牌。”①特别是针对年轻人的品牌,感觉、形象、心理价值都是他们格外看重的,个性的文化才能真正深入他们内心。“真的很曼妥思”演变成了一句时尚语言,正是印证了他们情感上的认同。曼妥思,的确真的很曼妥思!

二、曼妥思加可乐,要玩就玩爽的

当可口可乐遇上曼妥思,套用可口可乐“要爽由自己”广告中的一句话,会产生怎样的化学反应呢?可乐+曼妥思的反应被称为“沸腾可乐”,到底是什么?又有着怎样的渊源呢?

---

① 娜奥米·克莱恩,《NOLOGO——颠覆品牌全球统治》,徐诗恩译,广西师范大学出版社,2009年版。

《沸腾可乐：自发营销》一文中有如下的阐述[1]：

曾经一段时间，一项名为“沸腾可乐”的游戏在各大网站上颇为盛行：将几颗“曼妥思”薄荷味口香糖扔进可口可乐健怡中，几秒钟之后，一根硕大的可乐柱从可乐瓶中喷涌而出，瓶中也只剩下了小半瓶可乐。

这个游戏吸引了各国玩家在自家后院或者浴缸里实验，美国有的学校甚至还把这个游戏当作课外活动，在操场上演示给全校学生欣赏，然后把可乐喷发时的壮观场面上传到互联网，与世界各地的玩友分享。更有意思的是，可乐喷泉曾三次刷新吉尼斯纪录。最早的吉尼斯世界纪录为拉脱维亚首都里加(Riga)制造出的1911个可乐喷泉，之后2010年6月由中国长春创造的2175瓶纪录刷新。目前为止，最大规模的可乐喷泉是2010年8月21日在墨西哥首都墨西哥城创造的，2433名志愿者身披雨衣同时把薄荷糖放进了眼前的可乐瓶中。

在网友的分享下，可口可乐和曼妥思的销量随之大幅上扬。一个能制造9米多喷泉的管子(Geyser Tube)也一度成为热卖产品。

长春沸腾可乐喷泉与墨西哥沸腾可乐喷泉

有很多人买来曼妥思和可乐，亲自实践效果，如下的视频截图就是网友的验证过程和效果：

网友验证曼妥思加可乐效果

① 《沸腾可乐：自发营销》，《经理日报》，2011-4-29，http://cjb.newssc.org/html/2011-04/29/content_1257417.htm。

“沸腾可乐”的这次营销传播具有显而易见的优点：

首先，这属于自发性的互动营销，即受众会在令人惊异的化学反应的影响下，自发实验并主动传播，于是原来用来喝的饮料和用来吃的薄荷糖都被赋予了新的功能，它们也可以是用来玩的。

其次，低成本高曝光，除了最初的示范，后续的实践、传播都是人们自发完成的，有网友的自动上传，也有媒体的追踪报道，影响被一次又一次地扩大。

再次，强强联合，“沸腾可乐”的原材料是两大知名品牌的产品，一个是可口可乐健怡，另一个则是曼妥思薄荷糖，两大知名品牌互相借势，它们不属于同一产品类别，可以算作一次“跨界”。跨界营销是一种互补，最初是功能上的，后来逐渐发展到消费者体验上的互补，跨界，不是简单的联合促销，而是相互借助对方优势，开阔营销传播视野，强强联合产生品牌协同效应。跨界营销属于营销领域的一个热门词汇，同时也是一个很“时尚”的词汇，当然，跨界也是有一些原则必须遵守的，比如资源匹配、品牌效应叠加、消费群体一致、品牌理念一致等。

“沸腾可乐”的跨界，可以从两方面进行理解：第一，是让自己的产品超越本来的使用价值，食品和饮料变成了实验品，变成了玩具；第二，是不同类别的产品进行联合，可乐和薄荷糖不属于同一产品类别，不过，它们有着明显的一致之处，那就是“爽”，一个吃着爽，一个喝着爽，加在一起看着爽。

当然，“沸腾可乐”的营销传播也有着明显的弊端：

首先，浪费带来的负面评价，这一实验，不管规模的大小，都是一种浪费，在企业社会责任感日益加强的背景下，普通消费者的低碳和环保意识也越来越突出，不少人评价打破吉尼斯纪录的沸腾可乐就是一种巨大的浪费，有钱倒不如做慈善。不管发起者是否是这两家企业，但这些负面的评价是会转嫁到企业身上的，这是需要予以特别关注的。

其次，沸腾可乐出现之后还有这样一个说法，可乐和曼妥思同食会致命，这也曾吓坏了很多人，胆子大的人会亲身尝试，胆子小一点则干脆敬而远之，很多人并不追溯事件的起源，更懒得多方面去核实，事关健康甚至是生命，那么多数人还是抱着“宁信其有”的心态来对待了。

第三节　玩的是创意，来真的，敢不敢？！

什么是“大众自造”？

它是国内首个汽车厂商创立的以汽车设计为主题的大型 SNS 网络互动平台；

它是大众面向中国公众打造的 Web 2.0 大型网络互动社区；

它是让普通中国人发挥自己的灵感和创意，设计自己的汽车的平台。

……

2011 年 5 月 19 日，大众自造正式上线。

大众自造

大众自造英文为 The People's Car Project，直译就是人民汽车项目，这倒还真吻合品牌名称的本意，大众汽车公司的德文 Volkswagen 就是大众使用的汽车的意思，中文同样如此。Volkswagen 意为人民的汽车，但真正用设计产品来诠释“大众”之意却并非一个名称那么简单，中国市场已然成为大众汽车公司在德国本土之外最大的市场，而大众汽车在中国却给人以老成死板的印象，在一个追求个性化的时代，如何让品牌更加年轻化是大众汽车亟待解决的问题……（大众自造）表明大众汽车对造车理念转变的一种尝试，从“制造出人民大众出行所用的汽车”，到“制造大众消费者心中想要的汽车”。①

造车，不应该仅仅是设计师和工程师的事情，而应该也是消费者的事情，因为他们最知道自己的需求。大众汽车集团（中国）大众汽车品牌市场传播总监甘维女士认为此次活动的意义在于：“将大众造车理念和品牌内涵的传播从单方面的

---

① 黄鑫，《大众自造 大众汽车回归“大众”》，和讯网，http://auto.hexun.com/2011-09-09/133238972.html。

Push(单向输送),变成 Push and Pull(双向的沟通),让消费者表达出心中所想,描绘出自己想要的车,将这种需求通过大众自造这样的方式,传达给汽车设计师,实现大众消费者和汽车设计师之间的一种互动,在这种互动中获得创新灵感,分享造车理念。"[①]大众自造的平台不仅是传播品牌的,更是消费者与设计师沟通的平台,此活动充满了人情与人性的因素,倾听消费者的想法,尊重消费者的创意,给予消费者参与的空间。

活动以设计、个性化、环境、汽车互联等为沟通主题,公众可以利用平台寻找激发创意灵感、虚拟造车、与人分享、互动交流、创意比拼、参与评选、获得奖品等。"大众自造"共四季创意挑战,第一季为"我的汽车我设计",第二季是"我型塑我车",第三季是"车联天下",第四季待上线。

"我的汽车我设计"具体步骤如下:第一步,注册一个属于自己的大众自造账号;第二步,填写基本资料;第三步,注册成功后进入注册邮箱验证,开始准备造车;第四步,点击"创意引擎",进入造车页面,点击下方"直接造车"按钮;第五步,"选择初始车型",可以在大众提供的 14 个模型中选择,也可以自己画草图上传;第六步,利用车身的一些圆点调整汽车造型和比例;第七步,调整比如座椅等部分;第八步,车身可以 360 度旋转以调整各细节;第九步,选择地形,这影响汽车车身和底盘的高低;第十步,测试汽车风阻环节等;第十一步,选颜色,进一步添加创意想法;之后就可以预览、保存、上传、分享,被围观、评论等了。

第二季"我型塑我车"是个性化阶段,公众可以参与"朋友"、"家庭"、"职业"、"兴趣"等个性主题造车活动,获取多项创意好礼。

大众相关负责人表示,"大众自造"项目的目的是大众汽车品牌在中国消费者心目中树立起更加清晰的创新形象。就目前的反馈,标志着以创新为品牌价值之一的大众汽车品牌已经迈入了又一个崭新的时代,那就是不仅仅要"造车为人",更要与公众"共同自造"。伴随着线上互动沟通平台,"大众自造"项目在线下也不断为消费者提供近距离接触大众汽车品牌创新理念的机会。[②]

---

① 黄鑫,《大众自造 大众汽车回归"大众"》,和讯网,http://auto.hexun.com/2011-09-09/133238972.html。

② 张腾,《"大众自造"掀起全国创造激情》,原载《京华时报》,转引自中国网,http://news.china.com.cn/rollnews/2011-12/29/content_12005064.htm。

“通过这一个月的运作希望更多人能明白‘大众自造’是在提升品牌影响力，绝不是销售手段。”大众汽车集团(中国)执行副总裁苏伟铭强调说，“大众自造”的起点应该是制造一个“对话”的空间，在这个空间里大家自由交流，消费者对大众公司诉说其需求与愿望，同时也给大众一个机会向消费者解释汽车的理念。”①

大众汽车集团(中国)副总裁杨美虹女士接受网易汽车专访时透露了更多“内幕”：“现任大众集团董事长文德恩工程师，皮耶希也是工程师，哈根更是工程师……能够让他们接受这样一个项目是相当不容易的事情。我们用这种互动的方式，也在逐渐影响我们大众的工程师文化。现在中国市场这么大，我们现在说话的分量越来越大。我们也要反映，不是全世界的消费者都像德国消费者那样的。”“大众是德国企业，但是在中国已经将近三十年了，还是要和中国的文化有一个桥梁，中国消费者的习惯喜好要在产品里有所体现，所以我们才创造了叫大众自造的项目。在大众全球我们是第一个做这个项目的，未来俄罗斯、巴西都会有跟进。”②

除了网络平台参与互动外，“大众自造”体验馆还有很多主题活动与之配合。据了解，自 2011 年 5 月上线以来，“大众自造”网络互动平台注册用户超过 26 万人，共收集到超过 9 万份汽车设计创意作品。同时，线上互动平台的“大众自造”官方微博，超过 44 万粉丝以“梦想之车”为话题展开着广泛的探讨。③

“大众自造车，造大众想要的车”这一美好理念是大众所向往和正在努力实践的，虽然现在仅仅是个开始，但从其立足受众、注重沟通与分享等先天优势来看，其价值必定不凡。“以消费者为唯一中心，以社会群体为基础，以合作与共享为手段，提取社会群体、合作与共享、广告三者的共同元素，回归到广告的本质思考广告的价值，进而借助社会群体合作与共享的力量实现信息传播成本最优下的规模效益和效率，夯实广告的基础、奠定广告的根基，在日新月异的环境中以不变应万变，探寻广告的新趋势、新形态和新手段，为企业和消费者之间的广告信息传播找到一条新的通路，赋予广告新的活力。”④

---

① 《创意征集正式启动“大众自造”试用实录解密》，网易汽车，http://auto.163.com/11/0701/02/77RI0KD400084JTI.html。

② 《创意征集正式启动“大众自造”试用实录解密》，网易汽车，http://auto.163.com/11/0701/02/77RI0KD400084JTI.html。

③ 韦熙宇，《“大众自造”亮相深圳》，http://roll.sohu.com/20120104/n331062156.shtml。

④ 刘千桂，《广告大逆转——众媒介与新广告》，清华大学出版社，2009 年版，第 11 页。

第六章

怎么玩？无穷尽的形式与创意

第一节　观赏性玩:不像广告才好玩

一、广告是短剧,星座很给力

康师傅茉莉清茶于2005年上市,通过"花清香,茶新味"的诉求一举成名。到2010年,茉莉清茶上市五年了,如何持续吸引年轻人关注成为茉莉清茶所面对的巨大挑战。同属康师傅茉莉茶系的茉莉蜜茶于2009年上市,清茶、蜜茶的"性别定位"[①]深受年轻人喜爱。

2010年,康师傅邀请台湾著名导演纽承泽拍摄了"清蜜星体验十二星座爱情网剧",希望利用在年轻人中很有市场的"星座"话题,提升品牌和产品的关注度,强化茉莉清茶蜜茶所代表的浪漫"清蜜关系"的感性认知。

---

① 《康师傅茉莉清茶:十二星座清蜜告白大PK》,全城互动,http://www.aaim.cn/example/qyyy/70.html。

清蜜星体验十二星座爱情网剧宣传页面

网络短剧传播面临的一个直接问题就是，网剧很容易淹没在网络信息的海洋中。为了解决这一问题，由于人人网和康师傅茉莉清茶蜜茶的消费群高度契合，所以选定人人网进行网络短剧的传播。植入人人网十二星座公共主页，面向几百万星座公共主页粉丝，他们的关注、评论、分享，都能迅速引起更大范围的二次传播。

康师傅茉莉清茶蜜茶网剧发布流程

※ 预告片预热

网剧发布前，发布网剧预告片进行预热，让受众期待网剧的发布。

※ 人人网星座分公共主页发布网剧相关状态与日志

星座分公共主页分别发布不同星座特色告白话语与相关日志，吸引关注、评论、分享，产生新鲜事二次传播。

※ 星座公共主页发布网剧相关日志

公共主页会产生高优先级的新鲜事，所有的粉丝都可以立即看到；粉丝的分享、评论等也会产生新鲜事，其所有好友也可以迅速知晓。

网剧效果

康师傅茉莉清茶蜜茶网剧获得了很高的曝光量、分享评论量和新鲜事数量，“在80天投放周期内，没有任何广告入口的情况下，网剧曝光量达150万次……康师傅茉莉清茶网剧在人人被分享评论125,802次，产生的新鲜事为18,115,481条。”[①]这

① 《康师傅茉莉清茶：十二星座清蜜告白大PK》，全城互动，http://www.aaim.cn/example/qyyy/70.html。

康师傅12星座勇敢告白系列短剧预告片

些曝光、评论和分享的数据能够转化成康师傅茉莉清茶蜜茶的品牌知名度，而对于星座与爱情的故事，也能够增加观看者的好感度，从而提升品牌偏好。

核心创意理念评析

康师傅茉莉清茶蜜茶网络短剧的核心创意理念是星座，市场细分所针对的群体不是年轻人，而是喜欢星座的年轻人，以星座＋爱情偶像短剧的方式直击年轻人内心。市场细分的客观基础在于消费者需求的不同，而细分消费者的变量主要有地理、人口、心理、行为、受益五大类，其中心理因素的价值日渐突出。这就要求企业关注消费者的生活方式和喜好的变迁，从中发现新的传播价值点，这一细分变量不一定是与自己产品密切相关的，但一定是与目标消费群体密切相关的。就像星座无关茶饮料，但一定和年轻人有关。

康师傅不是第一个关注星座的，欧新推出了星座手机，娃哈哈也曾在自己的饮料瓶上印上了星座，其他品牌如何利用星座在此我们不赘述，但康师傅茉莉茶作为快速消费品，面对年轻消费群体，大胆地利用星座、爱情、偶像剧，抓住了年轻人的“兴奋点”，低卷入度、感性消费、冲动消费等诸多因素合力，想不被关注都不行。虽然网剧的点击、分享、评论无法直接转换成康师傅茉莉茶的销量，但对品牌形象的贡献不能忽视。

康师傅茉莉清茶与蜜茶，分别对应男与女，十二星座的爱情告白短剧将年轻人的星座特质与对待爱情的不同方式通过短剧一一呈现，在爱情中，他们遇到很多困难，但敢于改变自己，勇敢追逐爱情，而改变不仅需要勇气，也需要方法，每一个星座都应该向自己“对宫”星座学习，取长补短，这样才能有效地解决问题，抓住幸福，改变命运。

康师傅既有的品牌知名度，康师傅茉莉清茶蜜茶(特别是茉莉清茶)已经打下的市场和本身具有的普适性的味道，在这些基础之上，康师傅为茉莉清茶蜜茶锦上添花，从星座入手，以合适的传播渠道，用爱情和偶像剧赢得年轻人的青睐，在他们中制造话题，引发共鸣。茉莉清茶与茉莉蜜茶于是又有了“清蜜新关系”，为产品进一步加入了附加值，这一附加值正是现在的年轻消费者选择产品的重要理由。

二、善于恶搞与自嘲

《魔兽世界》(*World of Warcraft*，简称《WoW》或《魔兽》)是著名的游戏公司暴雪娱乐(Blizzard Entertainment)制作的一款大型多人在线角色扮演游戏，2005年测试并开始正式的商业化运营。

《南方公园》(也被翻译为《南方四贱客》、《衰仔乐园》等)，是美国喜剧中心(Comedy Central)制作的一部剪纸动画剧集，1997年首播。动画剧集的主角是科罗拉多州虚构的南方公园小镇的四名八岁的男孩子，剧集擅长通过歪曲式模仿来嘲讽美国文化和社会的诸多方面，被誉为彻底颠覆传统的喜剧动画，也是美国历史上最流行、最疯狂、最具有争议的动画片。

《要爱,不要魔兽世界》(*Make Love, No Warcraft*)是美国喜剧中心频道动画连续剧《南方公园》第10季的第8集,同时也是整个系列的第147集。《要爱,不要魔兽世界》首播于2006年10月4日,其名称是对美国1960年代反越战口号"要做爱,不要作战"(Make Love, No War)的滑稽模仿。

《要爱,不要魔兽世界》剧情是一个沉迷于魔兽世界的超级宅男玩家强大到超越游戏规则,屠杀游戏中的玩家人物,很多玩家于是被迫纷纷退出魔兽世界。南方公园的四个孩子开始了拯救魔兽世界的行动,他们齐心协力,每天只睡三个小时,还不停地杀野猪练级,最后在暴雪送上的史上最强武器万千真理之剑(The Swordofa Thousand Truths)的帮助下,消灭了宅男,拯救了魔兽世界。

《要爱,不要魔兽世界》,看这个名称是拒绝魔兽世界的,看剧情也不乏讽刺魔兽世界之处,剧中展示了沉迷于游戏可能带来的很多负面的影响,比如生活不规律、肥胖、痤疮、腕管炎、说脏话、忽视其他事情等等。另外,剧情中还有暴雪员工不玩魔兽世界,做财务的人预言会出现使用最强武器的人,诸如此类的延续《南方公园》一贯讽刺特征的情节。

但是,我们同样不难发现,虽然对魔兽世界有诸多的嬉笑怒骂,《要爱,不要魔兽世界》整体却是一个成功拯救魔兽世界的故事。其实故事就是一个比较老套但始终有市场的美国英雄的故事,只不过这次的英雄不是超人,不是蜘蛛侠,不是蝙蝠侠,而是南方公园小镇的四个小孩子,他们扮演的是"拯救世界"的角色,这个"世界"就是魔兽世界,如果所有玩家都被杀害,那么"世界"末日就来了。所以他们放弃了"在阳光下打球",而是回到"世界","在电脑前做些真正有意义的事情"(备注:引号中的话均为短片中的台词)。

《要爱,不要魔兽世界》中使用了大量的引擎电影,以实现和剧情的无缝对接。引擎电影(mechinima),是由 mechanical 和 cinema 两个词合并而成的词汇,指的是采用游戏自身的引擎实时渲染而成的3D动画,不需要额外的设备、建模、动画、剪辑工作,只利用游戏自身的引擎就可以完成创作,省时省力省钱。既然采用的是游戏自身的引擎,那么暴雪公司自然可以被视为幕后操作者了。"暴雪公司还批准制片人在资料片《魔兽世界:燃烧的远征》的内部测试服务器上拍摄引擎电影所用的场景。暴雪娱乐的总裁和共同创始人麦克·默尔海姆对这次合作发表了以下声明:南方公园的创作者有兴趣让魔兽世界作为新一季首集的主题让我们感到兴奋。我们合作得十分愉快。我们期待在这周首播时与我们的员工和玩家分享这一经历。”[①]而南方公园第 10 季的一些 DVD 也包含了魔兽世界的 14 天免费试玩，另外还有资料显示，《要爱，不要魔兽世界》的预告片在暴雪官网出现的时间早于南方公园。在《要爱，不要魔兽世界》播出以后，暴雪计划把剧集中出现的“万千真理之剑”加入游戏，能力和剧情不同，另外还加入“要爱，不要魔兽世界”的成就任务……以上种种充分证明了一点：魔兽世界或者说暴雪公司是剧集的合作方。

《要爱，不要魔兽世界》

① 《经典回顾：南方公园之“要爱，不要魔兽世界”》，GGwan 游戏平台，http://www.ggwan.com/wow/2010/0513/731.html。

《要爱，不要魔兽世界》的播出受到了充分的关注和普遍的好评。“多媒体新闻和评论网站 IGN 给了该集 9.3 分的评分，称其为‘最有趣的剧集之一’……首播吸引了 340 万名观众，多数属于 18 到 49 岁之间的年龄组。这一收视率是 2000 年以来喜剧中心季中(下半季)首播最高的一次……该集在 2007 年黄金时段艾美奖中获最佳动画片奖。”[①]

《要爱，不要魔兽世界》给予品牌的启示在于，每一个品牌都有自己的缺点，请正视自己的不足，如果你有勇气调侃自己的缺陷，那么恭喜你，你真正理解了品牌。正视、调侃自己的缺陷并把其公之于众，这对于品牌自身的良性发展有百利而无一害。全面理解游戏，正确玩游戏，游戏只是生活的一部分——至少其中对于游戏负面影响的揭示能够在笑声中带给游戏玩家一些思考。玩，可以是生活的主旋律，但玩魔兽世界肯定不是。

三、“草根英雄”Flash 单口相声短片

根据艾瑞 2005 年的统计，电子邮箱是网民使用最多的互联网应用之一，总量已经接近 2.7 亿[②]，主流仍是选择免费邮箱。CNNIC 的调查同样显示，电子邮箱是人们最关注的互联网应用之一，并且免费邮件仍然是吸引用户、推动互联网增长的重要动力。

随着各种图文、影音等大文件的发送需求日益增长，人们逐渐对邮箱和其附件容量提出了更高的要求，并且这一要求仍然在飞速增长中。

2006 年 5 月 9 日，雅虎推出了 3.5G 大树邮箱，同时用户还可以享用 20M 超大附件的服务，这被称为“国内免费邮箱几年来的首次大变脸”、“免费邮箱文本时代宣告结束”。

当时的雅虎、新浪、网易等频繁扩大邮箱容量的核心目的都是吸引和留住用户，雅虎此前刚与百度、谷歌就搜索引擎展开了一场大战，结果在此不作评述，但雅虎面临着一个艰难的状况，就是缺乏人气，所以聚集人气就是雅虎的当务之急。雅虎把

---

① 《经典回顾：南方公园之“要爱，不要魔兽世界”》，GGwan 游戏平台，http://www.ggwan.com/wow/2010/0513/731.html。

② 数据来源：《雅虎 3.5G 免费邮箱问世》，http://news.cn.yahoo.com/061013/346/2huzk.html。

电子邮箱作为自己的重要业务之一,率先举起了邮箱扩容的大旗。雅虎邮箱反垃圾邮件一直是优势,邮箱还绑定了即时通讯,邮箱用户还能使用相册、音乐盒等多项服务。雅虎把自己的邮箱定位为中国十几亿普通老百姓使用一辈子的邮箱。

对于邮箱扩容这一信息的知晓,通常用户会通过新闻、网站广告、邮件等途径获得,雅虎此次邮箱扩容除了以上信息渠道外,坊间还流传着一则名为《小话西游》的 Flash 短片。Flash 短片采用的是名人代言的方式,名人群是《西游记》师徒四人和自己定位为“非著名相声演员”的郭德纲,是不是有点穿越的味道?当然,并非穿越,师徒四人是主演,郭德纲则是配音,演白旁白一人独担,算是一则单口相声。当时也正是郭德纲迅速崛起的时候,他被称为“一头牛借助互联网跑出了火箭的速度”、“草根英雄”等。雅虎的《小话西游》属于旧元素新组合,借在中国妇孺皆知的《西游记》再加上刚火起来正如日中天的草根英雄,让我们欣赏了一则独特的、前所未见的西游记的故事。

在故事中,师徒四人西天取经主线依然未变,只不过这次四人乘坐的是飞机,既然是飞机就需要加油,因为油箱太小了,碰到了很多问题,西天之旅非常不顺利,后来选择乘坐大唐 6 号超大油箱飞船,经历了一些曲折,终于到达西天。四人面见佛祖,称因为油箱太小来晚了,佛祖非常惊异,说:“不是早就传过去了吗?全套经书连插图录音真人 DV 都传过去了。邮箱还不够大?”原来,他用雅虎大容量邮箱早就把经书传给了大唐。

雅虎《小话西游》

《小话西游》除了包含原西游记的部分元素，比如铁扇公主，还加入了很多新鲜内容，比如因为赵本山而火起来的东北话和铁岭，“大唐 6 号”借用的是当时的热点“神州 6 号”，师徒四人早于阿姆斯特朗登上了月球，讽刺盗版行为等诸多元素，使得五分钟左右的小短片充满了看点和趣味性。

熟悉点、热点、笑点在此次草根病毒传播中“一个都不能少”，虽然这只是雅虎邮箱推广的辅助传播形式，但感染了不少网民。

第二节　参与性玩：我们的广告我们参与

一、过程性参与——见证与参与的魅力

见证全程

一对异地恋男女，男士居住在福冈，女士在东京，他们之间相距 10 亿毫米，他们要分别从这两个地方靠步行或者跑步靠近彼此，于 2008 年 12 月 24 日，在两地的中心点大阪相聚，联络方式就是靠手机邮件和每天晚上 11 点为时 10 分钟的网络视频对话。他们每天对话的内容和跑向彼此的全过程都会实时更新在建立的实景网站中。很多人为这对恋人加油助威，全程关注他们跑向彼此的进程，很多人感动于这对恋人的行为……当然，还有更多的人想知道，他们到底为什么这么做。

活动是由自称“爱的距离(Love Distance)”制作委员会制作的，探讨恋爱与距离的主题，但没有说明幕后的推手，只是提及了这是一支广告的制作过程，答案会在 2008 年 12 月 24 日揭晓。

2008 年 12 月 24 日，他们距离 0 毫米的时候，我们也知道了答案，原来这是日本安全套制造商相模橡胶工业株式会社(Sagami Rubber Industries Co., Ltd.)为他们的产品 Sagami Original 0.02 所做的创意广告。为了宣传这款世界上最薄的安全套(0.02 毫米)，日本安全套制造商相模橡胶工业株式会社于 2008 年 10 月 22 日成立了“爱的距离”制作委员会，11 月开始在网上征募远距离恋爱的情侣，“爱的距离”网站于 2008 年 12 月 1 日正式开通。“Love Distance—Our distance, a billion millimeters.”(爱的距离，我们的距离 10 亿毫米)，http://www.lovedistance.jp/，在这个虚拟网站上，异地恋人跑向彼此，网友跟随进程一起参与

探讨爱情中普遍存在的“距离与爱”的主题。企业借助此种独特的方式想要告诉人们，在爱情中，需要保持适当的距离。

受众参与此活动的时候，需要先选择性别，选择之后无法更改，参与者为这对恋人加油助威，同时分享自己对于爱情的看法。由于没有产品和品牌信息，所以在过程中充分调动起了参与者的好奇心，悬念手法的运用堪称炉火纯青。

活动的创作者伊藤直树解释了活动创意的重要依据在于日本人喜欢马拉松，奔跑的运用在日本广告中也多次出现过，此次活动也做到了投受众所好。

相模橡胶《爱的距离》

“爱的距离”网站活动以及把活动内容记录素材剪辑成的广告影片摘得了无数国际大奖，如 D&AD Awards 线上广告类数位广告宣传黄铅笔奖、亚太广告节(ADFEST)的 CBC 16 最佳综合网路类一等奖、One Show 互动广告奖专属网站—推广活动类铜奖、坎城影片广告奖金狮奖、坎城网路广告银狮奖、坎城直效广告奖金狮奖、坎城媒体广告银狮奖、坎城整合广告铜狮奖、戛纳国际广告节(Cannes Lions International Advertising Festival)影视类和公关类金奖等等。相模橡胶工业株式会社总裁表示:“十分荣幸能够获得众多国际性广告大奖。避孕套是一种独特的产品,广告的投放方式及受众难以确定,要想打动用户就更加困难。我们将继续制作一些符合人们右脑思维的广告,以我们的方式向人们介绍Sagami Original 0.02。”而此次活动也有效地促进了产品销量的提升,据相关数据显示,“2008 年 12 月,Sagami Original 0.02 的月销售量同比增长了 24%”。①

你的人生谁做主?

马爹利名士(Martell Noblige)是法国著名干邑品牌,它于 2009 年 4 月 22 日在官方网站(www.martell.com.cn)发布了首部网络互动电影——《时尚心途》。在此之前,马爹利名士还召开了前所未有的线上新闻发布会,由《时尚心途》男主角柏栩栩担任主持,邀请了众多知名媒体,还在发布会上和很多知名博客主一起参与了在线互动体验。

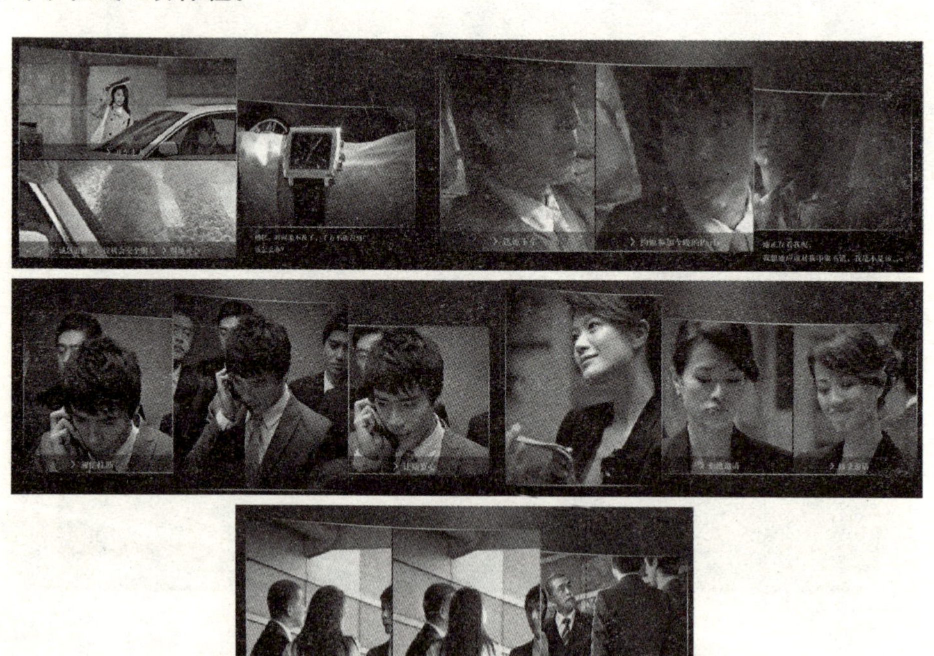

马爹利名士《时尚心途》

① 《屡获殊荣的日本避孕套制造商相模橡胶工业株式会社凭借“爱的距离”,首次获得戛纳广告节影视类和公关类金奖》,沃华传媒网,http://www.wowa.cn/Article/80892.html。

《时尚心途》是一部网络互动电影，在情节进展过程中，面对一些问题的时候，给了主人公不同的抉择，观看者这个时候就化身为主人公，替他做出选择，这些选择涉及家人、爱情、事业、朋友、老板等，不同的选择带来不同的结果，依据不同的选择一共会有 14 种不同的故事结局，而剧情如何进展则取决于观看者如何操纵手中的鼠标替主人公做出选择。以下就是几个重要的抉择时刻：

人生总会有一些大大小小的选择，这些选择可能从此改变你的生活，甚至是命运，所以每一次选择都需要慎重。在《时尚心途》中，我们可以“越权”，代替主人公做出选择，主人公的命运就交到了我们的手中，面对家人，面对情感，面对事业，面对偶遇，面对诱惑……这些选择其实已经不仅仅是替剧中人做出，也是我们自己的人生态度。

面对这样新颖的方式，参与者经常会不止一次地进行尝试，因为在日常生活中，我们经常会想，再来一次会怎样，我会做出怎样的选择呢？人生是不是就会从此不同呢？可惜生活“没有彩排，每一天都是现场直播”，在这部网络互动电影中，我们终于可以满足一下彩排人生、重新来过、换一个选择的愿望了，真是千载难逢啊。

笔者本着与人为善的原则，替主人公进行了一次选择，最终成就了真“名士”，完整的剧情图如下：

马爹利名士在《时尚心途》中没有过于频繁和明显地植入自己的产品，度的把握比较到位。马爹利是希望通过这种方式，突出自己所倡导的生活态度：时尚不仅是外在，更重要的是取决于内心。剧情最完美的结局就会展现出马爹利所推崇

的锐意进取、独立自信的名士形象，而“人生态度将决定你是谁”在一次次选择中阐释得淋漓尽致。

所以，马爹利《时尚心途》网络互动电影传播最突出的特点并不是剧情的独特，也不是互动的参与，而是给了我们一种生活中无法完成的体验，在我们通过鼠标重新来过的过程中，再一次深刻体会到人生真的只能是现场直播。

一起“创历史”

2010 年，时尚牛仔服饰品牌 Lee Jeans 发起了一项由奥美上海策划的名为“创历史(Make History)”的广告宣传活动，以推广 Lee Jeans 本年春夏系列服装。

Lee Jeans 此次推广活动紧密围绕其品牌理念：“创历史”，无论是电视广告、平面广告还是网络活动，都贯穿了这一理念。

电视广告采用黑白胶片拍摄，突出一种历史感，创意理念是带领人们离开普通平淡的生活，情节表现是两个不在地面行走的人，他们想要脱离常规，Lee 希望借此告诉大家：只有打破常规的人才可以创造历史。同一系列的平面广告延续同样的创意表现，身着 Lee Jeans 的人走在建筑物狭窄的边缘上，充满了年轻人打破常规的个性感觉。

Lee Jeans 创历史网络活动页面

此次宣传的另一重要方式就是全民参与大片拍摄，Lee 称其为“第一部网络直播时尚大片，由万人执掌打造而成”。网友在预定时间范围内，在工作团队精心准备的备选模特、服装和场景范围内，参与选择模特、服装和场景，这三个环节是按照先后顺序分三个阶段依次完成的，也就是说，Lee 此季广告大片拍摄的三个重要环节是由网友决定的。3 月 25 日—4 月 2 日是创作投票期，网友分别参与以上三个环节的投票，最终决定广告的风格。在这一时间内还有惊喜奖励，奖给将活动网站转发、鼓动最多朋友参加活动的前 30 名用户，奖品是 Lee 牛仔裤一条。而到了 4 月 3 日晚上 8 点，网友登陆活动网站（www.leejeans.com.cn/makehistory/），就可以加入 Lee 时尚大片拍摄，通过网络相机全程掌镜，并能将满意的照片制作成创历史海报，转发朋友一起欣赏自己的创历史之作。

Lee Jeans 希望通过这种方式，让普通网友一起充当大片的导演，亲自参与“创历史”。因为 Lee 认为时尚不仅是大师创造的，每一个普通人也可以创造自己的历史。“在中国的时尚领域，这是一次史无前例的创意构想。”[①]据悉，“创历史”系列广告宣传是 Lee 历史上第一次从中国内地发起的宣传活动。“创历史”改变了传统广告的拍摄方式和过程，不拘泥于常规，以网络参与互动的方式邀请普通网民一起“创历史”。

Lee Jeans 创历史影视广告

① 《上海奥美策划 Lee Jeans 创历史广告宣传活动》，中国广告人网站，http://www.chinaadren.com/html/news/2010-3-21/2010321160943.html。

Lee Jeans 创历史平面广告

二、部分环节参与——给你互动的空间

不知道在电视广告中看到英特尔让一群人唱“intel inside”经典的声音识别“砰，砰砰砰砰”，你是不是会觉得英特尔现在很有意思，很好玩呢？当然好玩的绝不仅仅是英特尔的广告，更是英特尔提供给用户的体验。

英特尔推出的第二代智能英特尔®酷睿™处理器，智能性再次全面革新，为电脑注入无级变速的强大动力的同时，还无缝内置了一体化的核芯显卡，无论 3D 游戏还是高清影像都能够轻松驾驭。英特尔在网站中为我们提供了三个类别的“炫酷视频”，分别是：英特尔酷炫短片、“酷睿炫视界”影像大赛视频和创想计划艺术家之登峰造“极”。

其中，“酷睿炫视界”影像大赛时间为 2011 年 4 月 21 日至 6 月 30 日，以“炫人物”、“炫场景”、“炫时刻”、“炫事物”四个主题类别征集视频和摄影两大类作品，英特尔“酷睿炫视界”影像大赛在土豆专区比赛介绍中，有如下文字：

炫人物：寻找你身边的人物，他们有什么炫的表情、动作、技巧？

炫场景：鸟栖于林、欢畅派对、激情赛场、云漫群峰这些场景或安静祥和或久久难忘？

炫时刻：毕业、演出、日出、日落、彗星划过这些转瞬即逝的时刻你是否曾留下？

炫事物：一朵花、一个杯子、一块石头、一只宠物也许被轻易忽视，但在你眼里是否有他的炫丽和精彩？

这无疑有方向而又有效地激发了参与者的创作灵感，不同领域的人都有着自己爱玩、擅长玩的，英特尔给了大家一个平台进行展示。最终摘得全场大奖的是一位 68 岁的颤音奶奶，她自弹吉他演唱王菲的《因为爱情》。所以，生活永远比技术重要，科技最终还是服务于生活。

英特尔自己制作的酷炫短片中有一则名为《变色龙逃生记》，这则视频在传播过程中被很多人改了名字，最常见的名称是《被放鸽子的女友你伤不起啊》。视频中女孩子被男朋友放鸽子，她终于忍无可忍地爆发了，将怒气全都发泄到了男朋友的东西上，帽子、游戏机、CD、玩偶等无一幸免，正是因为这些东西，女孩子总被男友忽视，女孩子统统扔了这些，然后又把目光锁定在男友的变色龙身上，结果变色龙机智地变成了讨女孩子欢心的颜色，最终逃过一劫。

那么，英特尔变色龙视频用意何在呢？原来，英特尔®睿频加速 2.0 技术具有超越性能、随需而变的特点，实现微秒级应变，瞬息之间调节主频适应负荷，迸发震撼动力完成任务，令性能全面突破；电脑闲时亦可随时减速至休眠，延长待机减少发热。[①]

英特尔变色龙逃生记视频截图

在视频的结尾，英特尔设置了互动参与环节，受众可以自己来挑战这只变色龙，除了英特尔设定的可供选择的几种色彩外，还能够利用摄像头让变色龙按照受众自己提供的色彩来随意变换：

挑战页面

选择了青花瓷后变色龙的效果

① 英特尔酷睿加速优酷迷你站，http://minisite.youku.com/tbcore/。

三、广告就是给你玩的

过一把沙画瘾

原叶调味茶饮料是由可口可乐公司和雀巢公司授权出品的，倡导的是一种全新概念的茶饮料——100%用真正茶叶泡制，而非市场上常见的茶粉调制。除了传统名人代言电视广告、促销、渠道推广等之外，原叶还推出了一款特别的网络推广小游戏——网络沙画活动。

沙画近些年随着网络传播的推波助澜，为很多人推崇、熟悉和喜爱。沙画瞬息万变，每一个形象都在人们的注视和期待下出现，前一个形象中往往蕴含着后一个形象，但对材料、技术等都有很高的要求，所以普通人想要体验一下还是有很大难度的。原叶让我们在网上小小地过了一次沙画瘾，可谓一次“小而巧”的接触。

在2010年4月15日00:00—2010年5月31日23:59的六个星期的时间中，网友可以进入原叶茶饮网站(www.yuanyetea.com.cn)中，利用网页沙画盘来一次沙画互动体验。用户用鼠标在首页沙画盘中根据页面引导写下或画出生活中自己喜欢的事物或烦恼后，点击“我要抹掉”，就可以观看自己的烦恼被扫除，即完成了活动参与过程。

生活中，人们经常会遇到一些不开心，一些小烦恼，原叶为我们提供了又一个简单的发泄途径，轻而易举地就能抹掉自己的烦恼。

在活动过程中，填写电子邮箱还可以参与抽奖，另外，还能分享到人人网、开心网等，同时在网页中还有其他人完成的作品集锦可供观看。

原叶网页沙画页面

最大的“夹娃娃”游戏

对于“夹娃娃”游戏，很多人并不陌生，有现实机器中玩的，也有多种版本的电脑游戏和网络游戏，算是一款普及度很高的小游戏。而3D投影技术，已经被很多品牌应用于互动推广过程中，也不算什么新鲜事。不过，让观众自己操控3D投影的灯光秀来玩“夹娃娃”游戏，倒还是很有趣的尝试。

2012年年初，通用汽车在好莱坞罗斯福酒店前为自己全新的雪佛兰爱唯欧汽车进行了一次全世界最大的3D投影“夹娃娃”游戏的互动推广活动，当然夹的不是娃娃，而是包括雪佛兰汽车、滑雪板和电子产品等在内的货真价实的奖品。观众是通过踏板和操纵杆来完成游戏的，巨大的罗斯福酒店的墙体就是游戏的显示屏，如果在游戏中夹起了雪佛兰爱唯欧，那么就能获得真车一台。

游戏场面极大，关注度非常高，而参与的门槛又很低，在视频中我们能够感受到现场热烈的气氛，无论玩的还是看的，都非常兴奋，毕竟玩如此大游戏的机会还是不多见的。通过这样独特的、让人瞩目的方式，全新雪佛兰爱唯欧真可谓是“闪亮登场”。

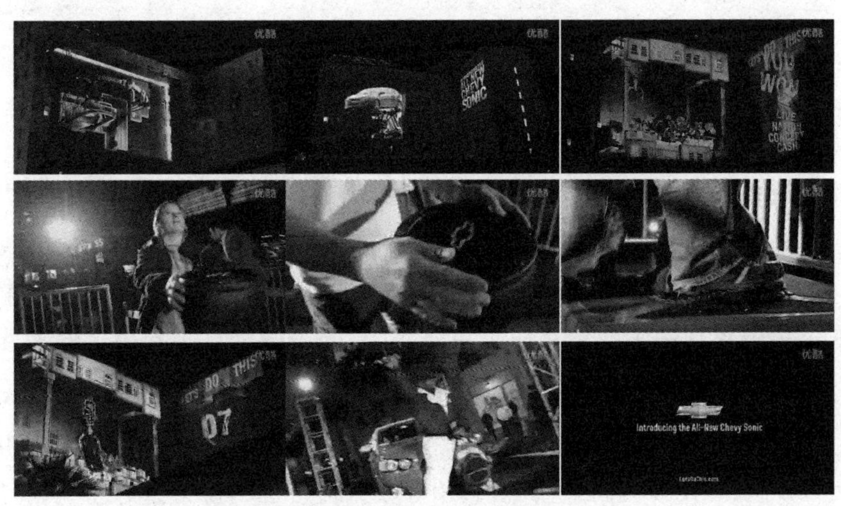

雪佛兰3D“夹娃娃”游戏

写童真日志——奥利奥“童真时刻齐分享”

诞生于1912年的奥利奥是卡夫集团旗下著名产品，可谓全球巧克力味道夹心饼干的代名词，有着“饼干之王”的美誉。奥利奥开创了“扭一扭、舔一舔、泡一泡”（“扭一扭、舔一舔、泡一泡”的英文为：扭一扭：twist apart oreo cookie；舔一舔:lick the cream centre;泡一泡:dip chocolate cookie halves into a glass milk)的专属独特吃法,给全世界的孩子带来了别样的乐趣。

2011 年 3 月,奥利奥以传播童真快乐为主题,在腾讯平台(http://oreo. qq. com/)发起了“童真时刻齐分享”活动。活动包括写童真日志、分享日志、@好友获得积分、赢取奖品、观看姚明童真日志、观看奥利奥童真趣味视频、下载童真屏保等,还能够为孩子赢得与姚明见面的机会。

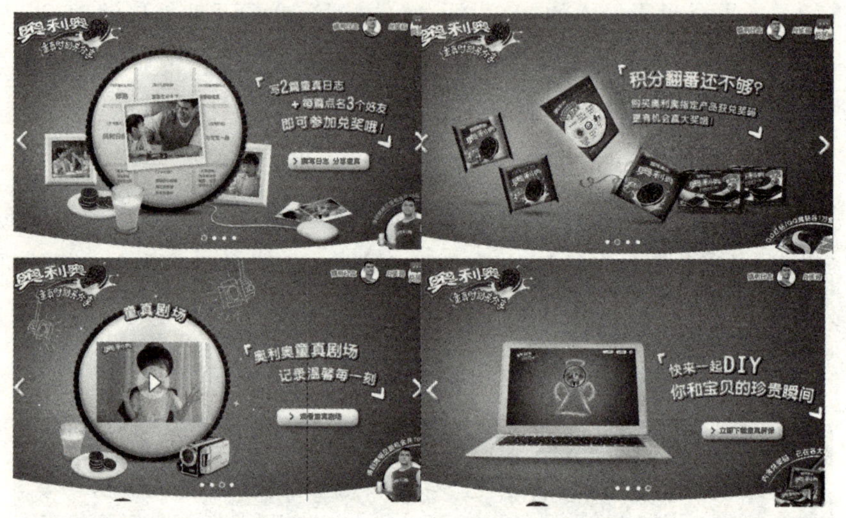

奥利奥童真时刻齐分享活动页面

奥利奥“童真时刻齐分享”网络平台创意基础在于,现在有很多年轻的妈妈非常愿意通过网络分享孩子成长的点点滴滴,而腾讯拥有庞大用户群体的 SNS 和 QZONE 正好能够顺利完成品牌传播过程。本次活动创意核心是“童真日志”,奥利奥童真日志来源于 QZONE 所推出的魔方日志,魔方日志与传统网络日志不同,用户只需要在九个方格中选择或者填写简单的内容,就能完成对于一天的记录,不仅方便而且有趣。奥利奥以魔方日志为基础,邀请自己的代言人姚明亲自示范魔方日志,与网友分享童真心情,引导大家写自己的魔方日志。奥利奥魔方日志模板、背景、心情图标等都是奥利奥专属,与奥利奥产品和品牌视觉符号相统一。腾讯还为奥利奥打造了 QZONE 中专属的“奥利奥特权”:消费者购买产品获得编码,就能够使用奥利奥专属华丽魔方日志背景,以享有别人没有的“特权”,体现出自己的与众不同。

四、多环节玩乐

我有我聪明

银鹭核桃牛奶携手优酷发起了“我有我聪明”创意征集活动，活动设置了多个参与环节和多种参与方式供网友玩乐。活动时间是 2011 年 4 月 1 日—6 月 30 日，为期三个月。

“我有我聪明”首页四则视频：

公交情缘：男孩在公交车上遇到了心仪的女孩，女孩说自己喜欢“一个人”（意为单身），而男孩则说他也喜欢“一个人”（意为女孩），最终男孩通过小聪明和真心赢得了女孩的芳心。

男孩想要约女孩，女孩说自己今天没空，男孩问明天呢，女孩同样回答没空。男孩于是说：后天大后天、晴天雨天台风天、冬天夏天五月天，你说哪天就哪天。女孩喝了一口银鹭核桃牛奶，说：昨天。男孩说：那就明天的昨天了。

男孩想和女孩约会，问：可不可以留个手机号？女孩回答：没手机。男孩：那么座机？女孩回答：没座机。男孩说：MSNQQ 号，长号小号集结号，车号门号，泰坦尼克号，有什么号就什么号。女孩喝了一口银鹭核桃牛奶，说：请排队等号。女孩给男孩在纸条上写了 100 号，男孩儿聪明地倒过来变成了 001 号。

公开的地下情：办公室情侣因为不能公开，女孩子 Yumi 很生气，男孩喝了一口银鹭核桃牛奶，用飞信给全公司同事发了信息，信息内容如下：(n a^07!)人 nw!这条奇特的信息没有人看得懂，Yumi 发现“人 nw!”倒过来看就是自己的名字，原来信息的内容是：Yumi i Love u。

活动要求参与者上传 200 字以内的微剧本，体现生活中的小聪明；微剧本内容要有情节性，人称和文体不限。脚本上传成功后，接受网友投票，每月选取投票数排行前 20 名的参赛网友，主办方在这 20 名参赛者中选取 1 名月度冠军和 4 名

奇特的信息

优胜奖。月度冠军及优秀微剧本，会由专业的拍摄团队免费拍摄成视频短片，并有机会在优酷网及银鹭活动网站进行推广。三个月的比赛结束后，主办方将从这三个月参赛脚本累计得票数最高的前 20 名中，再选取一名作为年度冠军。获奖者将会得到 iPad2 等大奖。如果网友有兴趣担当短片中的角色，可以把生活照和个人简历发送至指定邮箱，将有机会参与拍摄，成为短片的演员。另外还有游戏可玩，同时也有大礼相送。

聪配一整天

活动时间:2011 年 5 月 11 日—6 月 10 日

活动规则:①游戏开始后，有 10 种食品可供选择，选择其中的若干种，搭配你的聪明早餐;②每种食品将有一定的饱和值，所选择的各种食品饱和值相加总和不能超过 100，且选择的食品种类不能超过 4 种;③每种食品将贡献一定的聪明分，请有效进行食品组合，以获取更高的聪明分;④每天参与者的“聪明分”可以进行累加，玩得越多则分数将会累加得越多;⑤最后按照聪明分进行排名，排名前 8 的参与者将获得丰富大奖。

SMART 大表白

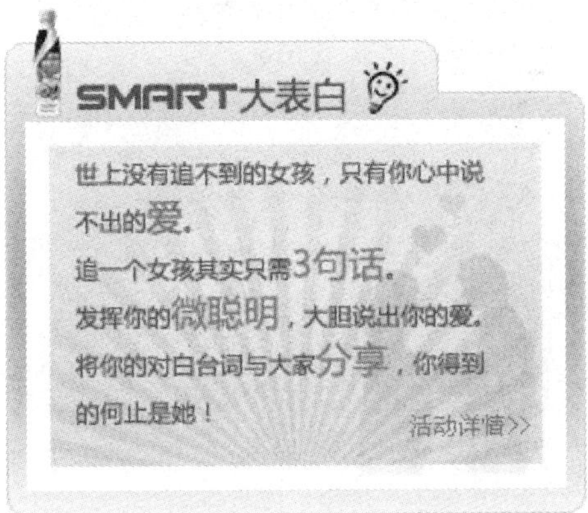

活动时间:2011 年 4 月 11 日—5 月 10 日(1 个月)

活动规则:①网友看完两段 TVC,可选取任意一段 TVC,重新编辑 6 段台词,上传;②新台词上传成功后,将生成一段有新台词的 Flash,可接受网友投票,还可转发好友,获得投票,投票数越高越有机会获得大奖;③活动结束后,主办方将从得票数前 20 名中选出 6 名优胜者,赢取活动大奖。

我有达人 SHOW

只要你有自己的"绝活",只要你有挑战"达人"的勇气,这里,就是你的舞台。只要你有当演员、拍视频的梦想,这里有专业的导演、摄像、灯光,实现你的梦想。

活动时间:2011 年 4 月 12 日—7 月 3 日

活动规则:①将达人视频(达人题材不限),上传到活动专区,主办方会从所有的原创达人视频中评选出优秀的达人视频,获奖者有机会参与银鹭核桃牛奶

2012 年度广告片的拍摄；②凡是到活动现场表演绝活的达人，都有机会获得银鹭集团提供的丰厚大奖；③想要参与各场次现场表演的网友，均可通过指定联系方式联系主办方。

幸运大抽奖

聪明，能让你眼前一亮，聪明，也能让你无比幸运。

支持让你佩服的小聪明，它会给你大大的惊喜。

活动时间：2011 年 4 月 1 日—6 月 30 日(3 个月)

活动规则：网友对活动网站上所有作品进行投票、转发或评论，留下个人联系方式，将有机会获得每周一次的“幸运网友”抽奖。

五、经典案例分析

“酷库熊代言联想 ideapad S9/S10 笔记本，《爱 · 在线》造就史上最催泪网络爱情电影”[①]事件始末与幕后：

多玩多漂亮

事件来龙去脉

起因：2008 年 8 月 21 日，网络上突现热帖《习惯抱着酷库熊裸睡的恋熊女孩》，楼主称该文章是他校花学姐的私人博文，文章的纯美内容和精美插画立刻受到网友追捧；

发展：8 月 22 日，该帖子迅速被载转到各大论坛，唯美的爱情引起众多网友的模仿，不少美女争相扮演故事中的女主角，某校校花倾情演绎故事情节，号称要 PK 恋熊女孩；8 月 24 日，更有猫扑网友将酷库熊的故事拍成图片视频——YY 恋

---

① 文字与图片均来源于搜狐数码公社，http://digi.it.sohu.com/s2008/kukuxiong/。

熊女孩劲爆视频，该帖在论坛受到热捧；

高潮：8 月 25 日，除了网友自发的转帖外，陆续有各种专业人士和知名网站加入其中，制作各种周边宣传品，首先问世的是一套酷库熊的爱情熊样（漫画连载），其设计精良，绝对出自大公司手笔；8 月 26 日，腾讯更以官方姿态，紧接着为这个感人无数的故事推出了酷库熊系列 QQ 表情下载，将这个火爆全网络的话题推向了一个高潮。

事件幕后推手

神秘人泄密：9 月 1 日，故事原帖出来短短 10 多天之后，神秘发帖人曝光，有人砸千万巨资将该故事改编成电影，并泄露 30 秒宣传片花，称其为国内首部全胶片互联网电影，正式版本将于 9 月 4 日网络上映；

联想全程赞助：9 月 1 日，电影中不断出现联想未上市笔记本 S10，并在片尾处打出鸣谢联想赞助字幕，此前的大番炒作和巨额投资，其幕后推手难道就是联想？网友在众说纷纭等待结果。

酷库熊代言联想 ideapad S9/S10

9 月 4 日，《爱·在线》电影以联想 ideapad 冠名正式上映，谜底终于揭晓，这是联想首次以产品结合网络电影的方式，在各大网络媒体上强力放送，带给网友们一场视觉盛宴。联想 ideapad S9/S10 网上独家预售。

林俊杰献声

9 月 4 日，当红歌星林俊杰演唱的《爱·在线》电影背景音乐风靡网络，一首 *always online* 诉说着当下年轻人的爱情观，在网友中引起共鸣。

山寨版酷库熊

9 月 5 日，即酷库熊成为联想新系列笔记本卡通形象代言的第二天，有网友爆料淘宝上已有商家在卖山寨版酷库熊。

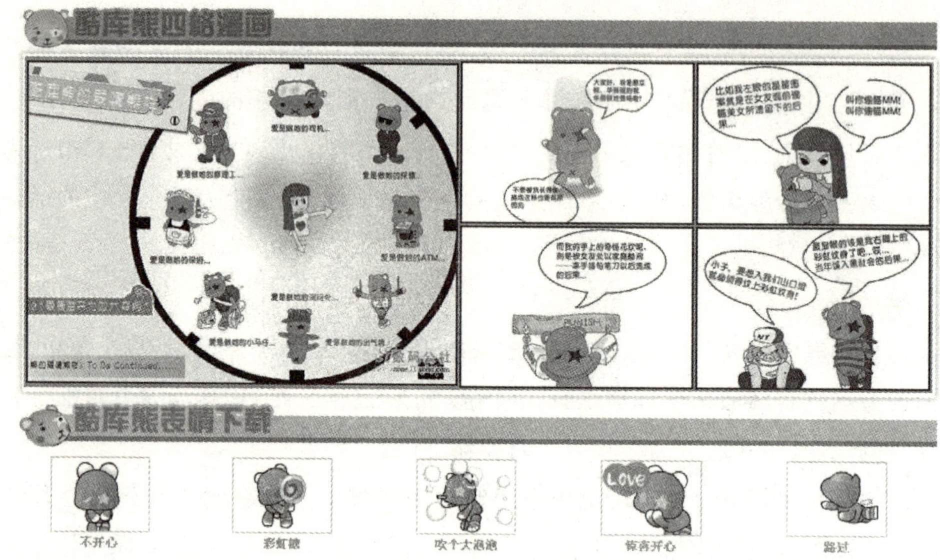

酷库熊四格漫画与表情(部分)

分析

联想此次酷库熊营销传播的基础在于整合了目标消费群体的三大关注重点：卡通、爱情、网络，让这三剑合璧，目的则是为了推广以大学生和年轻白领为主要消费群体的联想 ideapad S9/S10 系列产品。

联想以卡通“酷库熊”作为产品的专属代言，它不仅出现在产品的各宣传环节，还在联想《爱 · 在线》网络电影广告中担当了重要角色。卡通形象颇受年轻人喜爱，这从很多风靡全球的卡通形象在年轻人中的普及和接受程度中即可知。樱桃小丸子、蜡笔小新、奥特曼、米老鼠、唐老鸭、hellokitty……数不胜数的卡通形象已经成为公众形象。“近年来，我们发现周围越来越多的成年人加入了‘卡通一族’，他们对卡通的追捧较之孩童有过之而无不及。卡通已经从儿童、青少年渐渐走向了成人。在美、日等卡通产业发达的国家中，就读者对象来说，卡通可分为儿童卡通、少年卡通、成人卡通甚至老年人卡通等几类。例如，一向被我们认为是儿童卡通的《樱桃小丸子》，就是一部专门针对年轻成年女性观众的卡通。‘藉由深入地玩味这部卡通，那些 20 岁出头、熟知片中时代背景的女性，获得了一丝心灵的抚慰。最后证明，上百万属于(或者自认为属于)这一类型的女性投入了极高的忠诚度，不仅向下感染了跟小丸子同年级的小观众，向上更囊括了比小丸子父母更年长的老观众……'"[1]品牌选择卡通形象作为代言也并不是新鲜的事情，美国《广告时代》杂志依据有效性、持久性、公认程度以及文化冲击力的标准评选出了20世纪最能产生市场强烈共鸣的十大品牌形象，它们是：万宝路牛仔、麦当劳叔叔、绿巨人乔利、贝蒂·克罗克、劲量兔子、皮尔斯伯里面团娃娃、迈杰玛姑妈、米其林先生、老虎托尼、奶牛埃希尔。这些卡通形象代言人以其独特的优势穿越时空，延续至今而没有被淡忘污损，反而促成了其代言品牌的百年发展史。[2] 联想于是把卡通形象作为此次营销传播的重要法宝之一。卡通代言的优势是很明显的，比如成本低廉，可以量身定做，不用担心代言人犯错，更不会因为代言人同时代言多个产品而削弱其光环效应等。

同时，卡通形象扩展空间极大，不仅可以衍生出无穷的故事，还能衍生出大量的副产品。绝大多数卡通代言形象不仅有鲜明有趣的个性特征，而且在它身上可以发生很多的故事，理论上还可以有无尽的副产品，除了实物外，还可以衍生出如漫画、动画表情等，可谓发展空间无限。所以，卡通代言人不仅省钱，还能继续赚钱。根据美国财经杂志《福布斯》推出的"虚构形象富豪榜"，2003年最能挣钱的"卡通富翁"是米老鼠和它的朋友们，价值58亿美元。[3] 正如华特·迪士尼所说：这里所有的一切都是由一只老鼠开始，这可谓是对米老鼠最高的赞赏。据可口可乐方面的数据，首次以卡通人物作为产品形象代言人的可口可乐"酷儿"果汁创造了奇迹——1999年才在日本出现，2001年即成为可口可乐第三品牌；2002年初在韩国上市，迅速跃升为当地果汁饮料第一品牌及饮料第三品牌，销售量超过预计量6倍；2002年在新加坡上市，迅速成为当地第一果汁品牌。[4] "酷儿"这一卡通形象就是致胜的法宝。

对于年轻人而言，爱情是他们生活中重要的部分，品牌在营销传播过程中也经常用或浪漫或温馨或感人的爱情故事来赢得年轻人的青睐。《爱·在线》讲述

---

① 赵妍妍，《卡通形象代言——企业手中的营销利器》，广告直通车，http://www.cnad.com/adexpress/200605/010.htm。

② 赵妍妍，《卡通形象代言——企业手中的营销利器》，广告直通车，http://www.cnad.com/adexpress/200605/010.htm。

③ 《〈福布斯〉推出"虚拟形象富豪榜"》，原载《成都商报》，转引自新浪网，http://news.sina.com.cn/w/2004-10-22/06083998333s.shtml。

④ 赵妍妍，《卡通形象代言——企业手中的营销利器》，广告直通车，http://www.cnad.com/adexpress/200605/010.htm。

的也是一个爱情故事，并且是一个感人的爱情故事，女孩任性，凡事都依靠和求救于男朋友，男朋友因身患绝症而提出分手，不明原因的女孩有事只能通过电脑向男孩求助。女孩逐渐独立和成长，后来知道了真相，原来男孩一直在"酷库熊"身体中守护着女孩，原来爱一直都在线。

《爱·在线》是一个网络时代的爱情故事，男女主角通过电脑网络和即时通讯进行着联络，这是网络时代典型的沟通方式，基于此，能够演绎出别样的爱情。对于现在很多的年轻人而言，网络生活是他们生活中重要的组成部分，甚至是最主要的部分，他们对网络有着相当强烈的依赖感。

除了网络时代的爱情外，整个营销进程都是在网络上进行的，互联网就是事件推波助澜的推手，帖子、论坛、视频、漫画、表情、玩偶等正是因为网络才引发关注、讨论和进一步的传播。此次推广过程中最为精彩的《爱·在线》网络电影广告也是网络时代颇受欢迎的一种营销传播方式，虽然宝马早在2001年就已经大手笔地实践了这种广告形式，但如同电影有着多种类型一样，网络电影广告依然有着很大的发展空间，各品牌仍然可以就这一形式进行探索和创新。

而就联想此次推广的产品而言，ideapad S9/S10是专门针对互联网应用的轻薄笔记本，也就是人们通常所说的上网本，产品为网络而生，也是为上网人群而生。

卡通、爱情、网络三者本来并无必然关联，只因在大学生和年轻白领喜好上"达成了共识"，于是成为了联想营销的三剑客，合力为网友奉献了很多可供玩乐的环节。爱熊女孩儿的故事、精美照片、图片视频、漫画等周边产品、表情、电影片花、全胶片互联网电影再加上当红歌星，成就了联想的创新营销传播。先造形象和故事，引发热议与关注，然后再乘胜追击。2008年8月21日，《爱·在线》网络电影正式上线。与此同时，联想Ideapad S9 /S10上市一个月销量即突破3万台。而在上市三个月后，不但控制住了竞争品牌的市场蚕食，收复失地，而且市场占有率反超0.5个百分点。[①]

酷库熊事件的幕后策划是联想大中华区及俄罗斯区副总裁刘杰，关于此次营销传播，他认为，"新兴的Netbook更多的是满足用户的精神需求和心理欲望，而不是简单的功能需求。在我们所处的这个'欲望'滋生的时代，在Netbook这个洋溢着'欲望'的

① 《联想ideapadS9/S10网络事件营销》，企博网，http://www.bokee.net/newcirclemodule/article_viewEntry.do?id=6243111&circleId=135889。

联想《爱・在线》

精灵上，如果企业继续走传统的笔记本需求营销的老路，不仅难以引爆用户的激情和欲望，甚至会因产品定位的错位，使 Netbook 沦为低端笔记本。”联想酷库熊事件让我们又一次感受到了整合的魅力，整合起目标消费群体的喜好，就能把一次营销传播演绎得充实而丰满。

第三节　话题性玩:有多少话题可以重来

一、以热点与八卦之名

2008年,上海通用汽车启动了以“绿动未来”为主题的全方位绿色战略,旨在为消费者提供“更好性能、更低能耗、更少排放”的绿色车型。在此战略之下,上海通用推出了绿色环保新引擎。

为了宣传通用的绿色环保新引擎,酷6网上的一则广告利用当时非常热门的奥斯卡颁奖的话题,为通用新引擎量身定做了《奥斯卡独家揭秘》的短片,短片展现的是第81届奥斯卡颁奖典礼一个特殊奖项的颁奖——奥斯卡最佳男性伴侣奖。

主持人:女士们,先生们,下面即将选出的是全球男性最关注的奖项——奥斯卡最佳男性伴侣奖。提名者为安妮·海瑟薇和安吉丽娜·朱莉,下面让我们见识见识她们分别带来怎样的不同感觉:安妮·海瑟薇,恬静的外表和温和的性格,她勤俭持家,体贴周到,令男人省心,倍感安逸,拥有她,是男人一生的幸福。安吉丽娜·朱莉,野性迷人的外表,追求刺激是她骨子里的个性,她的激情能带给你前所未有的满足,倘若能与她浪迹天涯,谁会愿意放弃这样一位尤物呢? OK,先生们,你们选谁呢?

让你俭约省心? 让你血脉贲张? ——俭约省心的油耗,激情澎湃的动力,上海通用新引擎,动静皆宜,全新体验。

如何传达上海通用新引擎的两大优势——节能与动力,并迅速被记住? 该广告选择了“借人言物”的方式,两大著名女星打造的角色个性鲜明,截取片段组成了对两个人特征的介绍;奥斯卡颁奖典礼是全球瞩目的,广告为奥斯卡“创立”了一个特别的奖项——最佳男性伴侣奖,借势明星、奥斯卡,加上颇值得玩味的“独家揭秘”的标题,想不吸引注意都难。

该视频在酷6网首发后,仅两周时间,视频的展示数就达到102万次,一个月的浏览量更是高达350万次。随即视频被新浪、优酷、土豆、6.cn、搜狐论坛、天涯、西祠、qq群、开心网、校内网等转载和传播,并形成了巨大的专题讨论。① 海量

① 《奥斯卡独家揭秘》,酷6官方博客,http://guanwang.zone.ku6.com/entry/65740.html。

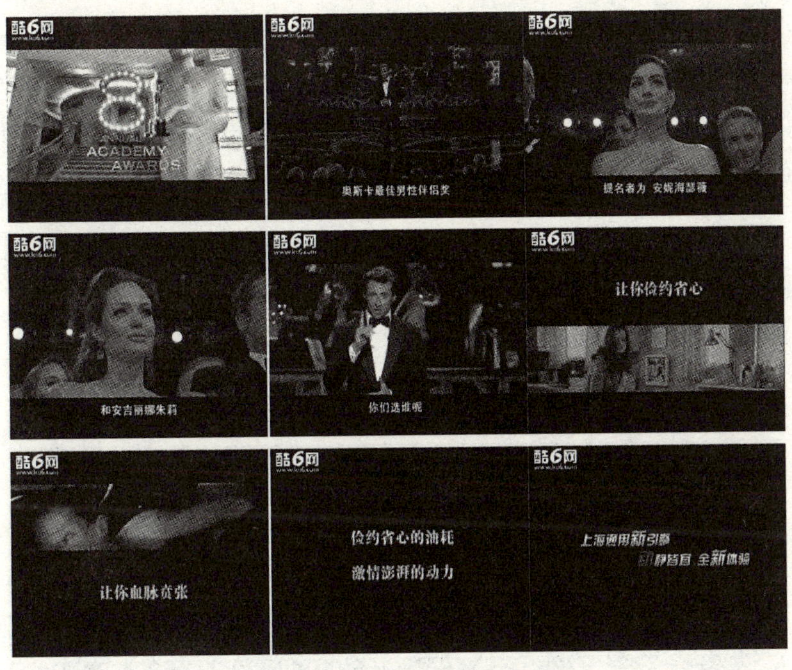

上海通用《奥斯卡独家揭秘》

信息背景下，有价值的信息淹没在信息海洋中，寻找的难度极高，人们不缺乏信息，但缺乏有价值的信息，有价值的信息需要自己跳出来才能被关注，跳出来就要想方设法吸引眼球，恶搞、明星、热门话题都是《奥斯卡独家揭秘》取胜的法宝。

二、请“大牌”打个酱油

贾君鹏是互联网2009年最火的人之一，确切地说，他是一个网络虚拟人物。2009年7月16日，网友在百度贴吧魔兽世界吧发表的一个名为《贾君鹏你妈妈喊你回家吃饭》的帖子，随后短短五六个小时就达到了惊人的浏览和回复量，创造了网络奇迹。

视频《贾君鹏成名之谜》采用了剪辑的手法，短片剪辑了多部著名的电影，比如《唐伯虎点秋香》、《天下无贼》等，周星驰、周杰伦、葛优、曾轶可、刘德华等等轮番上阵，搞笑桥段、网络流行语、经典镜头……包袱不断，笑料不断，其中不乏讽刺与调侃，比如“快女选出来是男的，快男选出来是女的”、“移不动，联不通”等等。通过整则短片我们不难发现，贾君鹏只是打酱油的！虽以他做人名、片名，但并无贾君鹏之实，与其渊源、成名，甚至那句“喊你回家吃饭”都没有什么关联，这种现象在互联网上可谓是层出不穷，我们给一个说法，叫做“大牌打酱油现象”。所谓大牌包括人、物、事等等，只要知名度高，都算大牌，其中尤其需要关注的是“当下大牌”，即当时最受瞩目的人事物。请大牌打个酱油，大家互相帮忙，这才是互联网生存的重要法则。

《贾君鹏成名之谜》

视频一经推出，达到了18万的海量点击，一千多次的引用和网友的热议和好评，视频创意新颖、手法独特、配音专业，获得了网友的好评。视频以人们乐于接受、参与和传播的方式来呈现，视频本身中了网友的心意，使网友主动参与替客户来做产品的宣传。① 短片在不断的笑料中穿插着对于天翼3G特点和优势的介

① 《贾君鹏成名之谜》，酷6官方博客，http://guanwang.zone.ku6.com/entry/100806.html。

绍，让人们在笑声中记住了天翼 3G。

2009 年，康师傅推出了面向女性群体和潜在年轻群体的新款方便面——食面八方，为了更好地传达食面八方的特点，酷 6 网 UGA 创意部选择了剪辑类拍摄手法为食面八方量身定做了一则视频短片——《为面而狂》。

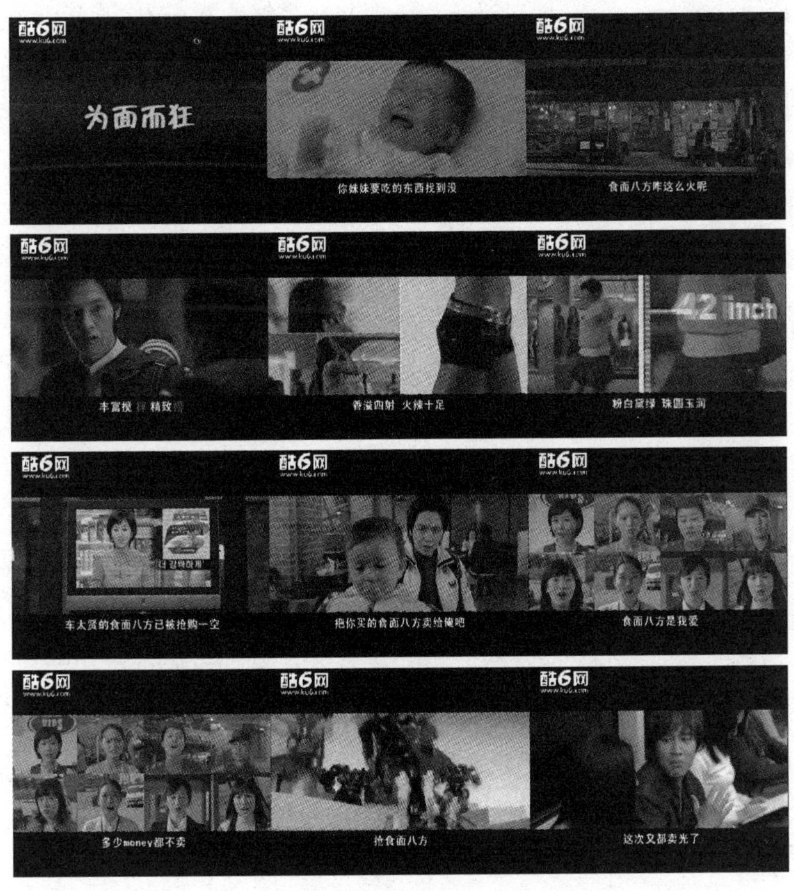

康师傅《为面而狂》

《为面而狂》的情节是一个英俊帅气的奶爸为宝宝寻找康师傅食面八方方便面，由于方便面市场销售情况极为火爆，处处断货，所以寻找过程也是费尽周折。短片选择当时极为火爆的小沈阳经典语录作为核心解说词，配以其他笑料，把康师傅食面八方的特点嵌入趣味性的情节中。

除了小沈阳的爆笑语录外，视频还加入了比如甲型 H1NI 流感这样的热门事件；还有热映的真人版《变形金刚》，汽车人也想抢到食面八方；另外还有韩国经典电影《我的野蛮女友》中全智贤“虐待”车太贤的镜头，当然起因自然变成了没有抢到食面八方。因为《我的野蛮女友》知名度很高,所以视频短片在传播过程中被改为《爆笑! 全智贤和车太贤为了一包方便面翻脸》,这样的标题吸引力与趣味性兼具,能够充分调动起人们观看的兴趣。

剪辑手法的视频并不等同于简单的拼凑,剪辑首先需要在海量的素材中挑出最能契合预设情节的素材,同时必须保证素材有足够的吸引力,还有语言、配音等诸多需要周密考虑的环节。当然,剪辑手法也有它独特的优势,由于综合了很多素材,因此可以达到"总有一段是受众所熟悉的"的效果,容易引起更多人共鸣。

该视频在酷 6 网首发后,仅两周多的时间,视频播放数超过了 160 万,网友评论数接近 1000 条,视频在百度的相关网页信息达到 18 万条,谷歌的相关网页信息更是超过了 300 万。同时,网友自发地将该视频疯狂地转载在开心网、校内网、MSN、搜狐、论坛西祠等多个网站和论坛,几大视频网站也将该视频转载传播。[①]

三、"曝光"名牌

你一定知道宝洁,它可能已经在你的生活中"渗透性"地存在着了,那么关于宝洁你绝对不知道的品牌秘密,你一定很关心了。多数这样揭秘性质的信息内容是一些"不可告人"的秘密,内幕或者黑幕之类的,所以光听名字,受众的胃口已经被吊足了。

那么,宝洁的秘密是什么呢?

日化品牌的秘密,你知道多少?玉兰油独特的瓶身设计,每年节省 80 万磅塑料,相当于一架波音 747 飞机的重量;博朗剃须刀的智能插头,每年节省的碳排放量相当于挽救了 617 万平方米的植被;想用薄荷刷牙?佳洁士牙膏含天然薄荷精华,帮您健康又清新;健康环保的生活,其实可以很简单。每购买一包帮宝适,就有一支疫苗赠送给贫困地区的儿童,帮助他们健康成长;舒肤佳儿童洗手计划,已帮助 2200 万儿童建立良好卫生习惯,他们手拉手有三座长城那么长;截至 2008 年,宝洁公司已捐款修建 180 所希望小学,帮助超过 10 万孩子有更好的接受教育的环境。许多品牌,除了照顾人,还在照顾树木、水和地球,拥抱天然,回报自然,我们需要你。宝洁公司,亲近生活,美化生活。

这就是宝洁的秘密,宝洁公司通过简单直白而又不乏生动和趣味的动画,展示了自己的环保理念和宝洁为环保所做的很多事情,同时也宣传了自己旗下的诸多品牌。

---

① 《康师傅食面八方》,酷 6 官方博客,http://guanwang.zone.ku6.com/entry/100817.html。

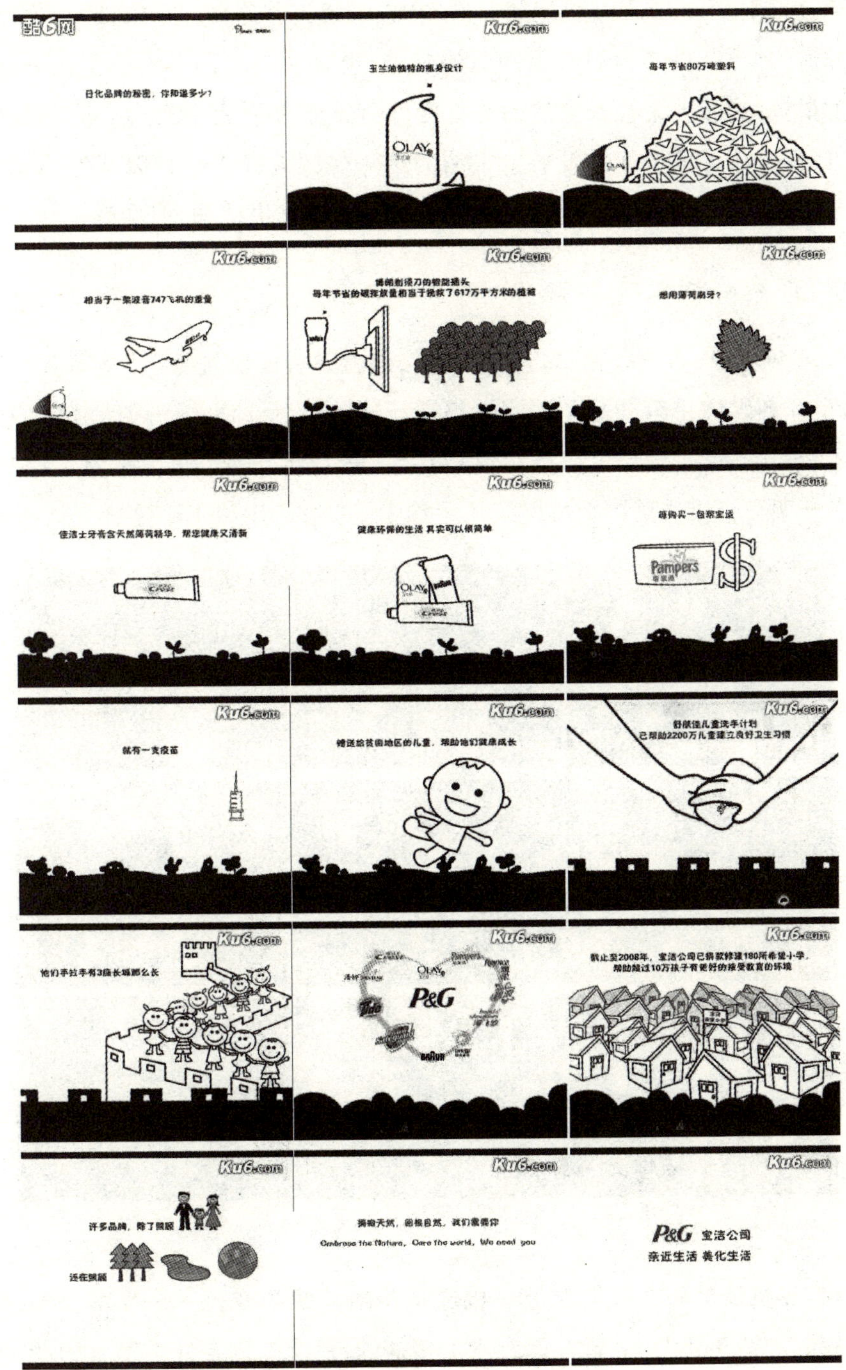

《宝洁，你绝对不知道的品牌秘密》

通过这则 Flash 短片，我们第一次发现，原来还有这样一个宝洁，确实是我们所不知道的宝洁，更是我们希望知道的宝洁，也会成为我们喜爱的宝洁。宝洁已经做了很多，这会大大提升宝洁的美誉度，树立起良好的品牌形象，奉献于社会的同时，自身也获得可持续性发展。宝洁的这一视频无异于一种公开的承诺，承诺自己会继续环保事业，更努力地实践“亲近生活，美化生活”的理念。

四、要玩就玩大的

2006 年 4 月，有一条信息震惊了世界，那就是美国总统专机“空军一号”遭人涂鸦，全球各媒体纷纷进行了猜测性报道。这些猜测起源于一段两分钟的视频，视频光线很暗，镜头晃动也很严重，视频中一群人翻过钢丝网，躲过警卫和警犬，然后在一架写有英文美国全称的飞机上涂上了“STILL FREE”字样。

“空军一号”遭遇涂鸦

这架飞机及其所在环境看上去极像是美国总统的专机——空军一号，据悉，短片是在 2006 年 4 月 18 日开始在网上传播的，总统专机是处于军方的严密保护中，这一短片不仅在网上创造了惊人的点击率，还惊动了美国空军官员。“美国空军的官员也看到了影片，而且越看心里越没底。负责管理‘空军一号’的空军机动指挥部 89 空运大队立刻派人到现场察看，结果证明飞机没事，他们才松了口气。发言人亚历山大说：'它看起来太像真的了。'"[①]

4 月 21 日，有人站出来声称对此事负责，这个人就是纽约马克·埃科时装设计公司老总埃科，他说涂鸦事件是他们所为，但他们涂的并非美国总统专机，而是一架波音 747，他们重金租用了一架飞机，然后把飞机的一面漆成和"空军一号"一样，找人扮演了短片中出现的人。他还透露，参加影片制作的人都签订了保密协议，所以外界无人知晓。目的则是想要吸引人们的眼球。视频中始终出现的 Stillfree. com 网站因此名声大噪。

埃科在谈到自己的创意时说："我想创作一个特别的流行文化作品。一罐价值 5 美元的喷漆在'空军一号'身上画上个青春痘——这件完全不庄重、看来很过分的事在现实中根本不可能发生。"[②]这段"看起来很过分"、"在现实中根本不可能发生"的事件震惊了很多人，可以算是掀起轩然大波的营销传播方式，毫无疑问赚足了眼球，短期迅速提高了知名度。吸引眼球之后的后续效果很遗憾我们没有查阅到相关资料，不过有一点是确定的，眼球效应很重要，但从眼球到真金白银，还有很长的路需要走。

五、充分调动你的好奇心

"Will it Blend?"系列视频是生产具有超强搅拌能力搅拌机的 Blendtec 的病毒营销视频，在这些视频中，所有你想到和想不到的都被放入了搅拌机中，视频中都是一个穿白大褂、戴眼镜、相貌平平的男士用雷同的程序进行展示，听起来看点似乎不太多。这个男士就是 Blendtec 的创办人、行政总裁兼总工程师汤姆·狄克生（Tom Dickson）。

"Will it Blend?"系列视频情节可以用"雷同"两个字进行概括，开始，汤姆·狄克生会说："Will it Blend? That is the question. "一段短促音乐过后，他以一个"背景故事"引入接下来要被搅拌机粉碎的东西。然后这个物品被放入搅拌机，选

---

① 《"空军一号"遭遇涂鸦?》，原载《信息时报》，转引自新浪网，http://news. sina. com. cn/o/2006-04-23/11468769533s. shtml。

② 《"空军一号"遭遇涂鸦?》，原载《信息时报》，转引自新浪网，http://news. sina. com. cn/o/2006-04-23/11468769533s. shtml。

择好适合搅拌的机器设定，字幕同时会说明此物品是否适合在家中自行尝试。搅拌粉碎的物品——通常是一堆粉末被倒出来呈现在大家面前。然后，视频会以“YES, IT BLENDS!”作为结束。视频被放到 YouTube 和 Will It Blend? 网站。

就是这样没美女、没暴露、没八卦，情节还雷同的视频，却让 Blendtec 公司产品销量激增 500%。曾被放入搅拌机中的物品有很多，比如高尔夫球和球棒的手柄、棒球、50 颗弹珠、玩具车、12 支萤光棒、人造钻石(立方氧化锆)、摄影机、Chrome Notebook、手机、足球、磁石、伸缩拉尺、灯泡、40 支圆珠笔、一堆化妆品、可乐和鸡肉、午餐肉、打火机、扑克牌等等。“2006 年 11 月初期数集 *Will It Blend*? 于 YouTube 上刊登后立即成为焦点，高尔夫球一集拥有超过 1500 万次点击率，其他较旧的数集分别拥有 30 万～50 万次点击率。”[①]因为搅拌的物品怪异，很多人用“邪恶”、“怪人”、“臭名昭著”等词语来形容汤姆·狄克生，但正是这样的怪异吸引了极高的关注，同时为公司带来了滚滚财源。

“Will it Blend?”视频中相当引人瞩目的是拿苹果产品“开涮”的系列，也因此有人称汤姆·狄克生为果粉深恶痛绝的人。他在苹果新品刚上市，很多人还没有买到产品的时候，就把新品放入搅拌机搅得粉碎了。苹果的 iPod、iPhone、iPad 无一幸免。

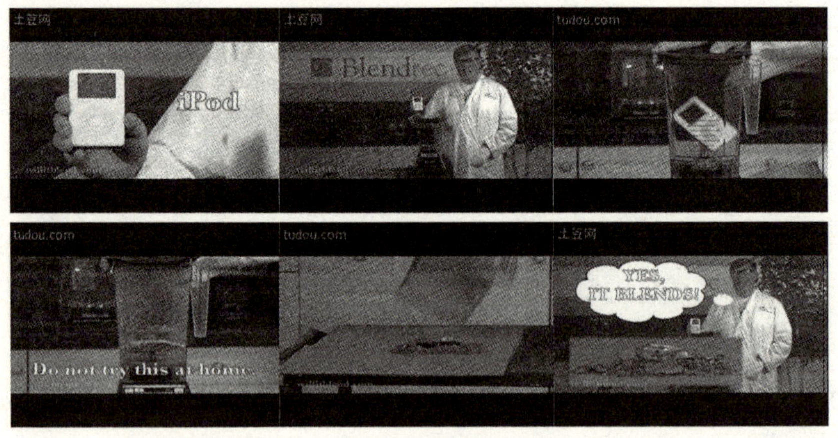

Blendtec 搅碎 iPod

2006 年圣诞节期间，Blendtec 把一台 iPod 搅成了粉末，这则视频登上了 YouTube 首页，而据说被搅碎的 iPod 还被放到了 eBay 上进行了慈善拍卖。这段视频情节依然是比较简单的形式，快速闪过的曾被放入搅拌机中的诸多物品，之

① *Will it blend*?，维基百科，http://zh.wikipedia.org/zh-cn/Will_It_Blend%3F。

后就是在实验室中搅碎 iPod 的过程。

以下一则视频是 Blendtec 搅碎 iPhone3G，汤姆·狄克生把老款 iPhone3G 放入了搅拌机，在这段视频中，汤姆·狄克生还开玩笑地向路人要他们的 iPhone，当然遭到了拒绝，因为大家都知道 iPhone 落入他手中的下场。

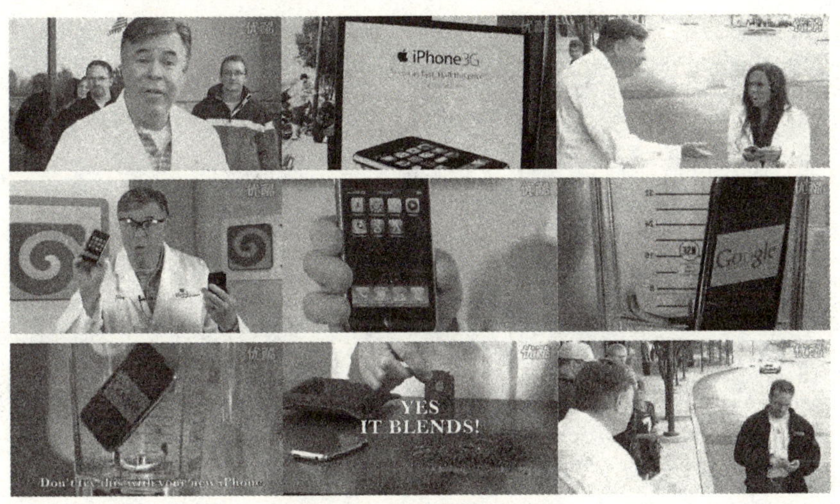

Blendtec 搅碎 iPhone3G

Blendtec 搅碎 iPhone4 的视频在以前比较简单的情节的基础上进行了丰富，照例是汤姆·狄克生出镜，视频中有在一家酒吧中“捡”到一只 iPhone4 的片段，除此以外，还出现了一个意外的人物，加长版豪华车上下来一个长得酷似乔布斯的人，他递给汤姆·狄克生一部 iPhone4，汤姆·狄克生则给了他一只箱子，“乔布

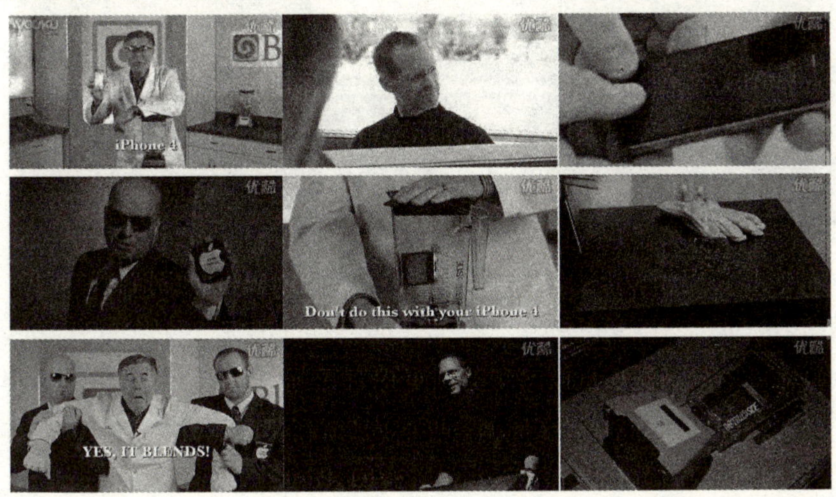

Blendtec 搅碎 iPhone4

斯"满意地离开。汤姆·狄克生准备启动搅拌机的时候,拿着苹果标志写着 Task Force 字样的特工感觉的人冲到现场,"放倒"了汤姆·狄克生。汤姆·狄克生爬起来完成了搅碎 iPhone4 的任务。刚启动搅拌机的时候,iPhone4 看上去安然无恙,似乎感觉这一次 iPhone4 要获胜了,但很快,它被搅成了一堆粉末。之后,汤姆·狄克生还告诉大家:如果你想要一部新的 iPhone4,参与"BLEND MY PHONE Contest",获胜者就会获得一部新的 iPhone4,汤姆·狄克生会买单。视频结尾,酷似乔布斯的人说着"iPod、iPhone、iPad 无一幸免",然后打开了那个神秘的箱子。比起以前,视频情节有了较大的丰富,这也使得短片多了悬念、看点和趣味性。很多网友称这则视频为"iPhone4 遭遇上市以来最大的噩耗",当然更多的评价是:"乔布斯友情出演!"

尽管 iPad 2 一上市就面临着严重的缺货现实,绝大部分果粉都还没有使用上 iPad 2,但汤姆大叔又早早拿到了新品并加以"虐待"。这则视频依然是"乔布斯友情出演",场景则很像是 iPad 2 新品发布会,而在视频结尾,大叔居然接到了"比尔·盖茨"的贺电。

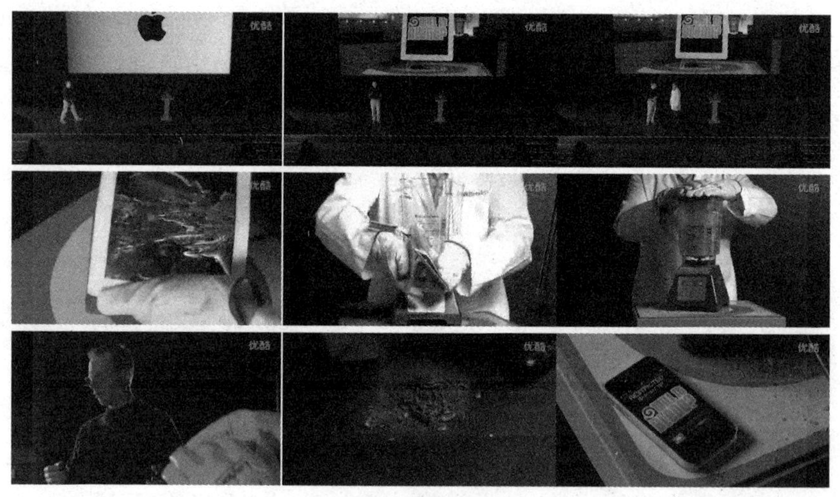

Blendtec 搅碎 iPad2

最近刚上市不久的 iPhone4S 当然也不能幸免,大叔感谢了乔布斯,旁边放着 iPhone4 和 iPad2,大叔边讲述边操作,然后拿出了自己的 iPhone4S,结果自然是一堆"苹果渣"了。视频还介绍了同名 iOS 应用,可以在苹果 App Store 下载。看来,Blendtec 和苹果的关系真的是越来越铁了。

不出意外,以后苹果每有一款新品上市,同时可以期待的就是 Blendtec 又要

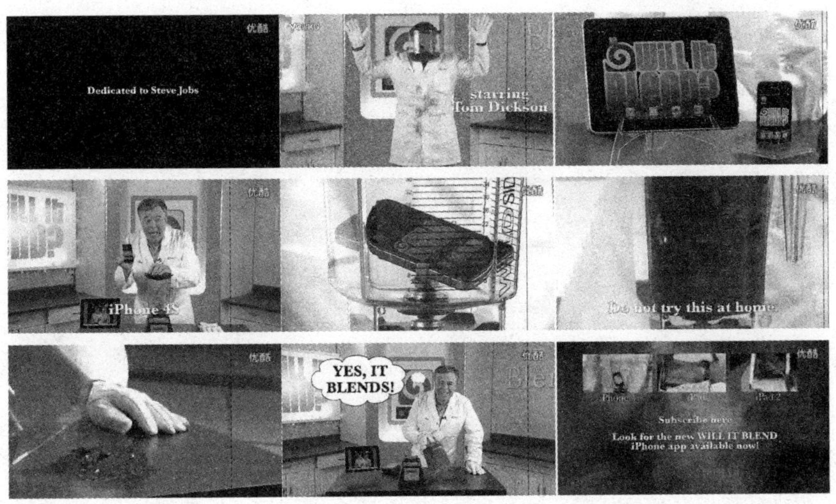

Blendtec 搅碎 iPhone4S

上映粉碎苹果的大片了。

对于这样的暴力破坏性行为，大家的评价可谓是褒贬不一，从其带来的销量来看，效果确实是不错的。就这样的破坏性行为来看，毕竟搅拌机就是搅碎东西的，只是视频中展示了很多不可能或者不应该放入搅拌机中的东西，但也无太明显的不当之处，而且视频每次都会提醒大家哪些可以尝试，哪些自己不能尝试。也有人评价这些昂贵的东西被搅碎实在太浪费了，但这毕竟是一次营销行为，相比传统营销昂贵的媒介费用，这点花费也算是小巫见大巫了，完全不足挂齿。视频营销，要有创新才能吸引人们主动点击、转发、分享，*Will it Blend*？在视频中还做到了密切结合产品优势，绝无喧宾夺主的嫌疑。巧借大牌也是其较为精彩的地方，的确，品牌单打独斗的时代已经成为历史了，朋友越多路越好走。Blendtec 可以搅拌的东西还能无限地发展下去，也可谓一个创意打天下了。未来，Blendtec 还应该设置更多的与用户互动的环节，以密切品牌与消费者之间的关系。

第四节　其实 QQ 也是用来玩的

即时通信或即时通讯(Instant Messaging 简称 IM)是互联网上的基础应用之一，根据中国互联网络信息中心 2012 年年初发布的《第 29 次中国互联网络发展状况统计报告》的数据，截至 2011 年年底，即时通信用户规模达 4.15 亿……即时通信使用率持续提升，增长至 80.9%[①]，是互联网第一大网络应用。在即时通讯市场，毫无疑问的领军者就是腾讯 QQ，一家独大已经多年。

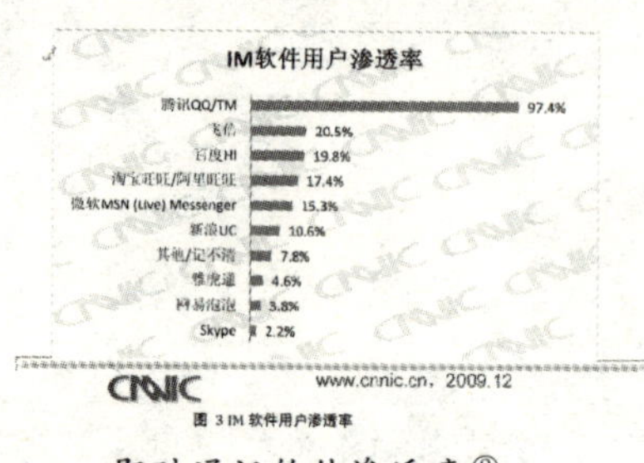

即时通讯软件渗透率[②]

即时通讯用户首选软件[③]

众所周知腾讯 QQ 是为了沟通而生，但发展到今天，除了整合各种互联网应用外，我们发现 QQ 还有另外一个看似不重要却也不可或缺的价值，那就是，QQ 是用来玩的。玩 QQ，不是指 QQ 为我们提供了很多游戏，而是 QQ 本身就是可玩并且也是好玩的。我们仅分析 QQ 签名与头像位置和 QQ 秀这两个“玩点”及其带来的商业价值。

在分析这两方面之前，我们先简单看一下腾讯 QQ 可供品牌信息传达所利用的部分位置，比如聊天对话框中的位置，QQ 秀、天气预报位置等，由此即可见“小”QQ，大商机。

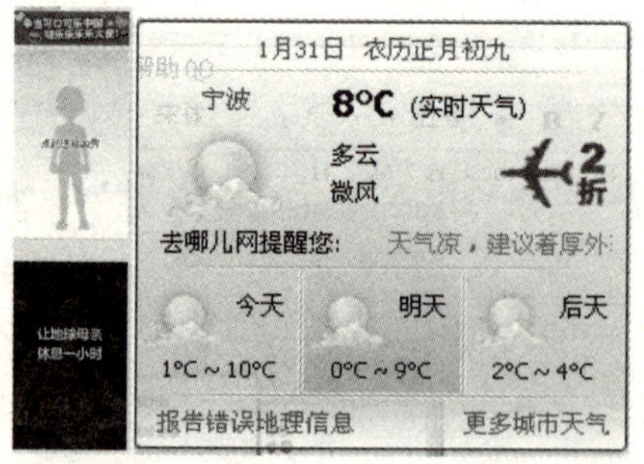

QQ 的部分广告资源

① 《第 29 次中国互联网络发展状况统计报告》，http://www.cnnic.net.cn/dtygg/dtgg/201201/W020120116337628870651.pdf。

② 《中国即时通信用户调查报告(2009)》，中国互联网络信息中心，http://www.cnnic.cn/uploadfiles/pdf/2009/12/18/115430.pdf。

③ 《中国即时通信用户调查报告(2009)》，中国互联网络信息中心，http://www.cnnic.cn/uploadfiles/pdf/2009/12/18/115430.pdf。

这些位置当然并不是都跟玩有关，不过至少头像和签名、QQ 秀两项，很多人的确是用来玩的，QQ 在让自己变得好用，变得用途越来越多的时候，也变得越来越好玩，这样才能增强用户的粘着性和对 QQ 的喜爱。比如 QQ 是可以更换皮肤的，以前是清一色的蓝，后来可以下载一些皮肤，现在随便一张图片都可以变成皮肤，变幻无穷，用户可以让 QQ 根据心情大变身。

一、QQ 头像与签名位

QQ 在一路发展中日益变得人性化和个性化，其突出的表现包括界面的多种选择、日益便捷和友好、头像及签名的个性化设置等等。其中，头像和签名的个性化设置尤其能够体现个人特点。头像和签名是 QQ 用户个人个性特征、目前心情和想要说的话的实现之所，用户可以随时更换。网络具备典型的"喜新厌旧"特征，QQ 以其不断的更新保持着用户的忠诚度和新鲜感。QQ 个人头像及签名位由于具备高效传播的特性，因此也蕴含着巨大的商业价值，进行创意性开发利用，必将成为品牌信息传播可选择的高价值广告位，实现用户玩、QQ 赚钱的双赢局面。

QQ 个人头像及签名位广告适用情形分析

虽然 QQ 个人头像及签名位广告具备很高的营销传播价值，但并非所有的营销传播信息都适合采用这种形式。QQ 个人头像及签名位广告开发首先面临的就是个性化与商业化的矛盾，因为对于很多用户，个人头像和签名是展现自己的个性和当前心情的地方，而作为广告位展示商业信息则必然面临私人化与商业信息公众化的冲突。另外，个人头像及签名被商家购买用于广告信息传播，也会带来信息的一致性和个性化的冲突，所以广告信息首先要保证对用户有价值，高价值的信息一定程度上能够弥补个性化与商业化的矛盾，而高价值的信息可以包括实用价值与心理价值两个方面。基于 QQ 个人头像及签名位广告商业开发存在的矛盾，我们可以得出此广告位适用于如下情况的营销传播：

※ 带有公益性质的营销传播

企业作为主体开展的公益活动通常被称为"公益营销"，这样的营销是借助传播来完成的，所以规范的称谓应该是"公益营销传播"。公益营销传播是企业致力于长远发展的策略，在获取经济利益的同时承担社会责任，以人和社会的发展进步为出发点，借助公益活动树立良好的企业形象，提高品牌的知名度和美誉度。公益营销传播通常能够博得受众的好感，也因此能够充分调动受众的主动参与，公益营销传播正是 QQ 个人头像及签名位最适宜的信息形式。

2008 年可口可乐与腾讯联合推出了“火炬在线传递”活动，这项带有公益性质的活动就是借助 QQ 平台完成的。

凡在活动期间使用 QQ 聊天软件，就有机会被邀请参加火炬在线传递，成为火炬在线传递火炬手。活动前夕，可口可乐通过网站招募 8888 名第一棒火炬在线传递大使，第一棒必须是 www.iCoke.cn 的会员，同时绑定 QQ 号。2008 年 3 月 24 日，可口可乐火炬在线传递活动正式开始。活动以 8888 名第一棒火炬在线传递大使作为 8888 条线路的起点开始推进，所有 QQ 用户都可以参与到活动中来。每条活动路线都以一传一的接力方式向前推进。在线招募的 8888 名火炬大使获得“火炬在线传递火炬手”称号，其 QQ 好友面板个人头像处会获得一枚未点亮的图标，图标在 2008 年 5 月 4 日前为徽章样式，2008 年 5 月 4 日后为火炬样式。拥有未点亮图标的火炬手有邀请一位用户参加活动的资格，并拥有将火炬传递给下一位用户的传递权。作为火炬手，要点亮图标，需要在限定时间内邀请其他用户参加活动；作为火炬手，需要在限定时间内成功将火炬传递给下一位用户。一位用户只能获取一个图标。点亮图标的用户将同时获赠一枚 QQ 秀胜利徽章，同时获得可口可乐火炬在线传递活动专属 QQ 皮肤的使用权。2008 年 8 月 8 日，可口可乐火炬在线传递活动正式结束，但图标并不消失，所有参与活动的用户继续通过 QQ 面板中的火炬支持奥运会的体育健儿。此项活动带来庞大的 QQ 用户参与，根据 http://huoju.icoke.qq.com/网站数据显示，共有 62094896 人参与了火炬在线传递活动。这项盛大的在线活动让庞大的 QQ 用户体验到全民参与奥运的激情，QQ 个人签名位的火炬图标也给了很多人充分的参与感和拥有特权的荣耀感，不仅稳固了 QQ 的用户，也为可口可乐奥运营销史增添了数字化时代精彩的一笔。

可口可乐在线火炬传递活动火炬手荣誉

※ 有号召力的促销信息

2007 年 11 月 23 日，上海购龙信息科技有限公司宣布，购龙旗下知名购物搜索社区——特价王开始采购大量个人 QQ、MSN 签名及 QQ 群公告栏广告。据透露，特价王初步预算达百万元，预计广告触及数百万网民，这也是QQ、MSN签名首次成为广告采购对象。

这一创意来自于特价王公司内部的实验，作为国内最知名的购物搜索社区，特价王提供上百家B2C网店的让利，为此，特价王员工经常在QQ、MSN的签名上写“通过特价王到当当、卓越买书便宜12%”、“通过特价王到PPG买衣服便宜10%”、“通过特价王到戴尔官网买电脑，每台便宜280元”等签名，这带来不少人看到后进行咨询，进而成为特价王的忠实用户。

这意味着QQ用户只要在QQ、MSN签名或者群公告栏位置放置一条广告语就能坐收广告费，正式活动期QQ群一个月广告费12元，个人QQ、MSN签名10元。同时特价王还举行个性广告签名大比拼活动，这也吻合签名的个性化特征。

特价王此举充分利用了QQ个人签名在好友、同事等联系人之间的影响力，同时也体现了Web2.0时代网民个人的价值，互动、参与、娱乐这些互联网的特征在此次营销传播活动中再次表露无遗。这一案例可以称之为我国QQ营销传播的创新之举。

在“特价王100万元采购QQ、MSN签名广告”的实例中，我们在QQ和MSN签名位看到的是“便宜12%”、“便宜10%”和“便宜280元”等对受众有号召力的促销信息，马沙连的经济理论认为“消费者购买商品……希望以最低成本获取最高效用……故广告诉求应注意突出商品的优点，进行有力的承诺”[①]。QQ签名位受到空间的局限，能够传达的信息量有限，必须做到“字字珠玑”方能有效。

特价王QQ签名位广告信息中还有“当当”、“卓越”、“PPG”、“戴尔”等信息，这实际执行的是一种借势造势的策略，由于“当当”、“卓越”、“PPG”、“戴尔”在网民中具备相当的知名度和忠诚度，这些网民熟悉的信息能够在第一时间引起他们的关注，这也是商家利用QQ个人头像和签名位发布广告时要特别注意的，必须保证信息的吸引力、号召力，这样才能最终完成广告的目的。

QQ个人头像及签名位广告传播优势分析

※ 高到达率与高信任度

QQ实际是现实中人际传播在互联网上的延伸，在所有的传播类型中，人际传播效果是最好的，QQ保留了人际传播高到达率与高信任度的优点，同时还在时间、地点上实现了对面对面传播的超越。

---

① 倪宁，《广告学教程》，中国人民大学出版社，2004年版，第324页。

由于QQ用户好友列表以朋友、同事、同学或有共同兴趣爱好的人为主，因此，个人签名位信息受关注度非常高，同时这样的传播还沿袭了人际传播影响力强的优势，在今天强调精准营销的市场环境中，这样高质量的广告位是非常难得的营销传播平台。另外，QQ可以完成即时和延时的异地传播，其头像和签名位信息也是如此，这使得传播更便利、传播范围更广，从而保证了最佳的传播效果。

2008“红心爱中国”——中国MSN、QQ一片红即是最好的证明。这是中国网民自动发起和参与的活动，网民利用即时通讯表达了自己反对西藏对立、支持北京奥运会的爱国立场。“从MSN到QQ，‘红心爱中国’的标志成为了一种时尚，成为了中国人温和地抒发爱国热情的最好形式。……似乎从来没有这样一种网络标识会如此快速地从网络中蹿红，更如此快地从网络蔓延到我们的生活中。”[①]“成千上万的网友在MSN上添加了红心签名。(2008年4月)16日中午，“红心中国”的签名使用人数突破100万。17日早上，使用者突破300万，到了中午，突破500万大关。到昨晚(2008年4月17日)8点，这一数字增至600万。”[②]此活动完全是由网民自发完成的，从中我们不仅看到了中国人团结的力量，更看到了即时通讯传播扩散的速度和力量。不仅有国旗图案红心，还出现了各种创意红心，还有人设计了带百家姓各姓氏的红心。

红心中国典型红心

创意红心

带姓氏的红心

※ 低成本高效率

“相比门户、博客广告等，QQ、MSN个性签名广告的成本相对较低。如购龙采购了5万个QQ群(每个群约为100名用户)广告位，每个发布的活动信息、促销内容、企业服务等均可在第一时间达到近500万名网民！这还不包括QQ、MSN个人用户，通过广告得知企业服务价值后，直接影响其家人、朋友、同学等。”[③]另外，从特

---

① 《IT时代周刊：中国网民的胜利》，和讯网，2008-5-30，http://it.hexun.com/2008-05-30/106352826.html。

② 《600万MSN用户亮出“红心”》，原载《今日早报》，转引自新浪网，2008-4-18，http://news.sina.com.cn/o/2008-04-18/042313755254s.shtml。

③ 祝炳俊，《博客营销将成历史，QQ、MSN签名“猛虎下山”》，《有效营销》，2007-11-27，http://www.em-cn.com/Article/200711/173312.shtml。

价王的实例中我们看到个人 QQ、MSN 签名一个月的费用是 10 元，而每个人的好友列表中都有几十个甚至上百个好友，这也意味着此种广告形式是低成本高效率的，可以以较低的费用在最快的时间传递给多个人，这也是其他广告形式所不具备的优势。

2011 年春节期间，腾讯发起了“让爱回家”点亮 QQ 图标活动，活动时间是 2011 年 1 月 17 日至 3 月 10 日，根据网页 http://news.qq.com/zt2011/jia/index.htm? pgv_ref=aio 数据，共有 9627155 人参与了点亮图标。程序很简单，可以选择在 QQ 个性签名中添“ /jia/ ”，即可显示图标，或者点击活动页面中的“我也要点亮 QQ 图标”按钮，即可显示。另外在好友列表中看到好友的 QQ 名和签名位置的图标，鼠标停留就能够轻松看到活动相关信息，其中绝大部分加入者并非按照腾讯提供的步骤添加了图标，而是看到了好友的图标，这就是 QQ 的魅力与魔力。

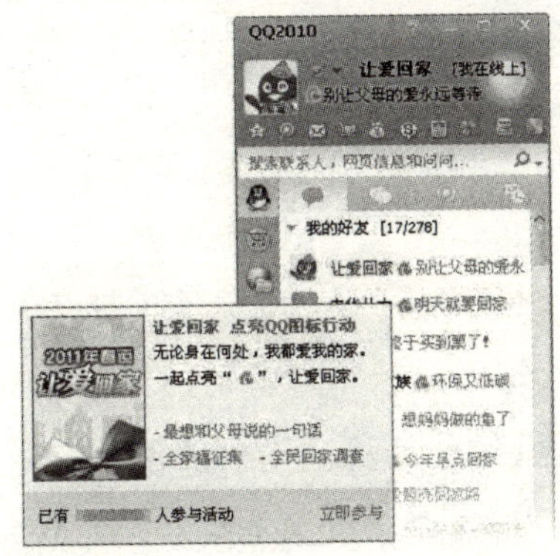

腾讯 QQ 让爱回家点亮图标活动

腾讯的点亮图标也被很多品牌所使用，比如腾讯的好朋友可口可乐。2010 年可口可乐推出了“积极乐观，美好生活”快乐徽章点亮行动，点亮图标有以下三种途径：途径一：用户兑换或抽奖过程中点亮快乐徽章。用户第一次成功输入促销装瓶盖内所印前 13 位字符，验证成功后，即可点亮“快乐徽章”；途径二：用户点击好友客户端的“快乐徽章”，进入可口可乐“积极乐观美好生活”介绍页面（http://2010.qq.com/icoke/），QQ 登录后选择“马上点亮快乐徽章”，如果之前没有点亮过快乐徽章，即可点亮“快乐徽章”；途径三：用户于 http://icoke.qq.com 活动首页，点击“可口可乐 积极乐观 美好生活”按钮，进入可口可乐“积极乐观 美好生活”介绍页面（http://2010.qq.com/icoke/），QQ 登录后选择“马上点亮快乐徽章”，如果之前没有点亮过快乐徽章，即可点亮“快乐徽章”。这个红色的笑脸感染和吸引了很多人，在自己的签名位置显示，心情也会变得不错吧。笔者首先是在一位QQ好友的签名位看到了这一图标，然后点击进行了添加，这之后，好友列表中有好几个人的签名位也出现了这一图标，虽然没有确定其信息来源，但好友一定是主要途径。遗憾的是，活动是有时间限制的，过期图标就变成了字母，还真的期望快乐徽章一直都有效呢，不过那样可口可乐要支付腾讯多少钱呢？退一步说，就算可口可乐愿意，腾讯可不一定答应，腾讯还要为更多的活动或者品牌提供更多的图标位置，也还要保持自己的新鲜感呢。

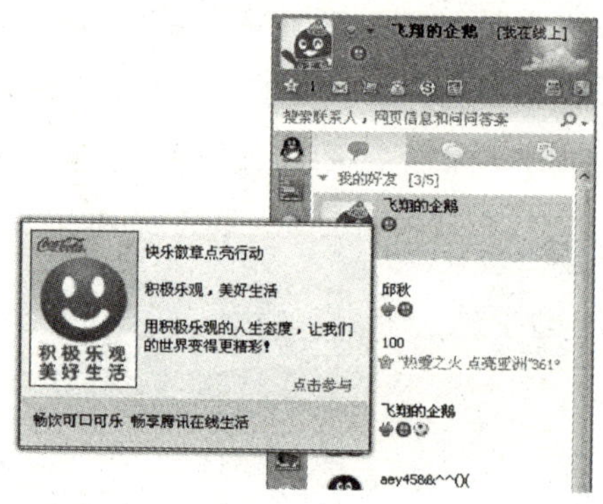

“可口可乐积极乐观美好生活”快乐徽章点亮行动

总之，QQ个人头像及签名位是不可多得的黄金广告资源，特别是在我国，庞大的用户群体更是其成为营销传播优质平台的保证。当然，我们也要认识到个人头像及签名位个性化的特点，这要求发布的广告信息在保证商家统一主题的前提下，可以有多种版本供选择或者不断保持更新，亦或者可由用户自行进行创意，以解决个性化与商业化的矛盾。

二、从QQ秀看即时通讯软件虚拟形象装扮的品牌传播价值

这是一个品牌的时代，“品牌”一词被提及的频率非常高，我们在对品牌的认知和塑造的过程中，仍然存在着一些不足，我们必须认识到，“品牌的成长是一种自下而上的积累方式……品牌是由两种形象组成的，一种就是实际形象，另一种是传播形象，其中传播形象决定了品牌的价值。”[①]现在，很多名牌都从产品来理解品牌，而缺少从附加值方面对品牌进行提升，但实际上品牌价值的决定因素正在于这些附加值。品牌实现传播，则必须借助一定的媒介、资源或平台，而媒介多

---

① 张惠辛，《超广告传播》，东方出版中心，2007年版，第14页。

元化和海量信息的当下，品牌传播的黄金资源一定是和消费者的生活方式密切相关的，我们称之为“生活方式资源”。即时通讯即是其中之一。

即时通讯是互联网上的基础应用之一，目前主要的即时通讯软件除了传统的腾讯 QQ、MSN 等，还有门户型网易泡泡和新浪 UC、电子商务带动的阿里旺旺、搜索和贴吧带动的百度 HI、以移动服务为平台的飞信，另外还有雅虎通、Skype 以及一些企业的即时通讯等。

基于互联网社区化发展起来的、六成用户上网就登陆、用户依赖程度较高的即时通讯也越来越注重用户使用体验。根据中国互联网络信息中心的数据，即时通讯用户使用过程的关注要素方面，除了安全、性能和联系人多少外，另有三项都和使用体验直接相关，分别是软件的功能、界面友好和增值服务，比例达 47.2%、40%、33.7%[①]。从即时通讯用户使用的功能看，在基本的交流和文件传输功能之外，还有一些附加的功能，个性图像和角色装扮的使用率有 34.7%；用户付费意愿方面，角色装扮也有着将近 20%的认同比例[②]。即时通讯的虚拟形象装扮不仅为自身搭建了提升品牌传播形象的平台，也为其他品牌提供了宝贵的资源。

所谓 QQ 秀是一个 QQ 虚拟形象设计系统，用户可以选择 QQ 秀商城的虚拟服饰、场景和人物形象来装扮自己在 QQ、QQ 聊天室、腾讯社区、QQ 交友等服务中显示的虚拟形象，在网络中体验到现实生活的乐趣和自由，某种程度上，体验还可以超越现实。

QQ 秀品牌传播价值体现在“对内”和“对外”两个方面，对内即于自身，对外即于其他品牌，其前景都不可低估。

QQ 秀对内品牌传播价值——丰富自身内涵

QQ 秀充分运用各种公益、潮流、热点等专题形式，提升了腾讯和腾讯 QQ 的品牌价值。中国广告杂志社社长兼主编张惠辛曾经说过：“我们现在对品牌的思维方式太实了，‘故事’和‘印象’都是虚的东西，而这些恰恰是品牌的精髓。”[③]受众在接触品牌时候的印象、感受等的力量不可小觑。

---

① 《中国即时通信用户调查报告(2009)》，中国互联网络信息中心，http://www.cnnic.cn/uploadfiles/pdf/2009/12/18/115430.pdf。

② 《中国即时通信用户调查报告(2009)》，中国互联网络信息中心，http://www.cnnic.cn/uploadfiles/pdf/2009/12/18/115430.pdf。

③ 张惠辛，《超广告传播》，东方出版中心，2007 年版，第 13—14 页。

※ 公益专题构筑品牌的力量

汶川地震、新中国成立六十周年、面对灾害频发企求风调雨顺、舟曲祈福等，这些全国甚至是全世界都关注的事件，QQ 都推出了免费的整套 QQ 秀装扮，用户只要点击手中的鼠标即可完成自己内心美好愿望的表达。

公益营销传播现在已经成为企业塑造自身具有良好社会责任感的“企业公民”形象的重要途径，这种方式摒弃了急功近利，体现了企业对公众利益的关注和支持，也体现出企业对人性和道德的关怀。公益营销传播有多种方式，比如直接的捐助、举办公益活动、刊播公益广告等多种方式，QQ 秀从细微之处入手，给了很多人独特的表达途径。贵在坚持的公益营销传播如果能够像 QQ 秀这样，紧密结合自身特点和服务展开，会极大地增强公益与品牌的契合度和专属性，从而真正完成品牌价值提升的任务。

试穿 赠送

同类整套推荐

试穿 赠送

同类整套推荐

公益 QQ 秀

※ 潮流话题“笼络”年轻群体

在网络与现实并行构筑起整个世界的当下，各种新的事物、话题等的传播速度和范围都被极大拓展了，求新求变已经成为这个时代的显著特征。QQ 秀把很多潮流话题纳入其中，采用诸如挂件、配饰等形式，表达出自己的观点，当然这些观点是代替用户完成的意愿表达，有着比较明显的态度和倾向性。

比如“裸婚”，这个词刚流行的时候，带有很多年轻人的一种无奈，但慢慢被还原了本色，即年轻人应该有的生活，也成为社会婚姻观念转变的一个具体体现。QQ 秀也把“我要裸婚”大胆地秀了出来，用户可以为自己贴上这个标签，展示自己的态度。

再比如奶粉事件、中国足协、香奈儿曲解中国元素等问题，QQ 秀具有了明显的针砭时弊的特征，非常受喜欢大胆表达自己观点的年轻人的青睐。

香奈儿中国元素事件

另外还有如世界杯期间的关于支持马拉多纳的“老马不倒”、神奇的“章鱼哥”、根据流行语“不要迷恋哥”改编的“你可以迷恋哥”以及各种节假日等的潮流话题也都引入了 QQ 秀中，保持了 QQ 秀的新鲜度，成功抓住了主要用户群体的眼球，迎合了他们的心理需求。

各种潮流话题或者表达观点，或者针砭时弊，都有效增加了时尚的深度，同样增加了品牌的分量。

※ 时尚热点专题与时俱进

不同于潮流话题，时尚热点没有明显的态度倾向性，都是一些热点事件，以热映的影视剧、发行的唱片、围绕明星的一些时尚话题、各种时尚活动等为主。

比如热映的影视剧，以新版《红楼梦》为例，它的上映再一次带动了红楼热，QQ 秀及时推出了金陵十二钗绝版珍藏 QQ 秀，这一系列 QQ 秀属于高端绝版物品，丰富了 QQ 秀类别，在打造差异化虚拟珍藏版本的同时，也为 QQ 品牌价值的提升做出了重要贡献。

再比如各种活动专题，这些活动一般都有其主办方，比如结合湖南卫视的“七夕特别节目”，其宣传语如下：

“爱情是什么？对于 80、90 后，当正确的婚恋观还没有形成，反主流观点‘拜金’、‘崇富’却趁虚而入……为弘扬中国传统节日文化，坚守爱情、呼唤真爱，湖南卫视于 8 月 16 日将推出‘七夕特别节目’，公开征集‘求爱勇士’，并推出七夕特别信物‘定情绳’。打造‘七夕’品牌弘扬中国传统文化，大家怎能不支持？”

QQ借助这些热点事件推出QQ秀物品的同时,也在发挥着借势造势、丰富自身品牌内涵的作用。

开学期间的专题QQ秀

※ 从虚拟装扮到时尚平台,构筑起生活的重要部分

最初的QQ秀仅仅是网络虚拟形象装扮而已,但随着内容的丰富、板块的拓展、功能的多样,QQ秀现在已经发展成为时尚平台,集时尚事件、时尚话题、流行风尚等于一体,比如QQ秀每周都推出一个主题搭配,等于为用户提供了时尚风向标,另外还有更为实用的QQ秀网络导购,用户喜欢的QQ秀可以在拍拍网找到现实的版本等。QQ秀本身就是形象装扮,围绕自己的核心服务和优势并把这一点无限放大,让这种服务和优势变成自身最好的形象代言,产品本身构筑起了自己的传播形象,丰富产品的同时也就逐步完成了形象的构建。

随着互联网的发展和普及,它在人们生活中扮演着越来越重要的角色,虚拟世界和现实世界并存,或者说,网络世界也是现实世界重要的部分,这样的观点已经被很多人所接受。网络正在影响和逐渐形成我们的生活,改变着我们的生活方式、沟通方式、思考方式和接触世界的方式,各种网络应用都在不同领域、从不同角度构筑起我们的生活。用户粘着度极强的即时通讯也是这样,采用"渗透"的方式,让用户越来越多地体验到使用的精彩。

QQ秀对外品牌传播价值——多品牌展示平台

QQ秀的品牌传播价值不仅局限于自身,也为其他商家提供了品牌信息展示的良好平台,我们称之为对外品牌传播价值。

※ 极佳的展示和体验功能,尤其适合服饰类品牌

QQ秀是虚拟形象装扮,毋庸置疑,其最大的功效就是形象装扮,因此,QQ秀也就最适合作为服装饰品的展示平台,借助试用的便利性,可以很简单地就让用

户体验到效果。服装饰品类产品在新品上市的时候，利用 QQ 秀平台，能够让消费者全面接触到产品，体验到产品的风格，还能够足不出户完成试用，加上日益普及的网络购物行为，完整的挑选、试用、购买流程就可以在网络上实现。现在 QQ 秀已经和很多品牌进行了合作，当然更多的资源还没有被充分利用，如何在这一时尚平台让自身的品牌有出色的表现，被更多地关注到，商家需要在研究 QQ 秀用户使用行为和心理特点的基础上，从发布时机、发布方式、和热点或者活动结合等各方面为自己的品牌出谋划策了。

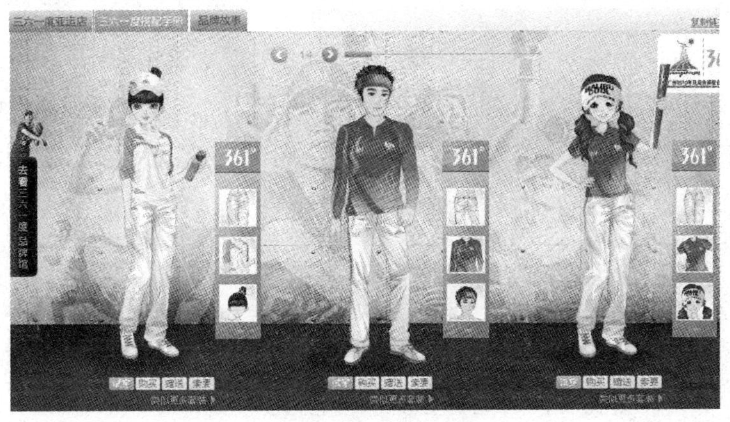

361°QQ 秀

阿迪达斯 QQ 秀与新品展示

※ 极强的粘着性+庞大的用户群体,热点事件与多品牌的"徽章+活动"传播

QQ 秀的多项服务已经让自己超越了形象装扮的范畴,无限扩展了应用的空间,这点我们在 QQ 秀自身品牌传播中也能够看出来。对于为其他品牌创立传播平台,QQ 秀也是拥有十八般武艺。比如,QQ 秀拥有"徽章博物馆",除了一些免费的,徽章大多数都是和其他品牌进行合作的,需要参加一定的活动或者满足一定的条件才能够领取,是代表使用者身份和荣誉的特殊 QQ 秀物品。

我们以"蒙牛生态志愿者"徽章为例加以说明。在规定的时间段内,活动专区蒙牛网上的中国世博馆被划分为 2010 个绿地区域,用户选择 1 个区域,上传生态环保宣言,成为环保领袖,同时会获得"草皮"一块;然后邀请好友为自己的"草皮"绿化,随着"草皮"渐渐变成"草原",中国馆绿化成功;每个好友点击"我要绿化"按钮后,会增加氧气值 1 点。当达到 2010 点时,中国馆被绿化得清新明亮。每个 QQ 号码每天最多绿化 20 次,之后参与者可以获得可爱的"蒙牛生态志愿者"徽章并参与抽奖等活动。

这种方式已经被饮料类、数码类、食品类、汽车类、活动类、化妆品类、游戏类等多品类商品所利用,几乎可以说没有不适合的品类,再配合一些参与活动,特别是很多有公益内容的或者竞赛内容的参与活动,极大地调动了用户参与的积极性。

※ 场景、配饰及其他应用无限拓展范围

QQ 秀还拥有场景和配饰,场景如"杂志"、"交通工具"等项,除了这些,还有如游戏场景,而其实场景本身也可以是某一旅游景点或者某一家居装饰风格等,配饰则除了前面提及的如项链等饰品外,还有比如"包包"、"眼镜"等项;另外还有乐园中如 QQ 秀泡泡、魔法卡片等多项应用,可以说,QQ 秀有取之不尽的品牌信息传播资源。同时,很多品牌借助 QQ 秀,都拥有自己的传播专区,专区配以活动、品牌故事等多项内容,增强了传播的专属性,也就能够达到更好的传播效果。

由此可见,多项功能与体验为 QQ 秀构建了无可限量的应用空间,QQ 秀对外品牌传播几乎适用于所有品类。

QQ 秀还以公益信息作为开路先锋,在用户中培养起了使用习惯,也让更多的人认识到这一平台的传播力量。

可以预期的是,未来,各种网络虚拟应用将会越来越普及,就像现实生活中一件又一件新的物品逐渐进入我们的生活,变成生活中不可缺少的事物一样。在当今海量信息、眼球经济时代,在数不清的媒介资源中,我们真正应该关注的是"生

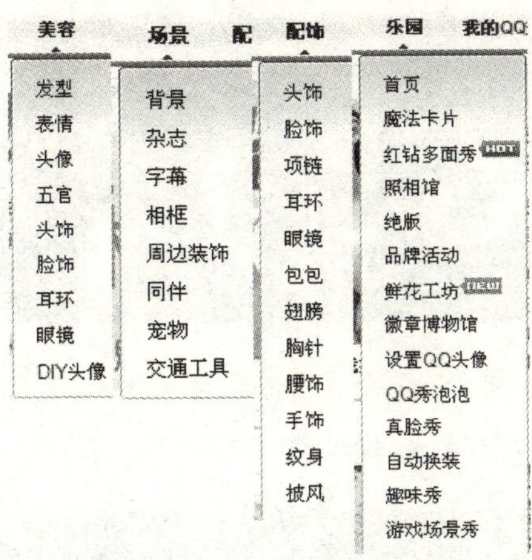

QQ 秀可供无限开发与应用

活方式资源”，这才是品牌传播的稀缺资源。所谓“生活方式资源”，即不以获取资讯为目的，而侧重于体验和生活状态的媒介资源，受众在生活中就会直接接触到，降低了对其中商业信息的抵触，加之群体庞大、用户粘着度较强、注重体验以及人际传播的力量等因素，保证了这一平台是优质而高效的。这样的生活方式资源，主要集中在互联网、手机以及户外媒体领域，让生活着的人们在很多生活的“点”上即可接触到信息，信息不是打扰性的，而是“植入”生活轨迹中，潜移默化地影响着接触到的人群。因其与生活方式相关联，所以能够接触到的人也都是信息的目标受众，甚至就是产品的目标消费者，所以，品牌传播的生活方式资源是优质而高效的，是未来品牌传播中最应该注意和充分利用的。

第五节　恶搞：剪辑手法带来的乐趣

获得 2003 年第十届中国广告节公益类金奖的道德系列公益广告三则情节如下：

《闪闪的红星篇》：潘冬子双手被绑着吊在树上，土豪鞭打潘冬子，边打边说：说！说！你爹到哪里去了?！潘冬子：呸，呸。字幕：该呸则呸，不随地吐痰，这是我们的传统美德。

《地道战篇》：军号声响起，游击队迅速地从各处地道里爬出来战斗。字幕：该鸣则鸣，不乱按喇叭，这是我们的传统美德。

《红色娘子军篇》：南霸天被抓着游街，围观的群众纷纷喊打，扔东西，推南霸天。字幕：该打则打，不滥施暴力，这是我们的传统美德。

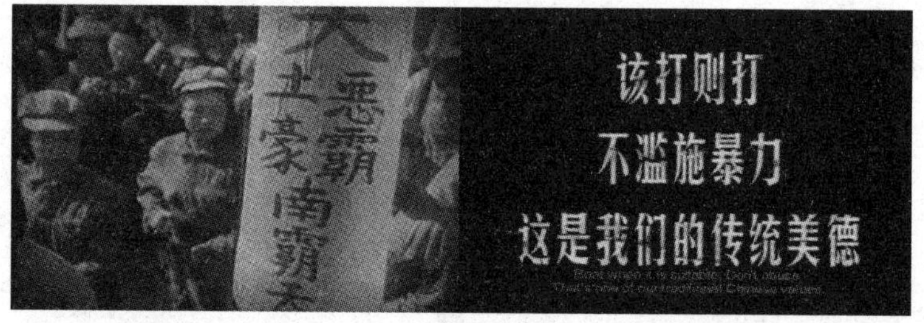

2004年网上流传着一个“大片”，号称是“2004贺岁大片”，名叫《网络惊魂》，剪辑了如《唐伯虎点秋香》、《我的野蛮女友》、《无间道》等多部影片，短片攻击了“廉通”。片中声称“廉通”“关键时刻，总听不清”、“断得随时随地”、发短信要根据情况适当提前、计费系统偶尔故障、服务不好等，短片最后还有人把一只写着“CDMA”的手机扔进了大海。

《网络惊魂》

很快，网络上又出现了另一则“大片“，名为《007复仇记》，片头是经典007电影片头，也剪辑了多部电影，基本情节是007调查自己的伙伴“006”的死因，最后的结论是因为使用了“遗动”的手机。在短片提及“遗动”有诸如“GPRS 定位不准”、没有消除背景噪音功能、上网比拨号还慢、没有防窃听技术、话费贵、老掉牙的网络、服务不好等等缺点。

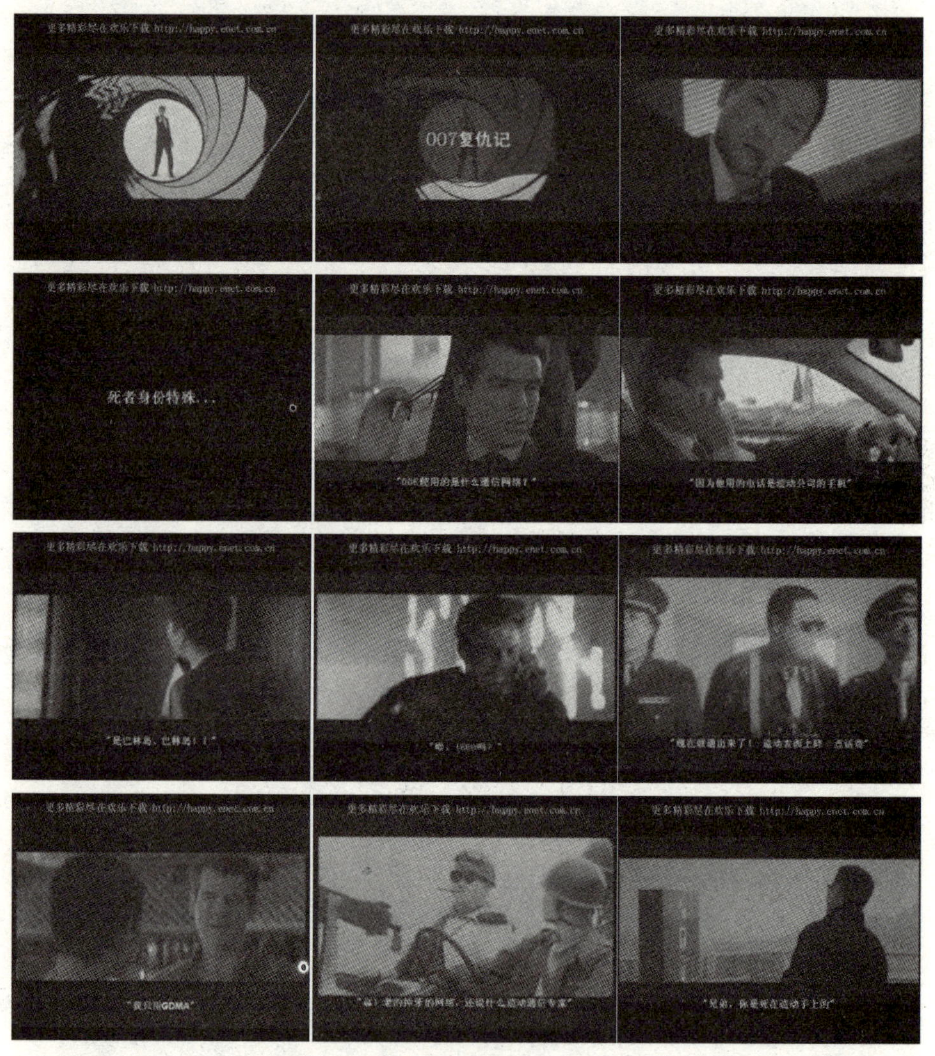

《007 复仇记》

有人基于当时视频剪辑技术分析这两则短片应该是专业人士所为，也就是幕后应该是移动和联通，而非“遗动”“廉通”网友玩笑之作。除了技术外，我们发现，“廉通”与“遗动”这两个名称起得也是相当专业，联通在和移动争夺市场的过程中，以有效的低价格抢占了二三线城市不少用户，所以被称为“廉通”。而我国移动通讯市场移动是霸主，在2002年联通CDMA开始商用和争霸市场的时候，为了推广自己全新的网络，联通称移动为“遗老”那也是自然而然的。这么专业的名称，恐怕不是一般网友能够想到的。

同一年，第十一届中国广告节公益获奖作品中有三则采用了剪辑电影的手法，主题是节约用电，分别剪辑了《河东狮吼》、《魔幻厨房》和《大话西游》，在趣味的情节中蕴含着教导的主题，不着痕迹，接受信息的过程变得很轻松。

节约用电公益广告《河东狮吼》版

节约用电公益广告《魔幻厨房》版

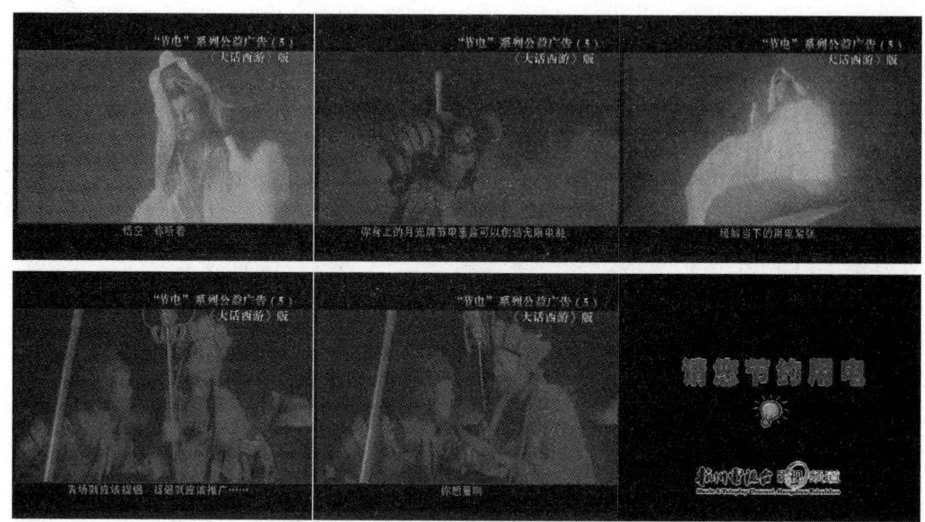

节约用电公益广告《大话西游》版

然后到了2006年年初，互联网上有一部短片相当红，那就是《一个馒头引发的血案》，短片以电影《无极》为基本素材，结合电视节目《中国法制报道》，滑稽搞笑情节中还穿插了别具一格的广告，“恶搞”一词也由此声名鹊起。

其实，在广告运用这样的剪辑手法之前，此类短片在互联网上已经在流传了，比如2001年底2002年初出现的《大史记》，这部短片运用了包括《鬼子来了》、《茶馆》、《有话好好说》、《荆轲刺秦王》、《苦菜花》、《智取威虎山》、《骆驼祥子》、《不见不散》、《刮痧》、《东邪西毒》、《董存瑞》等影片的一些片断，组合成一个并没有明确主题的短片，其中影射了不少当时社会发生的大事，比如9·11事件、中国申奥成功、加入WTO、足球出线等等，同时也涉及一些社会问题。虽然没有明确的主题，总体上显得杂乱无章，但这种新颖的手法却引起了比较大的关注。那时这种手法尚无明确称谓。

《一个馒头引发的血案》红透了网络，让非常多的人熟悉了这种方式，也领会到了这种手法的魅力，由此“恶搞”也成为了2006年互联网发展的关键词。不过恶搞更加受关注却是因为恶搞黄健翔解说彩铃已经为互联网带来实实在在的好处，据估计，该彩铃下载带来的利润已经超过100万人民币。著名IT专家秦涛将这一新兴经济门类归之为“恶搞经济”，而其诞生的标志，就是黄健翔事件。[①] 至此，恶搞进入了“经济”的范畴。

2006年8月，随着防止网上恶搞成风专家座谈会的召开、广电总局关于互联网视频上传需要许可证条例的拟订、未成年人保护法修改草案关注禁止向未成年人传播“恶搞”等一系列事件出现，“恶搞”才真正进入主流话语领域，成为一个被全社会关注的话题。

一、关于“恶搞”

“恶搞”这个词，现代汉语词典里找不到，至今也没有公认的权威定义，但其实并不神秘。“恶搞”，源于日语Kuso，音译为“酷索”，一种特殊的互联网文化，在国外盛行已久。“恶”并非字典所指的“凶恶”的“恶”，而是表示某种程度的副词，是“超出了一般程度”、“违反了正常礼教”、“让人哭笑不得”的很夸张的表达方式，并不是坏的意思。[②]

曾经看到过一篇文章《恶搞，从搞笑到搞事》[③]，把恶搞视频的发展历程概括为五个阶段：分别是以《大史记1》为代表的无主题萌芽期、以《分家在十月》为代表的内部调侃期、以《网络惊魂》和《007复仇记》为代表的商业攻击期、以《一个馒头引发的血案》为代表的影视批评期和以《春运帝国》为代表的关注社会现实期。而在这五个阶段之后进入民意表达和民众娱乐时期。熟悉恶搞视频短片的人大概都会认同这样的发展历程。最早的《大史记1》没有明确的主题，但带来一种新鲜的表现形式；《分家在十月》更多地被看作是央视内部的自我调侃；《网络惊魂》是移动攻击联通的，而《007复仇记》则是联通回击移动的，作者不详，有人估计是两公司内部人所为；到了《一个馒头引发的血案》，成为对大投入、大制作的所谓“大片”的不满而产生的视频民意表达形式；借着“血案”红透网络出现的《春运帝国》，尽管制作水准没有提升，但由于关注了普通百姓非常关心的“春运”问题，同

---

① 陈漠，《恶搞的生存路径》，转引自新浪网，http://news.sina.com.cn/c/2006-09-07/225910950057.shtml。

② 霍世杰，《拿什么整治你——2006网络恶搞的若干“标点”》，http://news.eastday.com/eastday/node79841/node79867/node155386/u1a2257795.html。

③ 阿杜，《从搞笑到搞事》，http://www.cdwb.com.cn/system/2006/03/04/000061633.shtml。

时对这个问题的阐述又比较到位，使得这样的短片具备了一定的深度；本以为短片会按照这样的趋势发展下去，不过看之后的发展，是以“民意表达”和“民众娱乐”作为主要的方向，并呈现泛滥的趋势。

二、“恶搞”的特征

寄生性[①]

所有的恶搞短片无一例外都是利用了一些现成的素材，其中运用最多的是知名度比较高的影片。恶搞短片正是把自己建立在这些影片知名度的基础之上，希望受众由于熟悉而关注，继而观看，之后还可能主动推荐给其他人。去网上查一下不难发现，关于恶搞短片推荐的帖子很多都是对素材的陈述。如果原创具备相当的知名度，那么对其的再创作关注度自然水涨船高了。

反叛精神

从没有明确主题的《大史记 1》开始，就具备一定的反叛精神。当然恶搞短片中体现出来的反叛精神更多的不是反叛所谓的“经典”，比如“血案”之与《无极》，而是对一些社会现象的反叛。比如《大史记 1》中提到“海归”，留洋回来就等于“镀金”，再比如提到奥运场馆建设等，表现出对已经存在的问题和可能出现的社会问题的担忧，在引人发笑的同时，也能引起人们的思考，反叛精神的表达也因为夸张的形式而更显淋漓尽致。这种到位的表达很多网友已经从《春运帝国》中感受到了。

恶搞作品中也有把反叛精神发挥得非常成功的经典之作，这就是对达·芬奇的传世名作《蒙娜丽莎》戏谑性模仿、突破与超越的“恶搞”之作，包括具有后现代艺术之父美称的法国画家杜尚的作品《L. H. O. O. Q》、西班牙超现实主义画派大师达利版本的《蒙娜丽莎》和美国波普艺术大师安迪·沃霍尔的丝网印刷版本的《蒙娜丽莎》。但无论是“原著”还是“恶搞”版本，都在人类艺术发展史上占有一席之地，都表达了各自的艺术审美方向。

参与性、娱乐性与创造性

互联网给了恶搞发挥的可能性——充足的素材和发表的自由，民间智慧于是

---

① 陈漠，《恶搞的生存路径》，转引自新浪网，http://news.sina.com.cn/c/2006-09-07/225910950057.shtml。

有了充分发挥的舞台，民众的参与性对恶搞的推动作用毋庸置疑。普通人在此有了说话的权利，并且还可以以自己喜欢的方式来发表意见。

恶搞属于娱乐，纯粹来自民间的娱乐，创新的幽默样式或者痛快淋漓的发泄，让大众寻找到了和以前娱乐方式不同的快乐途径，这次真的是自己需要的快乐方式。

网络的虚拟性激发了恶搞者的想象力、创造力，这种创造力表现为挑战权威或是全新的解读和创作，因此，容易给大家新的惊喜，容易被接受也容易流传。

三、恶搞视频兴盛背景及原因分析

全民娱乐与民意开放时代

随着经济、文化的不断发展和与外界环境的接触不断增多，人们对娱乐的需求逐渐呈上升趋势。娱乐享受在现代社会生活中占据的比重越来越大，成为人们生活中不可缺少的部分。其实，现在娱乐的范围远远不局限于娱乐业，所有的事情都可以换个角度或者方式来做，为人们提供快乐。娱乐已经渗透到了人们生活与工作的很多方面，成为事物必不可少的组成部分。

整个社会民主、自由的氛围给了民意表达一个宽松的环境，互联网更是拓宽了民意传播的空间范围，同时丰富了民意表达的方式。

社会心理需求与主力群体

恶搞广受欢迎的一个重要原因就是人们的心理需求。恶搞在“解构”的意义之外，更多地体现出压力向外宣泄的过程，现代人承受了太多的压力，需要有发泄的渠道，恶搞满足了人们缓解压力的需求。同时，恶搞的反叛精神也满足了人们的逆反心理，一种对权威和所谓经典的反叛。这种形式出现以后，受到了极大的关注，传播很快，效果极佳，于是同种形式的东西就会大量产生，这也体现了人们的从众心理。所以，恶搞短片的风行是基于人们的实际心理需求的。

年轻人是恶搞视频的主力作者以及主要的观看者。他们有着自己的价值取向、生活方式和思维方式，容易接受新鲜事物，对“无厘头”等接受起来毫不困难，甚至乐此不疲，这和年轻一代成长的环境不无关联。

技术助力

技术是恶搞视频短片风行的基础条件，互联网技术的进步以及摄像机、各种视频软件等的发展滋养了这一新兴事物，并使其逐渐向精细化发展。

四、恶搞遭遇的问题——法律、道德底线

恶搞是有尺度、有底线的，这一底线也就是道德和法律，如果恶搞伤害了别人的人格，伤害了人民对历史人物的认同感，甚至触犯了相关的法律，也是要受到制裁的。目前对恶搞持否定或抵制态度的都是由于恶搞确实存在触犯底线的问题。

恶搞必须控制在观众能够愉快接受、无不适感的底线之内，这样才能既发挥表达民意的反叛精神，又具有让人痛快的娱乐性。但现在网上流传的很多恶搞作品没有任何的反叛精神，没有意义和深度，让人观看之后还会觉得不舒服。比如恶搞《夜宴》的短片不但没有创意的部分，甚至根本就是浪费观众的时间；把葛优变成长发"乖女人"，赵本山变成女人靠在郭德纲身上，不知道究竟想要表达怎样的意思，又能够表达怎样的意思；更有雷锋帮人太多过劳死、黄继光摔倒顺便堵了枪眼、董存瑞的死因是被炸药包的两面胶粘住了等等让人忍无可忍的乱搞之作出现。恶搞走入乌烟瘴气的境地，恶搞和肆意妄为、讽刺和侮辱、幽默和恶毒，一线之差。尽管陈正果在《恶搞的限度与技法》中提到："恶搞文化作弄的对象主要有四项：性、政治、娱乐圈和历史故事"，但基于互联网的开放性，恶搞短片想要良性发展必须把握好尺度，如果不解决对青少年的误导问题将很难获得发展的空间。

目前恶搞短片触犯的法律底线主要在于知识产权问题，知识产权保护在我国的确还很不健全，对网络侵权的界定更是基本处于空白状态。规范网络行为，加强对个人肖像权、著作权等的保护，既可以保障原创作品涌现，满足网络时代草根阶层的表达、创作欲望，又可以从源头上预防恶搞产生的侵权行为，可以说是一举多得。2004 年 6 月，广电总局就曾发布极其严厉的管理规定——《互联网等信息网络传播视听节目管理办法》，将适用范围扩大到"由可连续运动的图像或可连续收听的声音组成的视音频节目"，最终只有上海文广集团及央视获得了可以实现网络视频播放的执照。《管理办法》事实上夭折，原因之一就是它不具备可操作性，无法在现实生活中得到执行。这次的"许可证"是不是也同样没有现实的可操作性呢？

无论法律问题还是道德问题，是否能够始于恶搞，终于恶搞呢？比如权威机构按合法途径，也采用"恶搞"手法，组合一部关于"恶搞"触犯底线的短片，也放到网络上供大家观看、下载，如果创意独到又能够深入触及问题实质，是不是会成为一种更好的教育和普及观念的方式呢？就像我们天天呼吁保护传统文化，但这些呼吁或者条文距离

普通人太远了，倒是感觉韩国拍摄的一些有关传统文化的偶像剧更能达到普及意识的作用，边娱乐边接受教育，这才是我们反复提及的“寓教于乐”吧。

五、“恶搞”商业化利用的思考

业内人士指出“恶搞不会走向产业化”，“恶搞作品之所以受到追捧，就是因为它是民间的、草根的、非商业性的。而一旦成为一种产业，它可能更精致化，更专业化，但也会丢掉恶搞作品这种草根性和创新性，恶搞作品的生命力也会断绝。”[①]

其实恶搞是可以走商业化路线的，商业化不等于精细化，草根传播一样可以达到良好的效果，比如雅虎邮箱扩容就采用了 Flash 形式的郭德纲相声《小话西游》。据说奥斯卡颁奖典礼有时会把提名影片的片段剪辑在一起，重新组合成一个故事，多有调侃。耐克公司在世界杯期间，鼓励球迷制作自己颠球、顶球技巧的录像，随后将超过 300 人提交的片断组合起来，创造了一则构思非常精巧的“全世界都在踢球”的广告。而《一个馒头引发的血案》发表后，也有不少广告公司专门组织创意人员观看，学习其中的重组技巧，短片里面还插播了三则广告，毫无打断短片的嫌疑，反倒为片子增色不少，另外满神牌啫喱水和逃命牌运动鞋还很快就被注册……这些都是走商业化路线的启示及初步的尝试。

“满神牌啫喱水”广告

① 张东生等，《恶搞！然后呢？》，《南都周刊》，2006(3)。

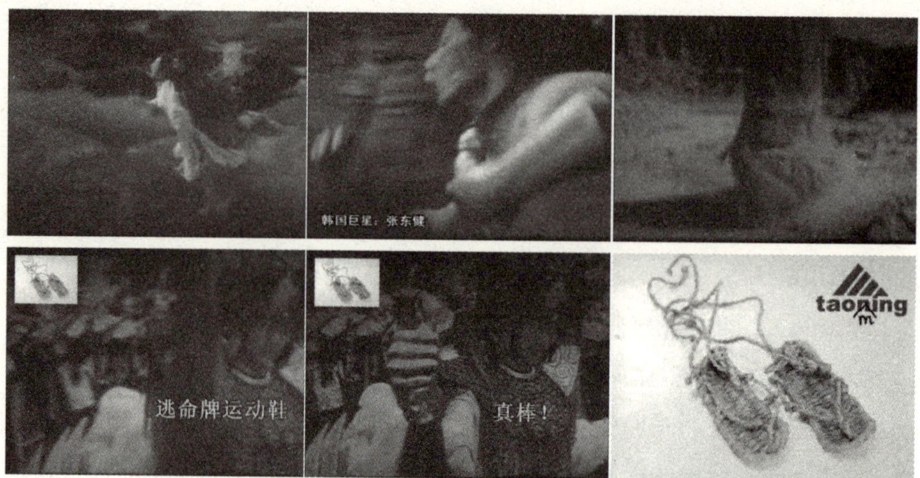

"逃命牌运动鞋"广告

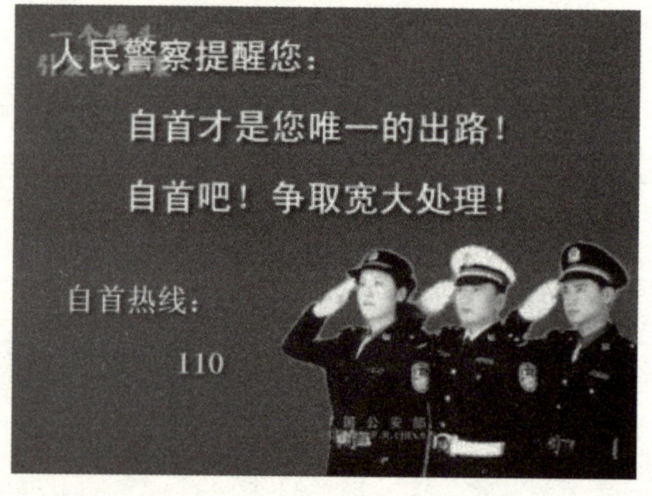

公益广告

恶搞短片商业化路线可以采取与影片携手的方式，具体有以下几种：

对影片的前期宣传及影评

这是一种宣传影片可以考虑的手法，就像《一个馒头引发的血案》无意中给《无极》作了宣传一样，影片拿自己恶搞，当然不破坏剧情是前提，同时又要有足够的创意，前期宣传要有吸引力，后期影评不妨结合观众对影片的看法来完成，就像央视曾有用《分家在十月》调侃自己的勇气，既然是恶搞，就要符合恶搞的精髓。

结合社会问题表达民意

和恶搞作者联手或者授权，利用影片素材重组的形式针砭时弊，特别是针对一些当下的热点问题，充分表达民意。

娱乐短片——影片的民间版本

这种形式仍然是需要授权制作的，除了正式发行的影片外，还可以有另外一个版本——网络短片版，走娱乐化路线，至于如何创意，就要看制作者的功底了。

以上三种形式都可以通过加入贴片广告或者植入式广告的方式获取利润。

利用对影片的解构制作广告

这种形式前面就提及了很多例子，当然合法合规是前提。

第十三届中国广告节有两则广告是用电影《功夫》“开涮”的，一则是榄菊野菊花易过水洗洁精功夫篇，另一则是节约用水功夫篇。商业信息传达得到位，公益信息传达得幽默，姑且称之为“后电影广告”开发吧。

榄菊野菊花易过水洗洁精《功夫篇》

节约用水《功夫篇》

在电影产业的框架内，电影产品本身只是一个可以与多种产业相互联系的桥梁。在美国电影的收入中，非影院收入高达80%，后产品往往是一部电影票房的2～3倍。好莱坞采用的是银幕和相关产品相互支持的连锁式营销，具体表现为银幕营销、电视营销、家庭影院、网络营销和相关产品开发“五位一体”的构建，形成电视、版权出让、VCD、DVD、CD、旅游开发、日用消费品生产和玩具开发等。[①] 贴片广告、植入式广告等经常也被归入“后电影产品”类别，现在植入式广告等很多已经算是电影的合作伙伴，甚至是拍摄方之一了，不少电影中的一些物品也会在电影上映前“预热”市场，而其实真正到了电影上映之后还是大有文章可做，比如以电影为素材制作广告就是版权出让的另外一种形式，只要不诋毁电影，完全可以有相当宽泛的剪辑拼贴空间，适用于商业广告，也适用于吻合企业所在领域的公益主题的传播。虽然这仅是后电影开发极小的部分，但如果成功利用，效果也会是非常好的，比如2005年支付宝与《天下无贼》的合作就是最好的例子。

在《天下无贼》中淘宝是合作伙伴之一，电影中淘宝网的小旗子被很多人批评，而其实淘宝真正的用意并非在此，《天下无贼》中明星使用的道具是以淘宝网作为唯一拍卖网站的，更为重要的是，淘宝希冀利用《天下无贼》的知名度迅速打响支付宝品牌。支付宝当时广告片主要片段都来自于《天下无贼》，另外还增拍了一些镜头，原班人马配音，总体算剪辑范畴。有媒体这样评价：“继2004年热卖了1.2亿票房的贺岁片《天下无贼》之后，华谊公司将借其东风，为《天下无贼》续拍一部片子，并且由原班人马葛优、傻根、范伟、冯远征出演。不同之处在于，这部片子上映的地点将不是电影院，而是普通老百姓家里的电视，因为这是一部由票房明星出演的广告片。[②] 也有人称这两部广告片为“《天下无贼》续集”，很好地利用了电影的知名度。在广告片中，傻根的6万元早就通过支付宝打回了家，所以没有人牺牲，也无须支付汇款产生的“可以买一头驴”的手续费。“有支付宝，没贼”，“支付宝让天下无贼”一时间可谓家喻户晓。淘宝方面表示，“这部广告片由国内最多男明星担纲，算是开了一个先河，其次这也是国内第一部完美结合了电影宣

---

① 《电影后产品开发》，学习网新闻中心，http://www.study365.cn/Article/jyyz/201010/b4cd6ade5de4b833.html。

② 洪福，《支付宝新版电视广告 天下无贼原班人马接拍》，新浪科技时代，http://tech.sina.com.cn/i/2005-03-11/1332547955.shtml。

传的广告”①。

支付宝《打劫篇》

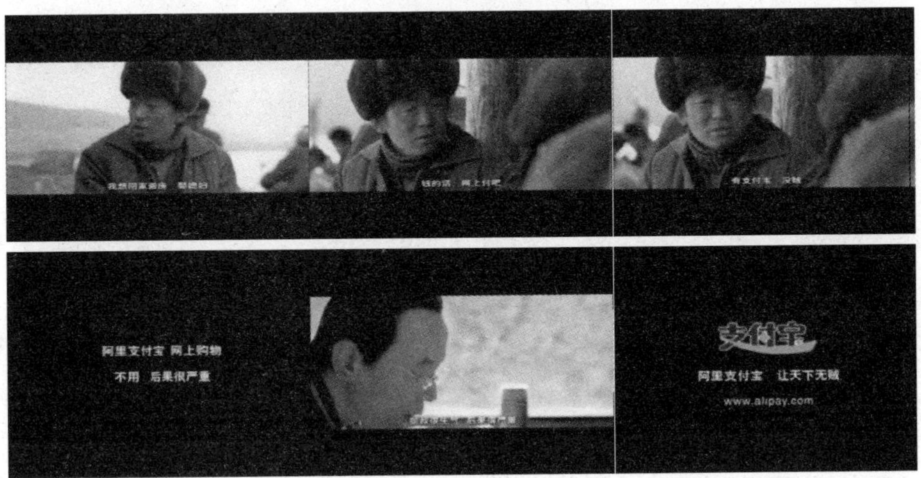

支付宝《傻根篇》

当然，这样的“电影后产品”一定是谋划在前、呈现在后，毕竟像《天下无贼》这样的高质高效资源并不是非常多的，下手晚了就错失了良机，所以企业必须要时刻保持高度的“警惕”。

---

① 洪福，《支付宝新版电视广告 天下无贼原班人马接拍》，新浪科技时代，http://tech.sina.com.cn/i/2005-03-11/1332547955.shtml。

第七章

谁在玩？谁都可以玩

第一节 “路人”的自发传播

2009 年 9 月，DDB 广告公司为瑞典大众策划了一次提升品牌形象的创意活动，名为“the Fun Theory”，活动通过网站 www. rolighetsteorin. se(英文版的网站是 www. thefuntheory. com)征集各种充满趣味的点子，目的在于测试 FUN(快乐)能够在多大程度上改变人们的行为。而在此之前，“the Fun Theory”病毒式传播的三个视频已经在 YouTube 广为流传，分别是“the Piano Stairs(钢琴楼梯)”、“World's Deepest Bin(世界上最深的垃圾桶)”和“Bottle Bank Arcade(瓶罐回收游戏机)”。短短几天，YouTube 上的浏览量就已经达到数百万。

大众公司的发言人说：“娱乐可以让人改善行为方式，我们称其为快乐理念。”

the Piano Stairs(钢琴楼梯)

大家都知道爬楼梯能够锻炼身体，但是同时有楼梯和电梯的时候，又有多少人选择爬楼梯？怎么能让人们主动放弃电梯选择楼梯呢？如果楼梯的台阶改造成钢琴样式，上下楼梯的时候会有乐符产生，不同的力度和速度会产生不同的乐曲，那么，是不是楼梯会更受欢迎呢？这就是大众的钢琴楼梯，这款楼梯率先在瑞典首都斯德哥尔摩的地铁站试运行。钢琴楼梯吸引了很多人关注、议论、参与，有人不停地上上下下，有人换着姿势和步速在楼梯上快乐地玩，有人拍照和录制视频，还有人把自己上下楼梯的视频传到 YouTube 上，展示并与别人分享自己创造的乐曲。结果，很多人主动并且快乐地放弃了电梯而选择了钢琴楼梯。调查发现，选择爬楼梯的比乘电梯的人多了 66%。

钢琴楼梯视频中的字幕及翻译：

Can we get more people to choose the stairs by making it fun to do?（我们能否通过让上下楼梯变得有趣而使得更多的人选择爬楼梯？）

66% more people than normal chose the stairs over the escalator.（超过66%的人选择爬楼梯而不是乘电梯。）

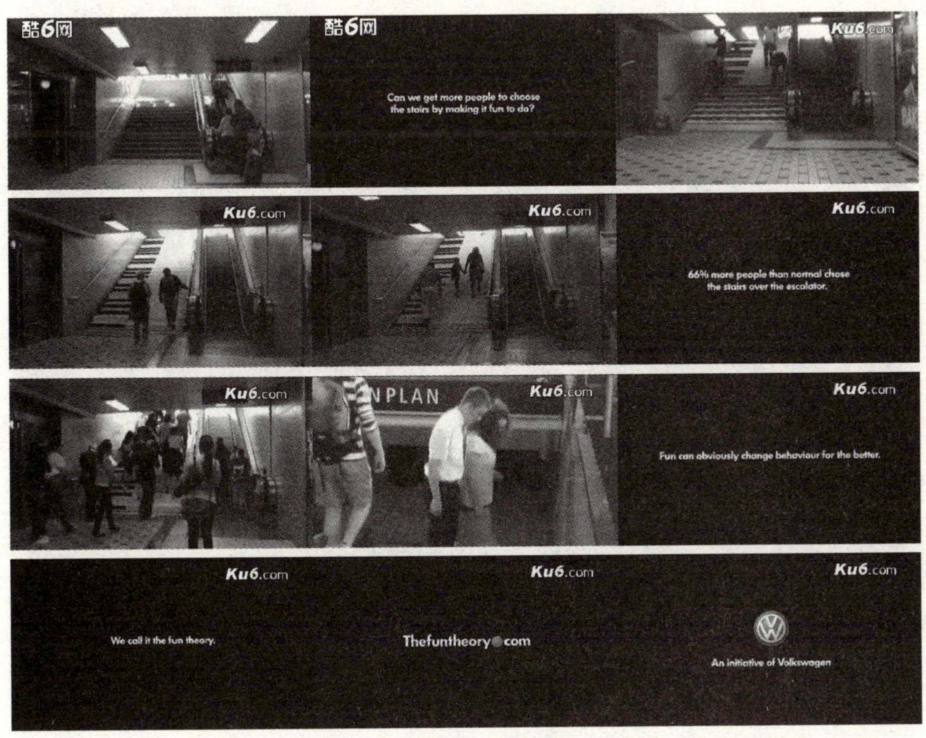

the Piano Stairs（钢琴楼梯）

World's Deepest Bin（世界上最深的垃圾桶）

生活中常有如下经历：往垃圾桶里扔垃圾的时候，不小心扔在了外面。垃圾桶周围变垃圾场的情况屡见不鲜，那么，有什么办法能让扔垃圾变成一种乐趣呢？大众制造了“世界上最深的垃圾桶”，在垃圾桶上装了一个传感器，扔东西进去的时候，垃圾桶隐藏的喇叭会播放奇特的声音，好像东西是掉到了很深很深的洞中，垃圾桶听上去像是一个无底洞。过往扔垃圾的人无不停下来仔细看并议论纷纷，还有很多人专门捡起周边的垃圾扔进去，就为了多听听这奇特的声音。这一经过改装的垃圾桶效果非常好，一天内就收集到了 72 千克的垃圾，比同一地方没有改装的垃圾桶多了 41 千克。

世界上最深的垃圾桶视频字幕及翻译：

Can we get more people to throw their rubbish in the bin by making it fun to do?（我们能否通过让扔垃圾变得有趣而使得更多的人往垃圾桶里扔垃圾？）

During one day 72kg of rubbish was collected in our bin. That's 41kg more than the normal bin just a small distance away.（一天时间里，我们的垃圾桶收集了 72 千克的垃圾，比距离很近的另一个普通垃圾桶多收集了 41 千克。）

World's Deepest Bin（世界上最深的垃圾桶）

Bottle Bank Arcade（瓶罐回收游戏机）

瓶罐回收游戏机是把瓶罐回收站改装成一台游戏机，原理类似现在流行的打地鼠游戏，不同的孔回收不同的瓶子，当灯亮起来的时候，就把瓶子投到对应的孔里面，分数会显示在上面的电子屏上，能够记录最高分。虽然分数不会带来什么回报，但人们依然积极参与并乐此不疲。这一回收站一夜的时间就吸引了 100 多人积极参与，而附近一个没有改造过的回收站仅仅使用了两次。

瓶罐回收游戏机视频字幕及翻译：

Can we get more people to use the bottle bank by making it fun to do?（我们能否通过让瓶罐回收站变得有趣而使得更多的人使用它？）

Over on evening, our bottle bank arcade was used by nearly on hundred people. During the same period, the nearby conventional bottle bank was used twice.（一个晚上的时间，我们的瓶罐游戏回收站就有上百人使用，而同样的时间，附近的普通瓶罐回收站仅仅被使用过两次。）

Bottle Bank Arcade(瓶罐回收游戏机)

以上三则视频共同的字幕及翻译：

Fun can obviously change behaviour for the better.（快乐显而易见能够改变我们的行为，让我们做得更好。）

We call it the Fun Theory.（我们称其为乐趣理论。）

Thefuntheory. com（网址）

An initiative of Volkswagen(＋logo)（大众及其标识）

2010 年，“the Fun Theory”赢得了坎城国际创意节网络大奖和戛纳数字类全场大奖等多个重量级奖项。当然很多人会质疑这些评奖更注重“创意”而非“实效”，但此次大众策略的实效性也是不容置疑的。据悉，该活动涉及全球超过四千万的观众，仅仅在瑞典就以零媒体成本的前提创造了 350 万欧元的广告收益，而大众汽车在当地也成为最受欢迎的环保车，销量上升近 20%。据大众 The Fun

Theory 的戛纳狮奖 2010 参赛介绍视频所描述，当时这些病毒视频连续 1 个月在病毒视频排行榜的网站上面总热度排榜首。而作为活动推广平台的 thefuntheory.com，在提供给人们三种创意改变生活的方法的同时鼓励大家发挥想象力，提交自己的方案来角逐 2500 欧元的大奖。这个活动推出一个月内吸引了超过 700 个方案。[①] 大众 the Fun Theory 的吸引力从人们一遍遍跑在钢琴楼梯上、四处寻找能够扔的垃圾和能够回收的瓶子，甚至不惜多走很多路中都能看出来。而其影响力从我国 2011 年的一个实例中也可见一斑，2011 年 4 月，南京地铁二号线学则路站出现了国内首个钢琴楼梯，据悉，这是由南京地铁联合大学生环保志愿者共同打造的，初衷是在 4 月 22 日“世界地球日”来临之际给地球母亲献礼。投入使用后也很受欢迎，受到使用人数较多和潮湿天气等问题的影响，后关闭，9 月份二代钢琴楼梯投入使用。我们在 2012 年 1 月初百度“南京钢琴楼梯”的时候，发现有 346 万个搜索页，另外，很多新闻媒体对此进行了报道，还有一些网友上传了自己走钢琴楼梯的视频。

三则视频的风靡无疑都离不开“玩”这个法宝，正是因为好玩，人们才有参与的积极性，也正是因为好玩，人们才有自发传播的主动性。当然，更加不容忽视的是，玩得有文化，玩才具有生命力。就像人们常说的，想要吸引眼球很容易，裸奔就行了，互联网上吸引眼球也可以复制同样的方式，但裸奔之后，吸引眼球之后呢？能够留下的是什么？笑柄？谈资？在“分新秒异”(改编自“日新月异”，不改编无法显现出互联网新事物更新的速度)的信息海洋中，这样的眼球效应远比昙花一现短暂，于品牌的贡献自然无从谈起，甚至可能完全相反，会产生致命性的破坏。

大众 the Fun Theory 让人们玩，不仅玩得愉快，更玩得有文化，玩得有生命力，这可以从如下方面进行分析：

第一，大众 the Fun Theory 是可持续发展的。

大众 the Fun Theory 让人们在玩的过程中，在获得乐趣的同时，能够得到一些启发，引发一些思考，这些启发和思考对于人们自身、人的生存环境、城市、国家、地球、人类的未来等等都是有价值的，那么人们玩的体验感和价值感也就会倍增。

---

① 《大众汽车的视频营销新概念 the Fun Theory2.0》，http://blog.163.com/graffiar_nj/blog/static/86084338201071110461854l/。

大众 the Fun Theory 理念很快扩散开来，“200 多个国家的人们开始在谈论 the Fun Theory 给他们在环保、医疗改革、公益、政府行为、交互设计甚至是教育方面的启发。有人甚至从 the Fun Theory 反思教育，质问为何大人们从来不想想怎样让孩子在乐趣中改掉坏习惯（因为她说，玩乐能够让所有人，不仅仅是小孩子，轻松并巩固地接受另外一些理念）。”①所以我们说，大众 the Fun Theory 是可持续发展的理论，伟大的创意虽然是无法复制的，但是伟大的创意是可以带来启发的，更是能够改变世界的。伟大的创意提醒我们：一切皆有可能。大众 the Fun Theory 无限的可能性还有待进一步挖掘。

第二，大众 the Fun Theory 的乐享改变。

美国著名的电子商务顾问拉夫·威尔森（Ralph F. Wilson）博士将一个有效的病毒营销战略归纳为六项基本要素，即提供有价值的产品和服务；提供无须努力的向他人传递信息的方式；信息传递大范围扩散的可能性；利用公众的积极行为；利用现有的通信网络；利用别人的资源。一个病毒营销战略不一定要包含所有的要素，但是，包含的要素越多，营销效果可能越好。②

基于以上六项有效病毒营销战略的基本要素，我们分析一下大众 the Fun Theory。

第二点提供无须努力的向他人传递信息的方式和第五点利用现有的通信网络仅就视频病毒传播的过程来看，是符合的，但这是一般网络视频病毒营销都具备的，大众 the Fun Theory 并无特别之处。第六点利用别人的资源同样不属于大众 the Fun Theory 成功的核心要素。

提供有价值的产品和服务，就病毒营销传播来看，有价值的产品和服务更侧重的是“病原体”，而非实际获得的具体产品和服务，大众 the Fun Theory 中看不到产品，除了鼓励人们多锻炼和环保外，也感觉不到和大众密切相关的服务，现实中人们的积极参与和网络上视频的风靡则是因为这一“病原体”很有感染力。看起来轻而易举的诸如放弃电梯爬楼梯、把垃圾扔进垃圾桶、瓶罐分类回收等小事却是顽疾，似乎没有非常有效的解决办法；通过快乐参与，我们发现原来可以解决

---

① 《大众汽车的视频营销新概念 the Fun Theory2.0》，http://blog.163.com/graffiar_nj/blog/static/86084338201071110461854l/。

② 吴爱丽，《病毒营销》，西南财经大学出版社，2007 年版，第 3 页。

得如此轻松。大众 the Fun Theory 给了人们快乐的体验，于是，信息大范围扩散也就变成了自然而然，因为公众会主动参与、主动传播，并且，他们乐享其中。

第三，病毒为品牌抢占绿色高地。

受众乐了、参与了、主动了，但是有传播力和影响力的“病毒”不直言产品，看似只是让人玩，扩散了影响的领域，那么于产品/品牌的价值究竟何在？钢琴楼梯、垃圾桶、瓶罐回收机、创意改变生活的方案，和汽车有着怎样的关系？又关大众什么事情呢？“病原体”中我们很难寻找到有关大众产品的蛛丝马迹。

那么，大众 the Fun Theory 到底想要做什么？“要回答这个问题我们首先要分析它营销的到底是什么：是大众本身？是产品？还是服务？我们从 DDB 的原始资料得知，此答案是产品的一种技术——‘Volkswagen Bluemotion Technology’。Bluemotion（一个蹩脚的译法，‘蓝色动力’）是大众汽车‘Think Blue’环保理念口号下发展出来的一种清洁节油的技术，应用于大众部分环保车上。有资料显示，大众当时正在推广一款有 Bluemotion 技术的环保车型号 VW Polo GTI，而这款车正是宣扬其既环保又同时能享受到驾驶乐趣的特点。”[①]于是，答案就出来了，大众是借助 the Fun Theory 大举抢占“环保”这个价值点，为大众贴上“环保”的标签，同时也把大众环保的标签贴进公众心中。

广告代理商 DDB 表示，由于当时他们所面临的是正在迅速变热的环保车市场，如果要在该挑战中突围，与其强调 VW Polo GTI 的“有趣的差异点”，不如聚焦在环保上。而他们所面对的问题就是：如何让人们觉得“看上去与普通汽车没什么区别”的环保车值得使用。他们最终没有将大笔的金钱扔在一味推介新技术的传统广告，也没有直白地向人们表达驾驶 Polo GTI 的“乐趣”，而是以低成本的网络传播传达一些更富有想象力的思维方式，以及那些“可以超越汽车应用的更为广泛的话题”。因为正如 DDB 斯德哥尔摩的副经理 Lars Axelsson 所说：“随着传统广告的效果越来越不明显，以及环保车市场的竞争越来越激烈，我们有充分的理由相信我们需要一种创新的方法来吸引大家对 BlueMotion 的注意。”他们做到了。大众在这个项目上总共只花了 14 万美元，而且他们的病毒式营销活动也有很好的效果：大众表示，自从活动推出以后，访问大众官方网站的次数增加了 40%，而带有 Bluemotion 技术的环保车的销量也上升将

① 《大众汽车的视频营销新概念 the Fun Theory2.0》，http://blog.163.com/graffiar_nj/blog/static/86084338201071110461854l/。

近20个百分比。[①]

大众 the Fun Theory 的目的就在于为大众抢占“环保”领地，在社会化营销、绿色营销日益兴盛的社会背景中，长远看，没有哪一家企业能够置身之外而笑傲市场的。戴鑫在其著作《绿色广告传播策略与管理》一书中，将“绿色广告”界定为：“是企业真实客观地披露其在生态环保、消费者健康保护、社会公益等方面所承担的社会责任信息的广告。”[②]从这一定义来看，大众 the Fun Theory 系列视频以及创意征集当属绿色广告范畴。期待未来，大众 the Fun Theory 会有更加精彩的表现。

第二节 发动员工一起玩

德邦物流创始于1996年，主营国内公路零担运输业务，企业愿景在于努力将德邦打造成为中国人首选的国内物流运营商，实现“为中国提速”的使命。[③]

2009年10月1日，是新中国成立六十周年的日子，此时人们的爱国情绪高涨，与国庆相关的庆典和各种庆祝方式备受瞩目，人们也努力通过多种途径表达对祖国的情感。德邦物流把握住这一时机，让司机按喇叭奏响了一曲别致的生日歌，向祖国母亲致敬。

以下我们简要介绍下该成功案例的阶段性具体工作[④]：

第一、二阶段工作阐述

时间：9月21日—9月30日

话题：发布4篇

SNS：转帖1篇、投票1次

IM：QQ群100个、MSN启用100个

增值服务：①针对英扬发布视频进行相关维护；②维护英扬发布的相关主题

---

① 《大众汽车的视频营销新概念 the Fun Theory2.0》，http://blog.163.com/graffiar_nj/blog/static/86084338201071l104618541/。

② 戴鑫，《绿色广告传播策略与管理》，社会科学出版社，2010年版，第7页。

③ 德邦物流官方网站，公司简介，http://www.deppon.com/pages/showcontent-42%7C57-79.html。

④ 《德邦物流视频病毒营销执行方案》，1024互动营销顾问（北京）有限公司，资料来源于互联网。

帖(发布前5天每天维护5次、后5天每天维护2次);③重点维护搜狐、新浪、优酷三家视频网站(视频发布3天内,增加30～50万播放效果);④建议:同时提高56网等相关主流视频网站的点击量。

※ 话题之一

预计发布:9月21日

话题名称:曾哥、春哥、喇叭哥,到底谁是一哥?

话题概述:目前借助祖国60大庆的氛围,很多网民都在向祖国母亲表达一份祝福,在视频网站看到一群"糙"老爷们居然别出心裁地用他们的工作工具——汽车喇叭,谱奏出一曲生日歌向祖国送出祝福,展现了物流司机细腻情感的一面,也号召网民从友爱的角度,关心这群"喇叭哥"!

传播范围:大众类、白领类、校园类、娱乐类、生活类等。

诉求点:①借助国庆献礼氛围,进行前期预热传播,聚焦网民视线;②针对"喇叭哥"作为关键词,进行前期铺垫宣传;③广泛告知新浪投放视频的地址链接。

维护方向:①以网友身份附和楼主观点,表示创意巧妙;②好奇如何能将同样的货车奏出不一样的声音;③感叹创意新颖,表示自己也会用自己的方式进行献礼!

⋮

第三阶段工作阐述

时间:10月1日—10月2日;

话题:发布1篇;

备注:由于十一当日全民视线必将关注国庆盛典,为配合英扬传播节奏,在1日或2日发布一篇配合国庆盛典的"喇叭哥"主题帖。

※ 话题之一(十一当日话题)

预计发布:10月1日下午12:30

话题名称:阅兵结束,阅喇叭哥

话题概述:阅兵很震撼(政府)、喇叭哥很感人(老百姓)。

观看了阅兵方阵,感觉很有气势,也很有震撼力,先祝祖国母亲生日快乐!

提到生日快乐,必然会想起那首生日快乐歌。还记得近期网上最火的那群"喇叭哥"吗?他们用自己的工作工具加以巧妙的创意向祖国献出了最真诚的祝福,个人觉得,他们也是一群很可爱的人。

传播范围:大众类、白领类、校园类、娱乐类、生活类等。

诉求点：借助庆典事件，关联“喇叭哥”形象，聚焦网民视线。

维护方向：①以网友身份附和楼主观点，表示“喇叭哥”很可爱；②将“喇叭哥”的笑容通过回复粘贴。

第四阶段工作阐述

时间：10月2日—10月30日

话题：发布7篇

SNS：转帖1篇、投票1次

增值服务：重点维护搜狐、新浪、优酷三家视频网站。

※ 话题之一

预计发布：10月3日

话题名称：盘点十大草根国庆献礼

话题概述：以网民身份总结网络中人气最高的十部献礼短片，再次向网民推广视频，同时加入观点评论，将每个视频的优缺点表述出来，引发网民讨论。喇叭哥放第一，……第十，进行楼主点评。

传播范围：大众类、贴图类、娱乐类、生活类论坛。

诉求点：再度揭起网民对此段视频的关注。

维护方向：献礼视频最有创意，而且能够表达出草根的心声。

支持：草根导演才华横溢，拍摄内容更为有亲和力，献礼创意更为真诚

反对：作为泱泱大国的华诞献礼，怎么能说商业气息浓重，草根视频过于单薄，虽然创意好，但是不能体现出大国气势。所以角度不一样，不应该对比。

德邦物流病毒视频以德邦的基层员工——卡车司机作为主角，以草根民众的爱国热情作为传播主题。视频由一辆车、一个司机开始，他在确认大家准备好之后发令并按下喇叭，然后，各地的司机驾驶不同的车型在不同的地方分别摁下卡车的喇叭，由于车型不同，所以喇叭的声音也是高低不同的，一起奏出了一首《生日快乐》歌，视频即将结束的时候，一位司机手里高举一块写着“中国生日快乐”六个大字的牌子出现在天安门广场附近的斑马线上。这可以说是德邦物流发动自己的员工司机（或者换一种说法，是德邦物流司机自发，虽然我们知道不是自发，但看起来很像是）一起玩，合奏出一首非常别致的《生日快乐》歌，如此特别的演唱，真是第一次听到。

德邦物流《中国生日快乐》

物流在很多人眼里形象与价值都不高，不管是普通消费者还是企业客户都较少视其为合作伙伴，消费者相对比较缺乏对物流行业的熟悉与亲近感。德邦物流此次病毒营销秉承在中国很有市场的情感策略，并且运用的是有深厚群众认同基础的爱国情感，视频有趣而又感人，幽默又绝不低俗，以低成本有效完成了德邦物流品牌形象的塑造。本次病毒视频策划与创意有以下两点尤其值得关注：

第一，越草根也就越亲近，越震撼。

德邦物流的本次品牌形象塑造工程没有着力凸显一个大牌、强势的企业形象，而是让德邦被关注、被喜爱，德邦选择自己最普通的卡车司机员工参与其中，看起来颇有民间智慧集合的味道，民间智慧汇聚在一起，就是这样有亲和力的同时充满了惊喜与震撼。“虽然大部分网络事件的主角都是草根群众，但是‘草根’并不是吸引注意力的决定因素。平凡人与不平凡事之间的巨大反差才是网友追捧的原因。”①平凡的物流卡车司机团结一心做了一件让人瞩目，让人连连称奇的事情，视频让很多人激动，甚至热血沸腾，更重要的是，这些普通人感动了无数同样普通的人。

第二，积极与正面情感的引爆力。

不要低估受众，不要想当然地以为受众只会追逐那些裸露、性感、暴力、明星八卦的内容，这些内容虽然会有一时的眼球效应，但转瞬即逝，并不会在人们心目中留下深刻的印象，当然更不会有任何的感动和好感。“喇叭哥需要出众，但不能用恶搞的方式，他要代表草根的创意智慧，用神圣主题激发网友心中的热情。英扬深知在咒骂贪腐的犀利言辞背后，是爱国的赤子之心。对于网友心理和传播环境的把握让其对正面主题的传播效果充满信心，60 年大庆成了他们最终的选择。”②每个人都希望有一种途径能够表达自己的爱国之情，却又不是空喊口号那样苍白的形式；很多人知道自己在平凡的岗位做着普通的工作，这就是最基本的爱国，但是，在建国 60 周年这样特殊的日子，我们还是需要一种独特的方式，庄严的、有仪式感的方式，来集中抒发我们内心的感情，德邦物流的《中国，生日快乐》正是在合适的时间给了我们一种合适的抒发途径。

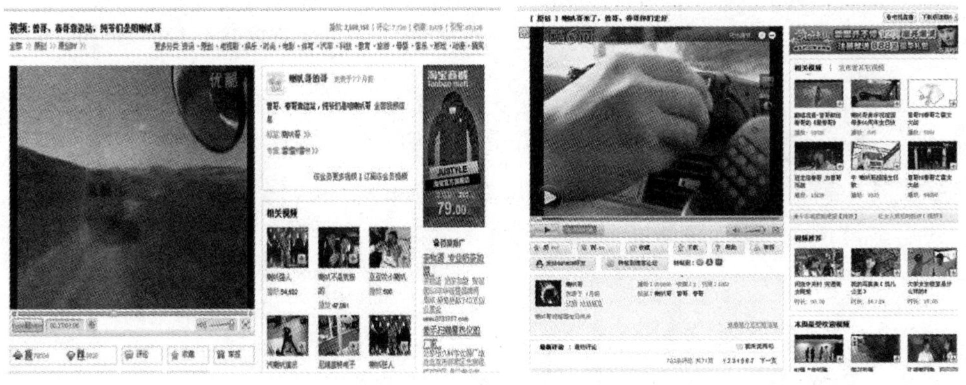

德邦物流病毒视频网络媒介表现

① 德邦物流化身“喇叭哥”献礼 60 年国庆，http://maad.com.cn/2010/debang/。

② 德邦物流化身“喇叭哥”献礼 60 年国庆，http://maad.com.cn/2010/debang/。

热辣网事 e-News A27

卡车司机喇叭奏响《祝你生日快乐》，白娘子深情唱起“爱祖国”……

草根网友另类献礼贺国庆

网事报道 A26

网友张扬个性寄托对祖国的期望和祝福

“喇叭哥”为新中国奏响生日歌

德邦物流病毒视频纸质媒介表现

2009年9月20日，德邦物流病毒视频出现在优酷上，这些司机被网友称为“喇叭哥”。十天内，点击量达到8,091,235次，评论留言9,300条，40多家网站转载视频，中国三大门户网站新浪、搜狐、腾讯报道转载，280家论坛发帖热议，SNS社区大量转帖，论坛上网民自发模仿，百度生成“喇叭哥”词条，谷歌搜索相关新闻超过1,630,000条，12家电视台报道，23家报纸报道，手机报报道……一个月后，视频总浏览量10,238,234次，事件总曝光量1,491,397,689次，成为国庆最受瞩目的事件之一，喇叭哥成为新的网络红人。①

截至2009年10月30日，视频播放次数：10,599,947次（包括土豆、酷6、激动）；总曝光：1,491,397,689（不包括新华网、新浪网、酷6）；“喇叭哥”关键字谷歌：1620,000篇；百度关键字84500篇，“德邦 喇叭哥”关键字谷歌22,000篇，百度237,000篇；软文发布篇数：22篇，新华网7篇、凤凰2篇、新浪2篇、美通3篇、搜狐2篇、深圳在线2篇、和讯2篇、猫扑2篇，实际上出现的至少有50多篇；各媒体参与评论数：12740篇次，正面评论占比：95%；推广期，德邦物流的百度指数达到历史新高度。② 德邦物流生意增长206.67%。③

---

① 数据来源：德邦物流《中国，生日快乐》视频。

② 《德邦物流化身“喇叭哥”献礼60年国庆》，http://maad.com.cn/2010/debang/。

③ 数据来源：德邦物流《中国，生日快乐》视频。

第三节　当广告遇上微博：全民玩广告时代来临

根据中国互联网络信息中心(CNNIC)的相关数据，2011 年上半年，增长最快的互联网三个应用分别是微博(208.9%)、团购(125.0%)和网上支付(11.7%)。我国微博用户数量从 6311 万暴涨到 1.95 亿，半年新增微博用户 1.32 亿人，增长率达 208.9%，在网民中的使用率从 13.8%提升到 40.2%。手机微博的应用也成为亮点，手机网民使用微博的比例也从 2010 年末的 15.5%上升至 34.0%。[①]

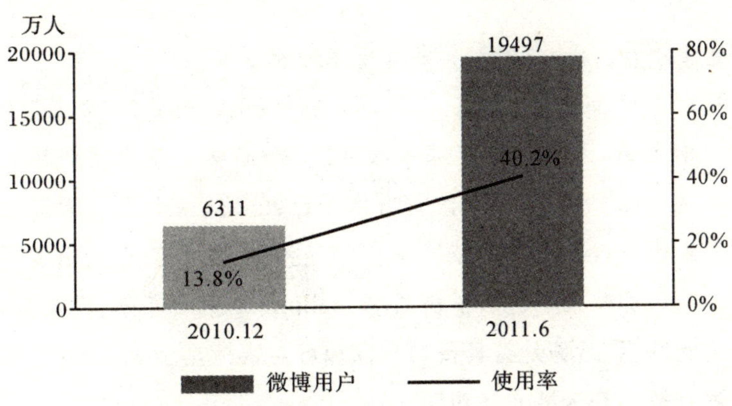

2010 年 12 月—2011 年 6 月微博用户数及使用率[②]

根据中国互联网络信息中心 2012 年年初发布的《第 29 次中国互联网络发展状况统计报告》的数据，2011 年微博快速崛起，截至 2011 年 12 月底，我国微博用户数达到 2.5 亿，较上一年底增长了 296.0%，网民使用率为 48.7%。微博用一年时间发展成为近一半中国网民使用的重要互联网应用。[③]

在微博用户急剧增长的同时，微博也成为了品牌的又一个新的传播接触点。"微博是一种几乎具备了所有社交平台产品特性、但又不特别突出某种元素的奇

① 《28 次中国互联网络发展状况统计报告》，http://www.cnnic.cn/research/bgxz/tjbg/201107/P020110721502208383670.pdf，第 24 页。

② 《28 次中国互联网络发展状况统计报告》，http://www.cnnic.cn/research/bgxz/tjbg/201107/P020110721502208383670.pdf，第 31 页。

③ 《第 29 次中国互联网络发展状况统计报告》，http://www.cnnic.net.cn/dtygg/dtgg/201201/W020120116337628870651.pdf，第 37 页。

妙的社交产品……在一瞬间爆发了它对于用户的吸引力——可以极容易的创造内容、极快速的分享、极方便的社交……这是一个高用户粘度、高传播速度、高信任程度、高开放度,以及高内容创造性的充满美丽的平台——它几乎可以为企业做任何事……它首先是一个社交平台,我们必须先懂得人们为什么来这里,并且要很小心不要惹恼消费者。”①微博属于社会化媒体,所谓社会化媒体,也就是离开了用户不存在的媒体,UGC(用户产生内容)和CGM(消费者产生媒体)是社会化媒体的两个关键词。

一、微博是品牌传播的可选择平台是基于微博的传播特点

微博具备可对话性,能够有效提升传播的互动性

2012年1月11日上午11点11分,淘宝商城正式更名为“天猫”,取自Tmall谐音,更名天猫之后,天猫各种传播手段齐发,微博就是其重要应用之一。2012年1月12日晚8点多,天猫的新浪官方微博已经多达435页。天猫发起的话题之一“那些年我们一起喜欢过的猫”,采用的是投票的方式,立刻引发了很高的参与、转播和评论。那些猫中包括了机器猫、hellokitty、TOM猫、黑猫警长等等“大腕”。这个实例说明,话题是否具备参与性和可对话性是至关重要的,具备对话性的话题,能够有效提升传播的互动性。

发起的投票:那些年我们一起喜欢过的猫(2012年1月12日)

---

① 《社会化媒体营销的“用户中心论”——“中粮美好生活”的实践启示》,梅花网,http://www.meihua.info/Knowledge/article/1597。

品牌与消费者不是发言者和倾听者的关系，而是平等沟通的关系，微博本身就是话题集散地，理论上，任何人都可以发起话题，当然粉丝多的人发起的话题、名人发起的话题、著名品牌发起的话题、有趣味性的话题等，能产生更大的传播力。正如闵大洪所说，“一人一媒体，所有人向所有人传播”[①]。

微博的针对性决定品牌传播的精准性

微博上人与人之间是“关注”的关系，而且这种关注不是强制的，而是自愿的，既然选择关注，那么说明对关注者而言是有价值的信息，不管是哪方面的价值，轻松愉悦的、感动的、实用的，都可以，如果选择关注，那么至少说明了需要，说明了想要看到，说明了关心。品牌微博也同样，关注它的人一定是对它有着某种需要的，所以这时如果品牌微博能够提供对关注者而言有价值的信息，那么传播一定是精准的。

微博的碎片化增加品牌传播的接触感知点

微博被很多人称为“碎碎念”，其实也可以是品牌的“碎碎念”。不要刻意拔高官方微博的形象，在微博的世界中，我们平等。“用微博的人归纳起来其实只有三种，第一种是玩的人，第二种是找答案的人，第三种是给答案的人。真正的微博营销是答案营销，而且答案是可以重复给的。[②]”品牌官方微博一定是要发布如下信息吗：新品上市，促销，抽奖？除这些以外，还有别的吗？当然有，品牌相关信息、品牌活动信息发布与过程跟进、品牌公益信息、对话交流与转发评论、原创玩笑，各种各样的内容都可以使用。

整合营销传播理论告诉我们，传达同一个声音，树立鲜明的形象很重要，形象是立体的，如同一个人，是多面而又鲜活的，品牌形象必须是可感知的，可触摸的，可对话的，不仅仅等同于企业 BI＋VI＋MI 的形式上的简单叠加。张金海教授说过，“在网络时代，我们看到的一个明显事实就是商务信息流与物流的合一，也就是营销传播与营销的合一，网络，从商务的角度看，本身就是营销与营销传播的整合体……未来的营销是整合型的，未来的营销传播是整合型的，作为未来主要营销形态的网络营销是整合型的，未来的网络营销传播同样是整合型的……未来的

---

① 曹文，《微博客的大商机》，《互联网天地》，2010(02)。

② 杜子建，《企业微博营销的关键是做答案》，《福建工商时报》，2010-12-3，第 002 版。

营销传播,永远是整合营销传播。”①

微博信息的碎片只是一种表面上的打碎,目的一是塑造一个立体鲜活的形象,目的二则是更为细致地与一个个独立的个体进行沟通,这种传播手法就被称为碎传播,相比整合营销传播用统一的品牌识别系统去打动作为个人的消费者,这种传播手法则需要用更细致的品牌传播方案去分别打动不同社群,也就是说以往的品牌传播,是通过大媒体的覆盖面和公信力去影响消费者,而微博的碎片化只通过社群的群体价值观与归属感影响社群内的消费者②。不同的人,即使面对同一个品牌,关注的信息点也是不一致的,即使是同一个人,他所关注和需要的信息也是在不断变动的,互联网培养起了受众求新求变的意识和需求,所以,唯一不变的只有一条,那就是不停地变。

二、品牌借助微博传播的方式

微博是基于用户关系的信息传播、分享与获取的平台,其便捷性、“背对脸”的特征及优势都已经被大家所认可和熟知,无论是品牌新闻、品牌活动信息以及任何新见闻、兴趣点、交流与评论都可以即时发布在上面,一对一、一对多、多对多均可实现,手机、网络,随时随地可以完成浏览、更新、评论、对话、转发等,非常适宜品牌信息传播。

开展情感营销

品牌微博传播的关键在于:一定不要像广告!因为对于广告,受众有着“与生俱来”的抵触情绪,大家反感广告、拒绝广告,所以,品牌微博信息必须看上去就不是广告才可以。潘石屹认为,传统的广告传播方式是推向别人,别人是被动的,躲避的,而微博要用你的智慧、美来吸引别人关注你,是主动吸引的力量。你不能把它(微博)当成一个发广告的地方,如果成天在上面做广告,关注者就都跑了,你的广告也就无效了。③ 一条流传比较广的有关宝马的微博内容是这样的:“我终究没能飙得过那辆宝马,只能眼看着它在夕阳中绝尘而去,不是我的引擎不好,而是我的车链子掉了。”我们没有考证到这条微博的起源,但这条微博的确俘获了很多

① 张金海,《20世纪广告传播理论研究》,武汉大学出版社,2002年版,第184页。

② 魏小令,《微博:碎片化时代的高效整合通道》,《市场观察》,2011(02)。

③ 沈玎,《微博:情感营销新阵地》,《光彩》,2010(08)。

人，很多人视作一个笑话，并且宝马在这里的出现不是让人仰望的，而是可亲可爱，可以并肩的，即使很多人不是宝马用户或者买不起宝马，但不妨碍我们喜欢它。

天猫在2012年中国传统的新春佳节即将到来之际，发起了“让温暖先回家”的活动，转发微博就有机会获得天猫寄给父母的贺卡和50元现金红包，12月28日至12月31日，每天五名。这是天猫发起的活动，目的很明显，在于增加对天猫的关注、评论、转发、参与，更多地光顾天猫，但此次活动充满了浓浓的人情味，不管是不是喜欢天猫，但至少天猫给了我们一次提醒，也带给我们一份感动。

引发病毒式传播

病毒式传播起源地不一定很重要，就像百度《唐伯虎篇》广告最初只是挂在不知名的小网站一样，微博是品牌病毒式传播又一个可以选择的起源、传播、再创造、发展地。

凡客诚品即是一个互联网平台(包括微博)运用的成功范例。当然，对于全民“凡客体”，微博也只是尽了微薄之力而已，豆瓣、SNS、论坛、即时通讯、邮件等等都是贡献者。2010年7月，韩寒、王珞丹出任凡客诚品(VANCL)形象代言人，凡客诚品的这两个代言人和其广告文案着实阐释了凡客诚品的风格，其广告文案即后来被称为“凡客体”的那些文字。“始作俑者”是前奥美创意总监、远山广告合伙人邱欣宇，他认为凡客诚品是平民时尚，平民时尚即普通人真实表达自我的生活态度。广告击中了很多人的心，“凡客体”病毒迅速蔓延开来，形成了全民凡客体的盛况。现在在豆瓣我们能够下载到蔚为壮观的《全民调戏凡客图集》，其规模可以用让人叹为观止来形容，有幽默的，有调侃的，有讽刺的，有温情的，有怀旧的，有你想得到的，也有你想不到的，虽然也有部分较为无聊的作品，但网民聚合的力量确实惊人。

“凡客体”的全民皆凡客要归功于“凡客体”病毒的魅力，“凡客体”病毒有两大特点，一是好玩，二是易玩。

好玩在于“凡客体”成功把握住了网民的特点和需求，网络本来就是一个自由表达的平台，而自由表达，则要让网民的智慧有用武之地，所以往往仍然是有发起者的。对于发起者，“英雄不问出处”，你可以是大师，你也可以是专业领域看起来的菜鸟，只要你能创新并会创新，那么都有可能引爆互联网。之后，网民就是免费的传播和再创造者。

易玩则要求参与方式对某项比较有难度的技能要求不是非常高，就图像处理来说，以前是只有专业人士才掌握的技术，现在应用很多傻瓜软件或者借助一些网站，轻而易举地就能够完成，因为图像处理的趣味性，不少人闲来无事经常弄些图片自娱自乐。网络红人“网络小胖”只是一名普通的学生，仅仅因为他的表情有趣而被网友图像处理了无数次，还有人把网络小胖的诞生及所有图像处理作品组合成了一个视频短片，也获得了极高的点击率。“凡客体”的易玩性也是其规模盛大的病毒式传播不可或缺的因素。凡客体创立了“病毒模板”，换句话说，样式确定，往里填词就行了。

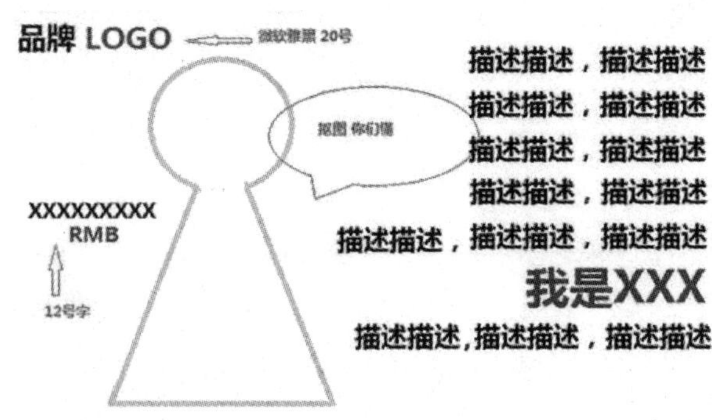

凡客体模板①

原版与“盗版”

① 凡客体模板来源于互联网。

品牌活动信息传播、分享与再创造

微博的无门槛、便捷给了受众极高的发挥空间，如果话题设置适宜，能激发起围观者的兴趣，很容易就可以完成品牌活动的信息传播、信息分享与信息的再创造。

麦当劳在2011年年初设置了一个跨平台营销活动——“麦当劳 舔着圆筒看世界”，活动时间是2010年12月29日至2011年2月28日。此次活动麦当劳基于自己的“为快乐腾一点空间”的理念，推出全新童心主张“做回孩子多快乐”，以线上线下相结合的方式展开了一次送快乐的活动。线上（http://maidanglao.sina.com.cn/）有圆筒新闻速递、圆筒周报、童心微博等，线下则结合微博创作领取的兑换码到麦当劳餐厅免费领取迷你圆筒。微博是此次活动的重要平台，除了“舔着圆筒看世界”官方账号发布的微博外，还有很多博友、粉丝等的再创造。

@舔着圆筒看世界 V：冬天叫早圆筒闹钟 上班族最爱和最恨的，就是冬天早晨的被窝了。如果有圆筒闹钟，到点时，就会喷射出冰凉又甜蜜的泡沫，3秒钟就能让你精神百倍地醒过来。而且手伸出被窝就能拿到一个美味圆筒，起床真给力啊！更多内容请阅读本期《圆筒报报》maidanglao.sina.com.cn#舔着圆筒看世界#

2011-1-27 10:50　来自新浪微博　转发(856) | 评论(19)

麦当劳“舔着圆筒看世界”微博

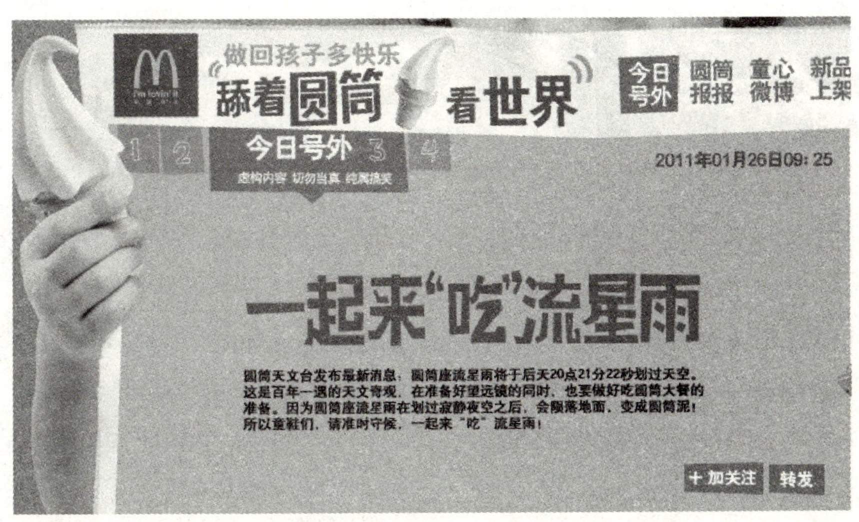

麦当劳“舔着圆筒看世界”今日号外

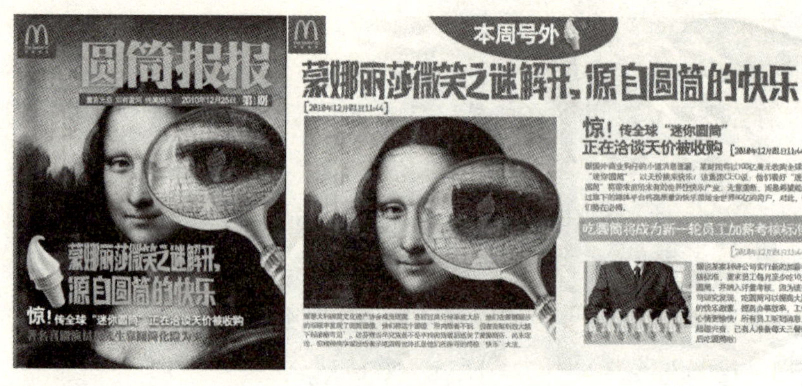

麦当劳"舔着圆筒看世界"圆筒报报

"在此次活动开始后的 4 周内，'舔着圆筒看世界'微博账号就拥有了 5 万多粉丝，发布微博 15 万条。截至 2011 年 2 月 22 日，粉丝数仍在不断上涨，已经达到 8 万余人……约 20 万人受邀到门店领取甜筒。此次活动的网站上，参与的人数达到 15 万人。"[①]

对品牌的舆情观测与危机公关

基于微博的优势以及品牌纷纷入驻微博，微博可以作为品牌舆情观测与危机公关的重要途径之一。当然同时我们要知道在这方面，微博绝对不是唯一，传统危机管理方式依然是适用的。所以，所有新的途径和方法应该视为多了一种选择，是原有的补充和完善，它们并不是相互取代的关系，这是我们在这个瞬息万变的时代应有的意识。

微博是哈贝马斯"公共空间"理论的完美实践，在这个空间中，人们都在创造着信息、评论着信息、传播着信息，微博是典型自媒体，有人称其为新的大字报时代。

进入互联网时代后，品牌的舆情观测与危机公关日益复杂，可控性极大地降低，而对反应时间的要求又极大地缩短，这让品牌一秒钟都不能松懈。如果品牌有很多的粉丝，很多的围观者，品牌和这些人建立起了良好的朋友关系，那么，问题出现的时候，你的朋友会提醒你，会帮助你，甚至在这之前，你的朋友会首先帮你发现问题。所以，品牌找朋友很重要。你的朋友可以是另外一个品牌，也可以

---

① 《麦当劳舔着圆筒看世界跨平台营销》，2011 中国媒介创新营销奖，http://www.maad.com.cn/2011/awards/2/2/1034/。

是另外一个品牌的高管，也可以是一个名人，也可以只是一个普通网友……虽然名人和普通网友在互联网上影响力差异很大，但建议品牌你尽量还是一视同仁，说不准哪个普通人就是一个草根名人呢。找对朋友，维系好和朋友的关系，多个朋友多条路。

迈克尔·戴尔说："We don't own our reputation, we just own our actions."(我们并不能掌握自己的声誉，我们只能掌控自己的行为。)这句话很重要，身正不怕影子斜，真相终会水落石出，所以品牌行得直坐得正才是基础。当然，品牌也必须知道，只有自己做得好还远远不够，你需要让人们知道你做得好，也需要和别人交流沟通、互相捧场，发生问题的时候，需要及时明真相、正视听。对于一个品牌而言，这是一个最好的时代，也是一个最坏的时代，最好在于人们越来越崇尚品牌的心理价值，最坏则在于较之以前的任何一个时代，今天是品牌最谨小慎微的时代，并且谨小慎微未来还有越演越烈的趋势。

有一期江苏卫视的《非诚勿扰》开场，主持人说的话让笔者印象深刻，他说，他们的栏目组有很多分工，其中有人就是每天在各处找有关节目的各种评价、看法等信息，这一次是一个人微博上对于自己观看《非诚勿扰》的体验性的"碎碎念"。我们的品牌也应该在茫茫网海专门有人负责找与品牌相关的各种信息，可引导，可引爆，可提前防范……总之，肯定有益而无害。

三、品牌借助微博传播的优势

无门槛式发布与传播，人人都是玩家

无论是互联网还是现实环境中，很多品牌设置的参与玩的环节都有一定的条件要求，比如掌握某种技能，这就给没有掌握这项技能的人设置了障碍；而微博不同，虽然不是唯一的零门槛，但至少是零门槛参与中重要的类别。人人都可以创造、再创造、评论、传播，只要你会用微博并有一个微博账号即可。当然如果你有幽默的文字驾驭能力，或者拍照、录制视频，或者处理图片、视频等的能力，那么更会玩得为品牌锦上添花了。没有也没关系，有微博就能玩，所以对于品牌的微博而言，能把所有的人都变成玩家，这就是品牌借助微博传播的优势。

文字、图像、视频等多项应用兼具的传播

微博可以发文字，可以发图像，还可以发视频，微博为我们提供的最为常用的应用除了文字外，还有表情、图片、视频、音乐、话题、投票等，多种应用为品牌传播

提供了丰富的选择，可以让品牌得心应手地用微博为自己服务。

与围观者之间的双向互动

品牌官方微博经常会发布一些参与活动、话题、投票等，都是给予了围观者加入和互动的空间，双向互动在事实上是可以实现的。只是由于诸多因素的影响，多数品牌在这方面较难做得更为细致和深入，比如很多围观和评论不具备对话性，有些更只是参与转发等。如果品牌在设置活动和话题的时候，有足够的吸引力，方式独特或者给予参与者更多的创造和发挥空间，良好的双向互动才能够真正实现。

比如，2010 年 7 月，凡客诚品借助其品牌代言人韩寒《独唱团》上市之际，通过微博发起了秒杀《独唱团》的线上活动，短短几天时间，这次活动的信息转发近 4000 次，新增粉丝超过 2000 人。这个以吸引韩寒“粉丝”为自己“粉丝”的营销行为被广为称道。[①]

【V活动·独家秒杀韩寒#独唱团#】7月6\7\8日10:30——17:30分，每个小时的30分成功秒杀的前5名博友均可免费获得VANCL品牌代言人韩寒主编《独唱团》创刊号一本，可供收藏。本活动需先关注VANCL粉丝团。秒杀规则：博友以转发评论形式参与，转发内容需含：@VANCL粉丝团 。

2010-7-6 10:01 来自 新浪微博　　转发（2739）| 收藏 | 评论（3606）

凡客粉丝团独家秒杀韩寒《独唱团》微博截图

品牌活动信息与品牌理念的双重传播

品牌利用微博发布信息，发起活动、投票、话题等，再加上对话、评论、转发，还有一些或幽默或温情的碎碎念，DCCI 互联网数据研究中心主任胡延平说，微博上要找到能够激发粉丝兴趣、产生互动的“沟通元”，“沟通元”可能是情感方面的，也可能跟企业文化相关，更可能是消费者时下最关注的。[②] 这些信息综合起来，其实无非分为两类，一类是品牌活动的，除此以外都可以归入品牌理念这一类别。

品牌活动信息一般是活动发起、活动全程跟进，微博的特点和优势能为活动

---

① 于靖园，《粉丝经济与微博赢利困境》，《小康》，2010(10)，第 90 页。

② 黄庆，《中粮“美好生活”的微博演绎》，《广告主市场观察》，2010(11)，第 83 页。

带来很强的便利性、可操作性和透明性，也方便博友参与，适合一些简单的活动。需要注意的是，微博活动不能都是抢奖品类型，虽然大家都希望“白拿”，但发奖品能为品牌带来什么，这是品牌发起此类活动必须考虑清楚的。可能初期需要积累微博人气，采用一下这类方法是有效的，但如果经常用或者积累起人气后不维护微博，没有后续吸引这些粉丝的动作，那么你被移除、取消关注是太轻而易举的事情了，点一下鼠标就完成了。

除了活动信息外，为什么其他都要归入品牌理念信息呢？因为品牌如人，这些无论对话、评论、转发、碎碎念，全都是品牌的一举一动，这些举动都被关注者看在眼里，记在心里。当然，品牌信息可以多，可以杂，但不能多到惹人烦，杂到杂乱无章。

品牌微博传播的活动信息与品牌理念信息两类都应该具有如下的两个共同点，一个是有趣，一个是有价值，有趣，既是对品牌有趣，也是对微博用户而言有趣，同样，有价值，也既是对品牌有价值，也是对微博用户而言有价值。品牌把握这两个特性至关重要。

重量级“粉丝”很关键

在名人经济的时代，微博也不能免俗，微博也是一个拼“粉丝”的平台，看谁能吸引来重量级的粉丝，谁的重量级粉丝最多，谁能和重量级的粉丝对话，谁能让重量级人物自愿参与、转发或评论……韩寒微博上的一个字“喂”能引万人围观，还有那么多假冒韩寒或者借韩寒之名开微博的，这就是名人的力量。凡客诚品与代言人韩寒和王珞丹，还有电商领域诸路豪杰，中粮活动吸引来林心如、沈星、林俊杰……微博粉丝经济的价值也会逐渐凸显。新浪微博与腾讯微博都在争抢各路名人，这些人会为自己的微博带来大量的粉丝，为自己微博的发展奠定人数的基础。新浪微博已经形成了耀眼的众名人组成的“名人堂”，涉及相当多领域和行业。除了名人堂，新浪认证还有媒体汇、品牌馆、政务厅、网站荟、校园、机构等类别，这些类别之下也都是微博重量级英豪。品牌微博也需要重量级粉丝“撑场面”，重量级粉丝可能为微博做的有：带来人气，增加底气，增进和气。当然，重量级粉丝有所能也有所不能，想要提升自己产品的销量，仅靠这些重量级粉丝恐怕是无法完成的。

名人开微博吸引了大量粉丝的关注。在新浪微博关注排行榜上，截至2012年5月，姚晨粉丝已超过两千万，她推荐一个产品，相当于是一个受众两千多万的免费广告。其后有一个比喻这样调侃微博:“当你的粉丝超过100,你就好像是一本内刊;超过1000,你就是个布告栏;超过1万,你就像一本杂志;超过10万,你就是一份都市报;超过1个亿,你就是中央电视台了。”当然,粉丝的数量是一方面,还有一方面就是粉丝的质量,这对品牌而言也很重要。

新浪微博事业部经理彭少斌认为,“就目前来说,在微博上面做广告还真的不是那么合适”,在他看来,现在提及微博的商业价值还为时过早,整体上微博的商业价值其实有很多新的方法去挖掘,而新浪也在用不同的方法不断地尝试。① 品牌微博传播价值开始显现,要走的路依然很长。

第四节　让别人免费帮你玩

当你的广告吸引或者感染了受众的时候,受众不仅会变成广告的义务宣传员,有可能还会变成广告的义务创意制作员,在原广告基础上进行重新的创意或制作。广告为喜欢玩的人提供了免费的宝贵素材,而玩的人则免费并且愉快地发展了广告,对于换另一种方式接触到别样广告的人而言,也又一次感受到了品牌的特别魅力。

雀巢咖啡四则色彩艳丽的广告在玩家手里变成了基本素材,被制作成了动画形式,几则作品轮番闪动,小图片非常适合应用于在网络上各种环境中都会使用到的头像。好的广告是超越商业功利的,拥有被人喜爱、追捧、玩乐的魅力。

雀巢咖啡广告

① 于靖园,《粉丝经济与微博赢利困境》,《小康》,2010(10),第91页。

下图是宠物食品广告，创意精彩之处在于宠物狗和主人高度的相似上，广告既有平面，也有影视，然后在网上被制作成了小动画，主人和宠物狗照片依次闪动，再一次让我们发现颇具趣味性的极度相似。闪图不仅应用于头像，还在一些论坛帖子回复中被作为趣味性和创新性的回复应用。

宠物食品广告

曼妥思为清劲口香糖制作了一则充满想象力的关于爱情故事的广告，广告前半部分是温馨浪漫的氛围，相隔两地的情侣深情地互诉思念，男士吃过清劲口香糖后，把自己的“呼吸”装入瓶中快递给想念自己呼吸的女友，瓶子打开后，广告瞬间由浪漫温馨变为了幽默搞怪，劲爆的呼吸让女友花容失色，一旁的鹦鹉也遭了殃。这则广告荣膺中国国际广告节长城奖金奖。

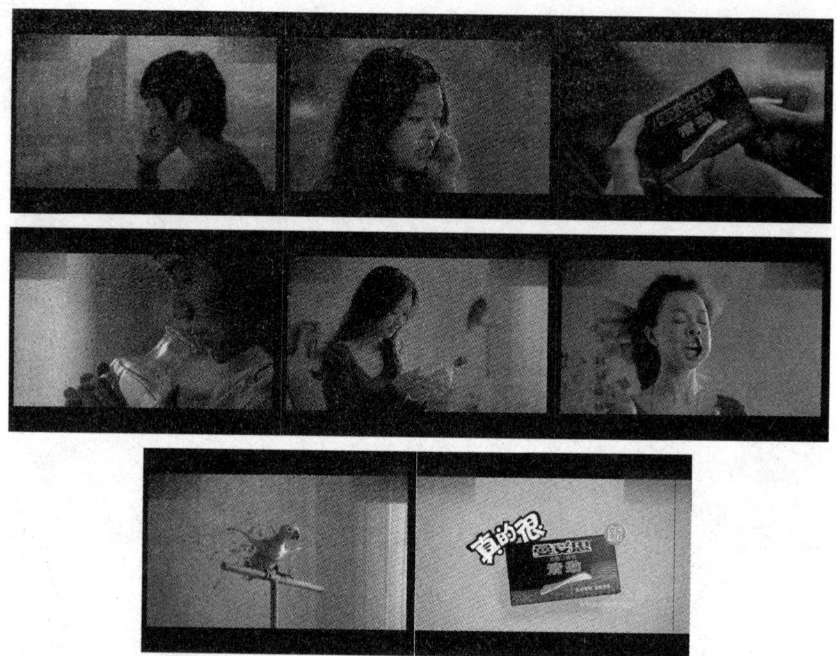

曼妥思爱情故事广告

由于广告幽默搞怪，在互联网上获得了极高的点播率、分享率和转发率，不仅如此，还有网友结合《爱情买卖》这首热门歌曲，把广告重新进行了编排，内容中不乏针对一些社会问题的嬉笑怒骂。广告在网友的自愿加工下，等于无形中又多了一个版本，对原广告不但没有丝毫的破坏，反倒增添了不少趣味性，还从侧面印证了广告的影响力。

“玩家”重新演绎的爱情故事

对于品牌而言，也绝对不可能去找玩自己广告的“玩家”的麻烦，其实想感谢还来不及呢。“被玩”是一种幸运，证明有魅力，有感染力；被玩的次数越多，被创意“曝光”的次数也就越多。以宽容和感谢的心态看待这些玩乐的行为，是今天的品牌应有的生存理念。所以，如果你的广告被玩了，你要做的就是想想还能怎么样才能被更多的人玩吧。

第八章

要玩出感觉

第一节　玩广告，要玩得有深度、有文化

一、看可口可乐怎么玩

可口可乐是一个相当擅长“玩”的品牌，它让一群孩子在山坡上齐声高唱《我要为世界买一瓶可口可乐》，让大象游泳，让北极熊拿月亮当开瓶器打开可口可乐，让北极熊和企鹅相遇，邀请魔兽世界和自己一起玩，拿流线瓶与美女进行身材比较，让一群人玩可口可乐从瓶子倒入杯子里，让五个大洲的小鸟一起搭建起“鸟巢”，在自动贩卖机里建一个可口可乐工厂，还让三个帅哥和三个美女上演一场浪漫的爱情故事，以连续剧的形式在电视播放结束后集合成网络电影广告，继续在互联网上流传。可口可乐和它的老对手百事可乐的广告大战也奉献给了我们很多精彩绝伦的作品，让我们看到，和对手一起玩，可以玩得更精彩。

可口可乐 M5——用于珍藏的可乐与短片

2005 年，百年老牌可口可乐发起了一场代号为 M5 的营销传播计划，希望抓住新一代年轻人的心，以创造可口可乐全新的标志性体验。

M5 是 Magnificent Five 的简称，指的是“五家杰出的公司”，这五家公司是可口可乐公司指定的五家设计工作室，他们分布在五大洲，分别是英国谢菲尔德

可口可乐部分广告截图

Designers Republic、美国密苏里州的 MK12、巴西圣保罗的 Lobo、日本的 Caviar 以及南非约翰内斯堡的 Rex&Tennant McKay。这五家工作室分别为可口可乐设计一个新的曲线铝罐图案，同时创意制作一则配以当红乐队音乐的短片，使得时尚俱乐部成员可以收集与珍藏这些铝罐、音乐和视频，在这样的创新接触中充分演绎可口可乐的“乐观主义”。短片制作出来后投放到最火爆的夜店中。

相关人士认为，“可口可乐已经偏离了艺术世界”，要让它“回归艺术本质”，“它是一种实验性观念”，“对于可口可乐来说，这是不可思议的项目”。Lobo 的创意总监以及合伙人 Mateus Santos 坦称。[①] 其他的，没有规则，没有定律，可口可乐自己都不知道他们会怎样进行表达。诸多不确定中有一点是明确的，那就是其中不太有直接的品牌营销。

---

① 《可口可乐：将艺术营销进行到底》，天下商机网，http://info.txooo.com/Lsjm/2-1156/1157427.htm。

可口可乐 M5 铝罐图案设计

可口可乐这个不确定的、不可思议的项目无人给出解释，即使是五家工作室也只是提供了作品，并无对作品的诠释，可口可乐这么做目的应该在于让每个观看的人自己解读，自己凭借感觉找到想要的答案吧。那么，我们不妨斗胆一解，纯属个人观点，如有雷同，不胜荣幸。

M5 亚洲

可口可乐亚洲短片中，一群旅途中的人，偶然相遇，一起玩，相互沟通，颇有人生旅程的味道。由于这些人头上有不同的字母，所以不同的人在一起可以组合出不同的单词，比如 love、fine、live，还可以组合出一些句子，比如 How are you 等等，作品呈现出欢乐祥和的氛围，整则作品中并无可口可乐任何相关元素出现。

M5 非洲

可口可乐非洲短片中，演绎了一场类似世界起源、发展的历程，像是盘古开天地，世界从一粒红色的粒子开始，慢慢开始逐渐形成一个缤纷的世界。这则短片仅在结束后出现了可口可乐的精美铝罐和logo。

M5 欧洲

可口可乐欧洲短片讲述的是爱的故事，但是爱看不见、摸不着，所以用抽象的形状、缤纷的色彩、快速闪过的文字来表现。短片中有两类文字，多数文字一闪而过，本来就并不打算让人看清；另一类则是关于爱的每个小片段的分标题。

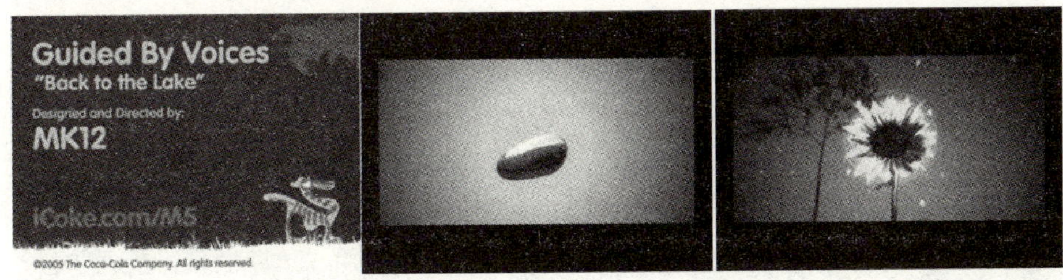

M5 北美洲

可口可乐北美洲短片是由一粒种子开始，种子发芽、生长。房子、街道、人出现在片子中。另外值得关注的是葵花、雪属于不同季节的事物，出现在同一时空，是否喻示一种和谐的理念呢，类似冬天来了，春天还会远吗？

M5 南美洲

可口可乐南美洲短片中有较多抽象的生物出现，环境稍显破旧。生命一出生本来是各个部分散落的，成长的过程就是一个不断寻找和完善的过程，完善自己，寻找一路同行的伙伴，大家互相扶持，在这个纷乱的世界中生存。破旧的环境颇有喻示世道艰难的味道。另外，很多生物都像是由废弃物组合而成，有世界是一个循环系统的感觉。

一向策略明晰的可口可乐突然为我们提供了一个如此飘忽不定的项目，那么，可口可乐真的什么都不确定吗？其实并非如此，他们是关注到年轻一代的需求，这一代人喜欢体验，崇尚品牌与时尚，追逐音乐，不喜欢别人给出答案。据此，可口可乐奉献出了带音乐的短片和可供珍藏的可口可乐铝罐，可口可乐再一次证明，可口可乐绝对不仅仅是用来喝的那瓶碳酸饮料。

可口可乐归还钱包测试

在秘鲁利马市大街上，可口可乐故意丢下一个钱包，钱包内有地址和联系人，以测试路人的反应，结果70%的人找到送还的地点并送回了钱包。他们得到了热烈的欢迎、礼花、掌声和称赞。

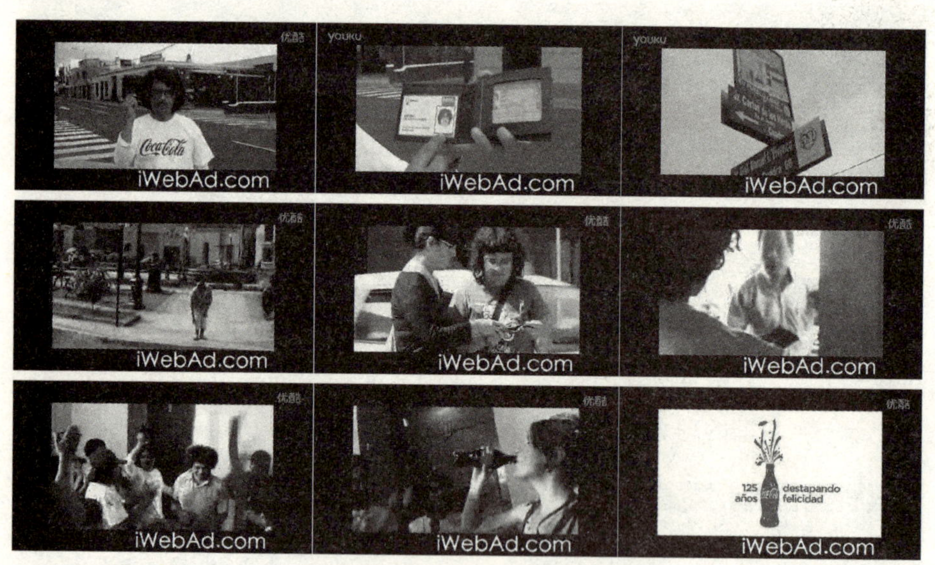

可口可乐归还钱包测试（秘鲁篇）

葡萄牙本菲卡市有自己的足球队，可口可乐这次不仅是丢下了一个钱包，而且钱包里面还放着自己球队的竞争对手球队球迷所购买的比赛球票，他们把钱包丢在了票务中心附近，来测试人们的反应。如果你捡到并归还工作人员，那么你会获得掌声称赞，可口可乐，还有一张免费的比赛门票。而到比赛现场后，正式比赛开始之前，球场内的大屏幕会播放这些视频，让所有在场的人共同见证。测试结果是95%的人归还了钱包。

可口可乐归还钱包测试(葡萄牙篇)

可口可乐的营销传播俨然已经上升到了社会层面，“从20世纪70年代起，西方市场营销学者著作中提出了一个‘社会市场营销观念’。要求企业在制定营销策略时，注意避免因强行推销和欺骗性广告引起消费者的反感，强调供给消费者恰当的信息，产品决策考虑到对社会利益的影响。以实现消费者的满意以及消费者和社会公众的长期福利，作为企业的根本目的和责任。[①]"宏观营销观念、绿色营销观念、社会责任营销观念等等都是具体的体现与执行，营销传播超越功利，立足文化与社会责任，这逐渐被越来越多的企业认可并付诸实施。

早在20世纪90年代初，中国著名经济学家于光远先生就极富预见性地指出："玩是人类基本需要之一，要玩得有文化，要有玩的文化，要研究玩的学术，要掌握玩的技术，要发展玩的艺术。"[②]可口可乐，不是单纯吸引眼球的玩，更不是想方设法"搏出位"，一直做得踏实而稳健，密切关注社会动向，所以，可口可乐才是美国文化不可或缺一部分。即使在碳酸饮料销售情况每况愈下的今天，可口可乐依然会在社会营销传播中花费很大的人力物力财力。可口可乐还关注到，"在'玩经济'形态下，人们消费的是比较'虚'、比较'软'的娱乐休闲"[③]，所以可口可乐不是饮料业，而是休闲娱乐业，即使有一天全地球人都不喝可乐了，可口可乐转行做别的一样可以。不知道你信不信，反正我是信了。

冰露环保轻量瓶——轻松一扭的乐趣

2010年4月26日，可口可乐旗下的冰露发布了新的包装——环保轻量瓶，瓶身重量仅9.8克，相比原来的瓶子减重超过35%，这也就相应减少了35%的碳排放。另外，冰露的环保轻量瓶还以独特的设计，让饮用后可以轻松扭挤瓶身，这样就可以减少70%以上的回收空间。以每年10亿瓶"冰露"的基础销量计算，环保轻量瓶的推出将减少6200吨PET塑料，相当于降低16400吨碳排放，这也相当于新增了262平方公里的森林。如果每个人都"扭挤""冰露"环保轻量瓶后再丢弃，将会为废弃瓶回收节省41万立方米的空间，相当于200个标准游泳池的容量。[④]

另外，在2010年上海世博会期间，可口可乐还把可以100%循环利用、含量

① 刘泓，《广告社会学》，武汉大学出版社，2006年，第47页。

② 于光远，《竞赛论》，国际文化出版社，1995年，转引自万新恒《玩经济：数字娱乐拷问中国》，经济科学出版社，2007年版，第14页。

③ 万新恒，《玩经济：数字娱乐拷问中国》，经济科学出版社，2007年版，第18页。

④ 数据来源：《碳排放降低35%，可口可乐首推"冰露"》，原载《每日经济新闻》，转引自网易财经，http://money.163.com/10/0428/04/65B41L6B00253B0H.html。

高达30%可再生植物原料的植物环保瓶介绍到中国。可口可乐还启用新型环保的非PVC薄膜标签，聚氯乙烯(PVC)标签如果在回收过程中处置不当可能对环境造成不良影响。可口可乐是目前中国饮料行业第一家在麾下众多品牌全面停用PVC标签的企业。①

值得一提的是，冰露的环保轻量瓶除了节省能源和空间外，还能够轻松扭成各种形状，在环保的同时，以乐趣带动人们实践的积极性。可口可乐冰露把“轻松一扭”的亮点通过代言人刘翔、视频、互动游戏等多种方式加以突出，有人预计冰露“轻松一扭”能够发展成为一项人们乐于实践的时尚体育运动。举手之劳结合乐趣，这样的参与倒是值得其他品牌学习。

刘翔“轻松一扭为环保”宣传视频

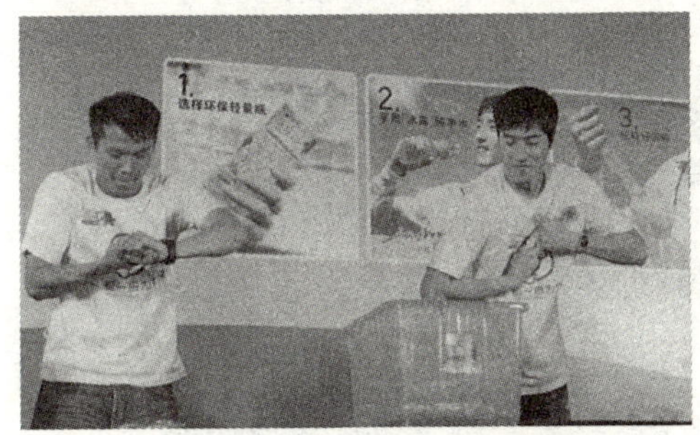
刘翔参与12秒88“扭”瓶挑战

刘翔与数百名志愿者互动号召“轻”松一扭为环保②

扭冰露环保轻量瓶活动多次在多个地方展开，比如2011年8月初成都市体育局及成都市体育总会主办的2011“运动成都”全民健身日活动就有关于冰露的

---

① 《可口可乐在华更换环保标签，摈弃有毒的PVC材料》，原载《中华工商时报》，转引自中国新闻网，http://www.chinanews.com/cj/2011/11-14/3457668.shtml。

② 图片来源：《碳排放降低35%，可口可乐首推“冰露”环保轻量瓶》，厦门网，http://news.xmnn.cn/kjxw/201004/t20100427_1407243.htm。

比赛项目,流程是在单位时间内扭转瓶子然后投篮。“或许,在不久的将来,喝完‘冰露’,然后将空瓶扭成麻花或者球状,将成为在年轻人中流行的一项时尚运动。”①

2010 年 6 月 12 日,由西安中萃可口可乐公司举办的冰露“易捏瓶”环保创意大赛评比活动举行,出自普通市民之手的创意作品展示了冰露环保轻量瓶可以扭出的奇观。获奖作品如下②:

一等奖作品:甲壳虫环保汽车

二等奖作品:人体骨骼,象征人类需要绿色

三等奖作品:球星 LULU、环保树和裙子、瓶盖做的象棋,很实用③

可口可乐在消费者眼中就是一家著名的跨国饮料生产企业,但可口可乐公司

① 张建,《扭冰露环保轻量瓶将成为一项时尚体育运动》,原载《成都商报》,转引自凤凰网,http://news.ifeng.com/gundong/detail_2011_07/25/7912964_0.shtml。

② 图片来源:《环保轻型纯净水瓶变身球星 环保创意赛引发热潮》,西部网,http://news.cnwest.com/content/2010-06/13/content_3117077_2.htm。

③ 图片来源:《环保轻型纯净水瓶变身球星 环保创意赛引发热潮》,西部网,http://news.cnwest.com/content/2010-06/13/content_3117077_3.htm。

首席执行官穆泰肯特却希望,“未来10年,可口可乐能成为中产阶级和年轻人环保信仰的一部分。”[①]可口可乐一直在朝着这个目标不懈努力着。

可口可乐125周年文化典藏展部分展品[②]

※ 开创性的品牌营销理念

125年来,可口可乐以大胆创新的理念,引领着世界品牌营销史的发展,开创了诸多营销传奇,至今仍为无数品牌争相效仿。

史上第一张用以促销的赠券(1887年)

著名歌剧演员希尔达·克拉克成为可口可乐首位明星代言人(1900年)

---

① 《可口可乐倡导低碳生产 获得可持续回报》,西部网,http://eat.cnwest.com/content/2010-05/21/content_3039111.htm。

② 《125周年文化典藏展 珍贵典藏集锦》,天津网,http://www.tianjinwe.com/tianjin/tjcj/201105/t20110527_3876999.html。

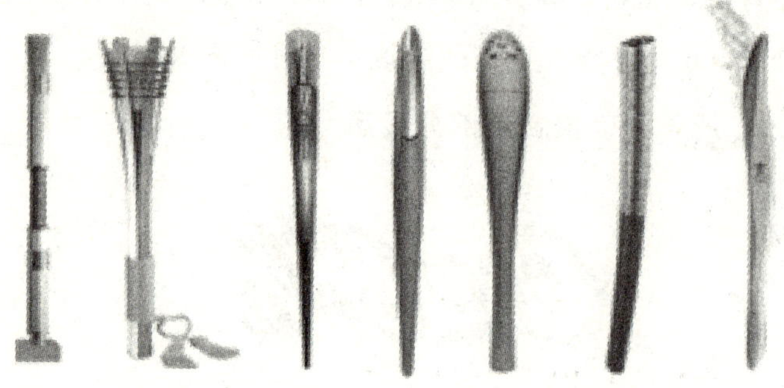

可口可乐是最早通过国际赛事进行体育营销的品牌之一

比利时世博会可口可乐馆及当时的可口可乐世博海报(1958 年)

※ 激发艺术灵感

可口可乐与艺术界、时尚界、音乐界、影像界、设计界甚至玩偶界大师跨界合作,将可口可乐的“玩文化”展露无遗。

19 世纪 30 年代的老上海可口可乐海报

可口可乐邀请著名广告画家海顿珊布设计的红衣圣诞老人形象(1931 年)

波普艺术之父安迪·沃霍尔创作的《绿色的可口可乐瓶子》(1962 年)

中国当代艺术家王广义《大批判》系列可口可乐版画(1991 年)

美国最著名的艺术家之一斯蒂文创作的可口可乐油画系列

时尚教父卡尔·拉格斐为与可口可乐相设计的 4 款健怡可口可乐限量版铝质弧形瓶

时尚界狂野教主罗伯特·卡沃利为健怡可口可乐设计的一系列性感"外衣"

英国时尚珠宝设计师强尼设计的限量版健怡可口可乐系列包装(2010年)

由法国"针织皇后"索尼亚·里基尔与同为设计师的女儿联名限量推出的可口可乐针织条纹包装瓶子。

可口可乐协同新加坡顶尖创作团队 Play Imaginative 设计的 2006 世界杯 TREXI 圆禧公仔

香港著名玩偶设计师黄书汉为可口可乐度身设计的熊猫公仔 Sam 风靡亚洲(2008年)

※ 独特的收藏文化

独一无二的收藏文化是可口可乐公司的一道亮丽风景线,全世界各地都有可口可乐收藏迷,以收藏诉说着他们对可口可乐品牌的热爱之情。

为纪念英国查尔斯王子与戴安娜王妃大婚而设计的可口可乐罐(1981 年),是最具收藏价值的可口可乐纪念品之一,如今价值已超过 2 万人民币。

第二节 玩广告,要玩得有幸福感

国际社会最近几年开始流行 GNH(Gross National Happiness,国民幸福总值)的统计。从 GNH 角度出发,深入研究"玩广告"所产生的价值,是一条比较可行的思路。

GNH 最早是不丹王国国王吉格梅·辛格·旺楚克在 1970 年提出的,他认为政策应该关注幸福,并应以实现幸福为目标。1970 年旺楚克国王提出 GNH 时并不引人注目,然而其 30 多年的实践已经引起全世界瞩目,世界上不少著名的经济学家把目光投向这个南亚小国,开始认真研究"不丹模式"。美国的"幸福指数"、英国的"国民发展指数"、日本的国民幸福总值……获 2002 年诺贝尔经济学奖的美国心理学教授卡尔曼正和经济学家联手致力于"国民幸福总值"的研究。2005 年全国"两会"期间,中国科学院院士程国栋也向"两会"提交了一份题为《落实"以人为本",核算"国民幸福指数"》的提案。①

一、景观户外广告,让城市更美好

作为世界上最古老广告形式的户外广告,在承担广告基本功能的同时,也一直是社会安定、经济繁荣的标志物,这在很多诗词和绘画作品中都有印证,如"水村山郭酒旗风"、《清明上河图》等等。户外广告发展到现在,其构筑城市"第二轮廓线"的作用日益突出,已经成为城市景观的重要组成部分。不仅如此,"在所有的景观因素中,广告最具个性,对于 20 世纪的城市景观来说,广告的潜在价值是不容忽视的。"②

何谓"景观户外广告"

在丰富多彩的户外广告中,观赏价值最高的就是景观户外广告,这也是户外

---

① 万新恒,《玩经济:数字娱乐拷问中国》,经济科学出版社,2007 年版,第 19—20 页。

② [英]G. 卡伦,《城市景观艺术》,刘杰、周湘津译,天津大学出版社,1992 年版,第 126 页。

广告中最为靓丽的一道风景。所谓景观户外广告，是在节假日等特殊时期，在城市繁华的商业中心以景观理念规划设计的广告。景观户外广告以观赏作为核心手段，通常独立设置，不依附于建筑物、广告牌和环境中的其他设施，类似于商业中心的一些雕塑，是商业中心精彩的阶段性“装饰品”。

下图左边是2010年春节期间设立在宁波天一广场的可口可乐景观户外广告，大型的可口可乐瓶子是主体，衬托以可口可乐代言人和“2010”字样，再加上红灯笼与中国传统纹样，浓红艳黄地烘托出中国传统节日的喜庆气氛，在年味变淡的时候，这个品牌着实给了我们一份感动，辅之以“团圆时刻，分享可口可乐”、“新年第一瓶可口可乐，你想与谁分享”的信息传达，成为2010年宁波春节的标志性物件。

下图右边是2010年世界杯期间设立在宁波万达广场的哈尔滨啤酒的广告，作为世界杯官方合作伙伴和官方指定啤酒，同时也是中国最早的啤酒品牌，由很多哈尔滨啤酒瓶子等组合而成那个夏天最受瞩目的大力神杯，冰爽与狂热的冰火两重天给了我们别样的激情夏天。借助世界杯这一世界最高水平赛事的品牌众多，但给人留下深刻印象的却是非常有限，哈尔滨啤酒的这一景观户外广告则是这个夏天借势造势的神来之笔。

可口可乐景观户外广告

哈尔滨啤酒景观户外广告

景观户外广告的商业价值——品牌形象塑造

景观户外广告本质仍然是广告，当然，它所承担的最基本任务并非直接促进销售，而是侧重于品牌形象的塑造。品牌形象是一个综合性的概念，大卫·奥格威告诉我们，每一则广告都是对品牌形象的长期投资。产品同质化极强的今天，与众不同的形象成为市场制胜的新法宝，而形象的塑造是要通过包括广告、公关、终端等很多环节才能建立起来，其中尤其要发挥传播的巨大力量，“决定品牌价值的只是事物的传播形象”[①]，我们必须深刻认识到这一点。可口可乐深谙此道，近几年，它经常在节假日的时候在城市商业中心设立景观户外广告，巨大的可乐瓶型和热烈的红色不仅很好迎合了节假日的氛围，更吻合可口可乐一贯的使命：“令全球人们的身体思想及精神更怡神畅快，让我们的品牌与行动激励人们不断保持乐观向上，让我们所触及的一切更有价值[②]”，这也是百年老牌屹立不倒的法宝之一。景观户外广告因为极强的创意设计意识而带来很高的观赏价值，使得品牌形象可以被张扬到极致。

景观户外广告目前多被知名品牌采用，因其独特的传播优势必将成为户外广告中最具魅力的部分，在自身获得更大发展的同时，也会在现在和未来的市场环境中发挥更为重要的作用。

经过多年的发展，广告早已不再是简单的信息传达，很多广告像艺术品一样被人们鉴赏、珍藏，这样的广告并没有背离传达信息、促进销售和塑造形象的本质功能，只是实现广告核心目的的方式有了改进。正像阿尔·里斯在其著作《公关第一 广告第二》中所说的那样，“就像雕塑、绘画和诗歌，广告正在走同一条路。马歇尔·麦克卢汉说：‘广告是20世纪最杰出的艺术形式。’……马克·芬斯克说：‘广告可能是世界上最有力的艺术形式。’……越来越多的顾客也把广告视为一种艺术形式而不是交流的工具。[③]”卡尔文·克莱恩曾经用多条经过特殊处理的牛仔裤制作成一个巨大的球体，在全球进行巡展，巨型球体前面还用锁链锁着一个人，所到之处，均引来人群围观。此广告被命名为“时尚奴隶”，虽然对其含义的解读是仁者见仁智者见智，但这一广告本身确实已经超越了出售牛仔裤的功利

---

① 张惠辛，《超广告传播》，东方出版中心，2007年版，第3页。

② 可口可乐中国站，http://www.coca-cola.com.cn/aboutus_missionandvalues.htm。

③ [美]阿尔·里斯，《公关第一 广告第二》，上海人民出版社，2004年版，第24—26页。

目的，成为了对时尚与人的深度阐释，达到了传统广告形式无法完成的效果。

海量信息时代，人们已经产生了很强的信息疲劳，强制性的广告信息尤其令人反感。广告改头换面，以艺术品的形式出现，在博得人们好感的同时也让品牌信息深入人心。

2004 年宁波天一广场可口可乐景观户外广告

2006 年上海淮海中路 CK 牛仔球

景观户外广告的文化价值——增强城市欢乐祥和氛围与人的幸福感

广告最基本的功能在于销售产品/服务、树立形象，除了经济属性外，广告还有不容忽视的文化属性。当然，相对于经济属性的直接，广告的文化属性较为隐蔽，却是深刻而又潜移默化地影响和塑造着人，只不过在直接的经济属性过于突出的情况下，广告的文化作用被有意或无意地降低了。试想，一座没有了户外广告的城市会是怎样的呢？

设立在城市繁华商业广场的景观户外广告，由于极具设计感和装饰意味，为城市的繁华锦上添花，营造出浓郁的欢乐氛围，增强了人的休闲感觉与体验感。“在当代社会中，由于对于社区和公共交往的渴求，以及将枯燥乏味的日常生活变为节日的需求，人们似乎刻意追求这种市井的亲密关系。大型的商业设施……实际上顺应了人们对市井型亲密关系的渴求。”[①]在大型商业设施逐渐被人们习惯

① 刘泓，《广告社会学》，武汉大学出版社，2006 年版，第 40—41 页。

和适应以后，商业中心本身也在不断改进着自己，借助与商家联合举办的各种活动，如美食节、促销活动等，也包括商家发布的精心制作的广告，进一步聚集起人气，突显其便利与休闲的特征，在建筑与物质基础之上更为关注人们在其中的体验和感觉，从而让商业中心在人性化层面得以升级。

在节假日或者奥运会、世界杯等大事件期间，商家的广告都在浓墨重彩地迎合着特殊时期的特别氛围，相对于商业中心本身的一些装饰物，景观型户外广告的创意表现明显要精彩得多，制作也更为精致，加之这样的广告一般设立在商业中心相对空旷的地方，醒目和受关注程度已经远远超越了商业中心原有的建筑物，是商业中心阶段性最吸引眼球的事物。

奥美互动全球首席执行官布莱恩·费瑟斯通豪认为应该改变市场营销中一直被奉为圭臬的“4P(Product、Place、Price、Promotion)”理论，转而由“4E”取代，这在营销界和广告界产生了非常大的反响。4E 指的是体验(Experience)、无所不在(Everyplace)、交换(Exchange)和布道(Evangelism)。其中最核心的理念是：“体验无处不在……产品的差异化所带来的竞争优势越来越弱，所以我们必须把单纯的产品层面竞争转移到消费者的全面体验之上。[①]”正是在这样的转变中，广告的文化价值日益增强，这达到了商家、品牌、广告、社会与人等多方共赢的效果。

2011 年年底宁波万达 GXG 景观户外全景与局部

① 宋秩铭，《数字化时代整合营销的中国实践》，《中国广告》，2008(05)，第 23 页。

2011 年年底至 2012 年年初，GXG 在宁波鄞州区万达广场进行了户外整合传播，商场外侧墙壁有 GXG 纹饰，广场影院中也有 GXG 造型广告，户外更是矗立着大型 GXG 式“铁塔”，浓墨重彩地呼应了过新年的狂欢氛围。

景观户外广告基本理念——和谐

商业广告具有与生俱来的功利性，过于功利的商业广告在发展中也出现了很多与社会不相和谐的因素，加之很多广告的强制性与反复的信息轰炸，使得人们对广告形成了先入为主的偏见，甚至广告的正面作用完全被忽视，只剩下了缺点。而事实上，广告中有很多正确的导向，渗透着很多正确的理念，公益广告自然不必说，商业广告也是如此，比如孝顺、回家、健康饮食与健康生活、幸福感、低碳等等，由于广告大量传播，这些信息也就慢慢渗透到人们的观念中。“正是商业广告从内容到形式所含有的或多或少、或显或隐、或直接或间接的文化信息，使其在传播过程中，造成对人们思想行为和社会精神文化的深刻影响，从消费直至审美。不管传播者是出于自觉还是无意识。”[①]

景观户外广告即以自身的创意、表现、发布，很好地诠释了与人和谐共处的理念。和谐广告是广告修正自身的必经之路，也是 21 世纪广告发展的必然趋势。和谐，即兼顾广告主、广告受众、广告媒体、广告代理、社会发展的理念，为广告主宣传产品、提升形象；给予广告代理较为充分的创意表现空间；作为媒体内容之一，为媒体提供高质量、受欢迎的内容；尊重受众，关注其整体利益和社会的全面发展。陈培爱认为，广告要保持与消费者的和谐、与媒介形象的和谐，以及与社会的和谐，就要坚持其重要准则——“真善美”。[②] 而坚持真善美的基础就在于关注受众的整体利益，摒弃单纯“消费者”的审视，立足“受众”，把受众还原到本质，也就是“人”，一切以人的要求、需要、全面发展为出发点。真善美的最高境界是“美”，广告能够做到让人赏心悦目，甚至是让人主动去接触，就像人们驻足观看、拍照留念的景观户外广告一样，广告的效果自然不必说，广告的未来也会是一片光明。

---

① 张金海，《20 世纪广告传播理论研究》，武汉大学出版社，2002 年版，第 195 页。

② 《和谐广告创造和谐商机 不会增加额外成本》，原载新华网，转引自搜狐新闻，2006-08-04，http://news.sohu.com/20060804/n244624941.shtml。

第九章

切勿玩火自焚

第一节　玩:一个并不轻松的话题

关于"玩",在线新华字典给出了如下解释:

(1)游戏,如玩耍、玩笑、玩具、玩偶;

(2)戏弄、搬弄,如玩弄;

(3)观赏,如玩赏、玩味、玩物丧志;

(4)可供观赏的东西,如古玩;

(5)轻视、忽视,如玩忽职守、玩世不恭。

从这五种意思中我们不难发现,戏弄、轻视两种意思是有着负面倾向的;另外,即使是中性的"观赏",用于"玩物丧志"中也有了负面性。所以,可以这样理解,玩本身应该是中性的,但如何玩,是有规矩的,是有底线的,也是有尺度的,过犹不及。

玩,娱乐,在玩中体验快乐,看似轻松愉悦,其实一直都是一个并不轻松的话题。

《尚书·周书》中说:"玩人者丧德,玩物者丧志",说的是三千多年前,周武王消灭商纣王之后,西方蛮夷进贡了一头獒犬,深得周武王喜爱,时任太保的召公奭,担心周武王会因这一喜好而荒废政事,于是写了一篇名为《旅獒》的文章,劝诫周武王不要“玩人丧德,玩物丧志”。玩人,也就是不尊重他人,轻视与戏弄他人;玩物,则是沉迷于自己喜爱的事物,花费大量的时间、精力等,最终荒废正事。

古希腊哲学家伊壁鸠鲁曾说过:“快乐没有本来就是坏的,但是有些快乐的制造者却带来了比快乐大许多倍的烦扰。”

赫胥黎曾在《美丽新世界》中说:“在一个科技发达的时代里,造成精神毁灭的敌人更可能是一个满面笑容的人,而不是那种一眼看上去就让人心生怀疑和仇恨的人。”赫胥黎担心人们由于享乐会失去自由,人们会毁灭于他们所热爱的东西。赫胥黎的担忧在今天已经得到一定程度的印证。

美国传媒评论家尼尔·波兹曼的著作《娱乐至死》的封面就足够发人深省了:一家四口温馨地看着电视,但是四个人都没有脑袋,预示着长期面对着电视,人们逐渐失去了思考能力的严肃现实。《娱乐至死》的前言是以两个著名的“反乌托邦”寓言开篇,一个是奥威尔的《1984》,一个就是赫胥黎的《美丽新世界》。赫胥黎的预言则可能成为现实,文化将成为一场滑稽戏,等待我们的可能是一个娱乐至死的“美丽新世界”,在那里“人们感到痛苦的不是他们用笑声代替了思考,而是他们不知道自己为什么笑以及为什么不再思考”。《娱乐至死》是对20世纪后半叶美国文化中最重大变化的探究和哀悼:印刷术时代步入没落,而电视时代蒸蒸日上;电视改变了公众话语的内容和意义;政治、宗教、教育和任何其他公共事务领域的内容,都不可避免地被电视的表达方式重新定义。电视的一般表达方式是娱乐。一切公众话语都日渐以娱乐的方式出现,并成为一种文化精神。一切文化内容都心甘情愿地成为娱乐的附庸,而且毫无怨言,甚至无声无息,“其结果是我们成了一个娱乐至死的物种”。

没有节制地追求快乐必然会引起社会文化精神的萎靡,反对的声音有助于规范娱乐产业,使人们在娱乐消费时有所节制。尼尔·波兹曼在《娱乐至死》中说:“如果文化生活被重新定义为娱乐的周而复始,如果严肃的公众对话变成了幼稚的婴儿语言,总而言之,如果人民蜕化为被动的受众,而一切公共事务形同杂耍,那么这个民族就会发现自己危在旦夕,文化灭亡的命运在劫难逃。”

在玩本身的多重含义带来玩的不轻松之外,今天的企业还是在全球的舞台上玩的,这一大环境也让玩有了更多和更大的责任。

文化全球化不是文化霸权主义和文化殖民主义,但因为实力的悬殊,“霸权”事实上是存在的,文化虽多元化,却无法平等地多元。一些国家以自己的文化“俘获"别国的意识是非常强烈的,并把其付诸于实际,因为我们只有认同一种文化,才会消费这个文化下的产品,才会为这个国家创造经济效益。特别是借助互联网,渗透性的传播速度是极其惊人的,在我们还没有充分意识到是怎样的发展脉络的时候,突然有一天发现,有些东西已经成为我们生活中重要的部分,早已忘记了它漂洋过海的出身。

第二节 玩是有度的

张小争在《娱乐财富密码》一书前言对自己研究娱乐的历程做了无奈的回顾:

在过去的十多年里,我以极大的勇气、毅力、精力和智慧对娱乐和娱乐传媒进行粗浅且泛泛的观察和研究。1999年,我撰写《传媒的娱乐性》长篇论文,很想找个企业零距离实践。遗憾的是,走访过多处,没有人对我的研究和工作意向感兴趣。有关行业主管部门和企业对相应的研究也不重视。我继续经历难以想象的痛苦历程,不仅仅是物质上的匮乏,更是精神上的郁闷,真是"苦其心志,劳其筋骨",当然,也"增益其所不能"。就在我傻傻然潜心研究中,依然遭到来自多方面的伤害。一方面,学术当道者对娱乐主题不屑一顾,认为娱乐是边缘性的小玩意儿,不值得研究,对娱乐和娱乐研究持批判态度;另一方面,相关媒体也不给发表机会,甚至一些编辑提出:批判娱乐的文章欢迎,肯定娱乐的文章不予考虑。①

很长时间中,我们批判娱乐,压制了人们娱乐的天性和需求,视娱乐为"非正事",认为浅薄是娱乐的固有属性。然后像是突然间全社会意识到了娱乐的价值,加上被禁锢了太久,又一下子进入了另一个极端,那就是泛娱乐化和过度娱乐化。由于传媒是娱乐的主要方式,因此传媒的过度娱乐也体现得最为明显。

2011年10月21日国家广电总局下发《关于进一步加强电视上星综合频道节目管理的意见》后,社会各界积极评价。据北京网络媒体协会统计,截至2011年10月30日,网上新闻跟帖中有八成网民支持对上星综合频道加强管理。据一家著名商业网站调查,认为"当今中国电视节目存在过度娱乐化倾向"的网民占

---

① 张小争,《娱乐财富密码》,复旦大学出版社,2006年版,前言。

86%。据对相关新闻跟帖统计，目前对这一管理规定持拥护支持态度的超过80%。①

自20世纪90年代初中国电视娱乐节目发端以来，电视娱乐节目曾给广大电视观众带来了轻松愉悦的闲暇时光，大家普遍喜爱。然而随着电视娱乐节目进一步发展和盲目追逐收视率的制作导向，出现了“过度娱乐化、格调低俗、形式雷同”等倾向。“全世界范围内，对广播电视的管理都是非常严格的。这基于一种法理上的认识，就是电视频道资源是公共资源，获得这种资源使用权的机构有责任履行义务。而这个义务就是弘扬主流价值观，保护本土文化传统。”中国公益传媒基金会副理事长高强表示。②

民间俗称的“限娱令”其实并非是对娱乐的限制和否定，而是规范和防治过度娱乐化，正如意见中所说明的目的：“防止节目类型过度同质化……过度娱乐化和低俗。”③

所谓过犹不及，玩广告也同样是有度的，这个度涉及受众接触广告的时间、频率、场所、情境等，也涉及情感、道德等的底线，不是所有的玩乐方式都适宜，也不是所有的事物都可以拿来玩乐。对于这个“度”的一些规范体现在各种成文的法律法规中，这类相对比较容易认知和把握，还有一些“度”则在受众的精神、感觉和心理上，不易量化，因人而异，较难把握。对于这个“度”，已经有广告法规与职业道德、广告伦理学、广告社会学等方面的研究成果做了较为深入和全面的探讨，本书仅浅谈“限广令”、“网络水军”和“潘币”三个较新的事件。

一、“限广令”④

2011年10月11日，国家广电总局发出《关于进一步加强广播电视广告播出

---

① 《新华社：八成网民挺“限娱”遏制过度娱乐》，来源：《新京报》，转引自凤凰网，2011-10-31http://ent.ifeng.com/idolnews/special/xianyuling/zuixin/detail_2011_10/31/10281608_0.shtml。

② 《广电总局下发“限娱令” 莫为娱乐遗忘道德》，来源：《人民日报》，转引自凤凰网 2011-10-28，http://ent.ifeng.com/idolnews/special/xianyuling/pinglun/detail_2011_10/28/10226349_0.shtml。

③ 《广电总局将加强电视上星综合频道节目管理》，国家广播电影电视总局官方网站，http://www.sarft.gov.cn/articles/2011/10/25/20111025170755801010.html。

④ 资料来源：国家广播电影电视总局官方网站，http://www.sarft.gov.cn/。

管理的通知》，通知指出，《广播电视广告播出管理办法》（广电总局令第61号）实施一年多来，执行情况总体良好，社会各界普遍认可。但近来一些违规问题出现反弹，主要表现在：一是影视剧片头、片尾插播广告；二是超时插播广告；三是一些传输转播机构在传送转播节目时插播游动字幕广告；四是一些广告夸张宣传；五是一些时政新闻类节目商业冠名等。为坚决纠正这些问题，切实规范广告播出秩序，现就进一步加强广播电视广告播出管理工作，通知如下：

一、必须始终坚持把社会效益放在第一位。广播电视广告是广播电视节目的组成部分。广播电视播出机构要始终坚持把社会效益放在首位，牢牢把握广告内容的正确导向，认真履行对广告的依法审查职责，坚决抵制虚假违法广告，坚决抵制内容低俗的不良广告，严格依法经营和播出广告。

二、规范影视剧中间插播广告行为。电视台在影视剧中间插播广告时，必须严格遵守总局61号令规定：非黄金时间每集（以45分钟计）中可以插播2次商业广告，每次时长不得超过1分30秒；黄金时间（19:00至21:00）每集中可以插播1次商业广告，时长不得超过1分钟；插播广告时，应当对广告时长进行提示。同时要做到：(1)禁止在片头之后、剧情开始之前，以及剧情结束之后、片尾之前插播任何广告；(2)在非黄金时间影视剧持续播出时间不少于15分钟、黄金时间影视剧持续播出时间不少于25分钟后，方可依据61号令规定插播商业广告；(3)播出片尾画面以及演职人员表等内容时，禁止播出任何形式的广告。

三、规范新闻节目中插播广告行为。新闻节目中插播广告时，应当安排在不同版块之间的自然间歇段内，不得在整点新闻的整点之后，以及新闻内容结束之后、工作人员字幕前插播广告。时政新闻类节目不得以企业或者产品名称等冠名。不得使用新闻报道及其素材，或以新闻采访形式作商业广告。新闻节目主持人不得为商业广告作形象代言。

四、清理违规电视购物短片广告。根据《广电总局关于加强电视购物短片广告和居家购物节目管理的通知》（广发〔2009〕71号）和《广电总局关于进一步加强广播电视广告审查和监管工作的通知》（广发〔2010〕21号），广播电视播出机构必须严格审验电视购物短片广告投放企业资质，必须严格审查电视购物短片广告内容。对不符合条件的企业投放的短片广告，或者内容违反规定的短片广告，一律不得播出。对违规播出电视购物短片广告的播出机构，广播影视行政部门要依法依规查处。对在广播电视播出机构投放虚假违法电视购物短片广告的企业，总局将通报全系统禁止接受其投放的任何广告。

五、整顿虚假违法健康资讯广告。广播电视播出机构要严格审验医疗、药品、医疗器械、保健食品等健康资讯广告的资质、证明等法定材料。要严格把握健康资讯广告的内容导向和格调,坚决禁止播出涉性广告。要规范健康资讯广告形式,不得以健康资讯专题节目形式变相发布广告。健康资讯专题节目应当侧重介绍疾病预防、控制和治疗等科学知识,不得含有宣传医疗、药品、医疗器械、保健食品等广告内容,不得以患者和医生、药师、专家等名义作证明。

六、坚决禁止在转播节目时插播各类广告。广播电视播出机构、转播台(站)、发射台(站)和有线电视网络机构,在转播传送节目时,必须保证被转播节目的完整性,不得以游动字幕、叠加字幕、挂角广告、贴片广告等任何形式插播广告;不得以自行组织的商业广告替换被转播节目中的正常广告。

七、严格按规定要求播出公益广告。广播电视播出机构要切实履行媒体的社会责任,认真执行每套节目每日黄金时段公益广告播出数量不得少于4条(次)、全天公益广告播出时长不得少于商业广告总量3%的规定。因公共利益需要等特殊情况,广播影视行政部门可要求广播电视播出机构在指定时段播出特定内容的公益广告,各播出机构必须按要求播出。

八、从严查处各类广告违规行为。广播电视播出机构和转播机构要对照本《通知》要求,立即开展全面自查自纠,主动清理违规问题。省级以上广播影视行政部门要对自查不力、仍存在违规问题的,给予其警告、通报批评、暂停商业广告播出等处理,并追究违规机构主要负责人和直接责任人的责任。对被给予通报批评、暂停商业广告播出等处理的机构,取消其参加当年广播影视系统任何"评优评先"资格。省级广播影视行政部门在对违规行为作出处理决定后5个工作日内,应当将处理情况报总局传媒机构管理司备案。近期,总局将组织检查小组,对重点地区、重点播出机构进行抽查。

2011年11月25日,国家广电总局发出《关于贯彻执行〈《广播电视广告播出管理办法》的补充规定〉的通知》,通知说,《〈广播电视广告播出管理办法〉的补充规定》(广电总局令第66号)将于2012年1月1日起正式实施。为确保新规定得到切实贯彻执行,现将有关事宜通知如下:

一、要统一思想认识。党的十七届六中全会强调要大力发展公益性文化事业,完善覆盖城乡、结构合理、功能健全、实用高效的公共文化服务体系。广播电视作为党和人民的喉舌、重要的宣传思想文化阵地，在公共文化服务体系建设中担负着重要责任，必须充分发挥优势，切实履行好自己的职责。各级广播影视行政部门和播出机构必须把思想统一到党的十七届六中全会精神上来，把取消电视剧中间插播广告作为广播影视系统构建公共文化服务体系、提高公共文化服务水平、保障人民基本文化权益、体现以人为本的服务宗旨的重要举措，采取有效措施，切实抓紧抓好，让人民群众满意。

二、要坚决贯彻落实。各级电视台要扎实细致有针对性地做好工作：积极调整2012年广告招商安排，清理并撤销2012年电视剧的插播广告时段，重新组织好节目和广告时段编排，妥善处理好广告合同等相关事宜，确保自2012年1月1日起，播出电视剧时，每集（以四十五分钟计）中间不得再以任何形式插播广告。同时，《广电总局关于进一步加强广播电视广告播出管理的通知》（广发〔2011〕79号）中第二条“规范影视剧中间插播广告行为”的规定终止执行。

三、要确定重点监管内容。总局决定将2012年1月份列为“禁止电视剧插播广告专项监管月”。期间，各级广播影视行政部门必须加大监管力度，对辖区内各级电视台电视剧插播广告情况实施全面专项监管，发现问题，立即严肃查处。各省级广播影视行政部门需在专项监管结束后10个工作日内，将专项监管情况上报总局传媒司备案。

四、要加大对违规行为的查处力度。各级广播影视行政部门要严格依法管理，对播出电视剧时仍插播广告的播出机构，要依据总局61号令等规定，给予责令整改、警告、诫勉谈话、暂停商业广告播出等处理。作出相关处理决定的，应当按照总局61号令要求，于5个工作日内报上一级广播影视行政部门备案。

对于国家广电局在两个月内针对广告的管理措施，民间俗称“限广令”，解读其具体内容，不难发现，与其说“限”，不如说“规范”更为恰当。《华西都市报》披露的数据显示，电视剧肩负了电视台70%的营收重担。安徽卫视2012年的招标会上，安徽卫视《第一剧场》第一插口正一位中标价3336万；第二集第一插口正一位中标价3889万，平均溢价率已经高达200%。该报援引业内人士预计称，此项禁令将导致各地电视台损失不少于200亿。即使有如此巨额的经济损失，依然要规范，因为只有规范才能良性发展。如果观众因为无法容忍过量的广告、违法违规的广告而远离了电视，那么最终只能是自掘坟墓的下场。更何况还有互联网、无广告付费频道等多种选择，“限广令”一定程度也是传媒竞争激烈的产物。电视台只顾及眼前利益,就等于放弃了长远利益,放弃了观众,放弃了自己的未来。

二、"网络水军"

2011年11月24日,一份由加拿大维多利亚大学和北京大学的研究人员共同发布的调研报告显示,中国网络上的"水军"已经影响了互联网信息的质量。[①]一度淡出人们视线的网络水军再度受到关注。这份研究报告认为,"网络水军可以控制他们想要达成的舆论口碑。长此以往,可能会导致网民们很难再相信网络信息。"

网络水军指的是受雇于网络公关公司,为他人发帖回帖造势的人员,通常是临时雇用的,有兼职的,也有专职的。很多网络热点事件、网络红人等都是有人精心策划并雇佣水军最终完成的。有人认为网络水军挟持了民意,更有人称他们为"网络黑社会"。有专家指出,根据正常传播规律,热点话题在网上的传播高峰约为三天。如果没有特殊原因,持续维持高峰或在数日后旧话重提出现新的高峰,则很可能是人为推动。[②]

我们仅分析商业领域的网络水军。商业领域网络水军行为归纳起来主要有三类,一类是"捧",一类是"打压",还有一类是"删"。所谓"捧",就是采用不正当的方式恶意提高人气,一些新生网络产品采用这种方式提高自己的人气,比如有网络游戏选择炒作起来的网络红人作为代言,用低俗甚至色情元素吸引受众眼球;"打压"则表现为炒作恶意信息攻击竞争对手,这种行为的网络水军也有"网络打手"的称谓;"删"则是有危机发生的时候,雇人删除负面信息,还美其名曰"网络公关",根据事件大小,报价差异也很大。无论捧,还是打压、删除,是有益于商家的,却影响了互联网用户的信息判断,长此以往,也就失去了用户对互联网信息的信任。

网络水军已经形成了一条完整的灰色产业链。据北京市公安局统计数据显

---

① 《"水军":互联网深处的阴霾》,腾讯网,http://tech.qq.com/a/20111125/000119.htm。

② 《10万"水军"网上兴风作浪》,新浪网,http://news.sina.com.cn/c/2010-01-22/024116972397s.shtml。

示:50%以上的网络发帖都出于网络公关。[①] 知名度极高的“贾君鹏事件”就是网游公司为了在停服期间维持较高的关注度而雇佣水军制造的。商业领域的网络水军顶层是有公关(没有更合适的词汇,所以还用公关一词)需要的企业,下面一层则是公关公司,再下面还有大大小小正规与非正规的网络公关公司,底层就是庞大的水军一线,主要是无业游民、大学生、家庭主妇、普通白领等。网络公关业近几年的收益增长是相当可观的,在整个公关行业处于领先地位。除了庞大的业余、非正规水军外,还有一些网站编辑被称为“正规水军”,是网络公关公司“正规”雇佣的,毕竟网站编辑发布的信息权威性要远高于普通网民。

在网络水军的参与下,一夜爆红与一夜抹黑的人、事、物越来越多,不仅危害了正常的商业秩序,也蚕食着作为互联网基础的网民的信任。有关专家分析认为,当前国内许多企业“超女式营销发展模式”,不但会造成旁观者对其产品质量和诚信度产生严重怀疑,更丧失了本应赖以生存的“品牌价值”,最终将没有一个赢家。[②]

有些企业通过雇佣网络水军的方式暂时提高了知名度,或者打击了竞争对手,或者删除了对自己不利的信息,但至今还没有一家企业的坚实、稳固、长远发展是依靠网络水军完成的。在网络水军逐渐“浮出水面”的当下,越来越多的网民知道了他们的存在以及对互联网信息公正性的操控,那么互联网只能给他们留下完全不可信赖的印象,评价人人质疑,炒作人人喊打,网络世界岂不天下大乱,又何谈盈利呢?

当然,面对利益的诱惑,我们只要求企业和网民自律是没有多大效果的,而培养起普通网民识别“网络水军”的网络素养至少目前看还不现实,他律是必须的,并且刻不容缓。还有一种方式,就是调动起“正规”网民,发动大家的智慧和力量,出谋划策,还互联网一个公正、公开、平等、透明的环境。

三、“潘币”现象

何为“潘币”?这要从苹果公司乔布斯去世说起。乔布斯去世后,SOHO 中

---

① 《数据显示50%以上的网络发帖出于网络公关》,网易科技,http://tech.163.com/12/0305/04/7RQBFAT0000915BF.html。

② 《网络水军炒热话题时代 专家称要守住道德底线》,雅虎中国,http://news.cn.yahoo.com/ypen/20101113/83997.html。

国董事长潘石屹发微博调侃苹果公司应该大量生产1000元人民币以下的iPhone和iPad,让更多人用上苹果产品以纪念乔布斯。微博一出,很快有网友调侃潘石屹:要是潘总哪天也去世了,请贵公司推出1000元人民币一平方米的房子吧,十几亿人民都会纪念您。这之后就有网友发明了房价的新计量单位——潘,一潘代表1000元一平方米,还有网友制作了"潘币"。

2011年10月26日,潘石屹在其微博上正式推出了"潘币",还向大家征求意见,正面是他本人微笑的头像,中间写着"壹潘",由"SOHO中国银行"发行,背面则是望京SOHO。被称为官方潘币,第一代"潘币"正反面如下图:

第一代"潘币"

第一代"潘币"出现后,网络喝彩和拍砖的都不乏其人,有人认为他是一种自嘲,是消解负面信息的一种方式,有人认为他在炒作望京SOHO,也有人给出了善意的提醒,玩笑尚可,成真就违法了。

2011年11月9日,潘石屹在微博上发布第二代"潘币",票面淡绿色,正面还有潘石屹的签名,背面则印着"地球乃一国,人类皆其民"。潘石屹发布微博称:在此微博下,留下建设性意见的朋友们,我呈送全套的"潘币"。

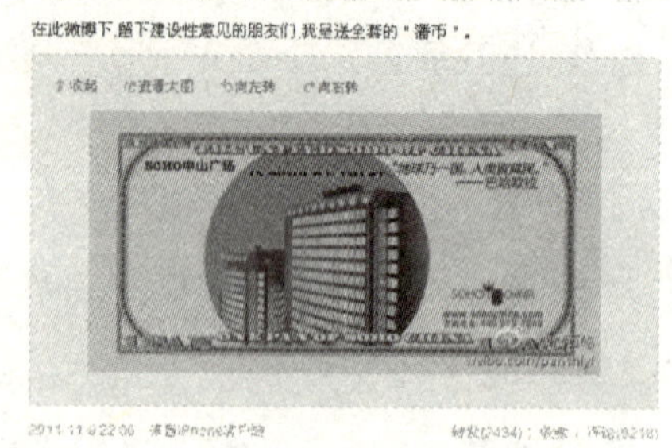

第二代"潘币"

"潘币"事件引起了国际社会主流媒体的报道和关注,《华尔街日报》等认为潘币显示了潘石屹自嘲的本领及扭转公关失误的能力，足见事件的影响力。

极具创新能力的潘石屹了解互联网，他成功地用博客、微博等推广自己的企业，他本人的风格也成为对企业理念的诠释和推广。潘币更应该被视为一次玩笑，潘石屹把危机化解在智慧和幽默中，当然顺带还是让 SOHO 又高度曝光了一次，当然，如果你不是潘石屹，此方法未必有效。

潘币火了之后，以“潘”为房地产售价单位的广告层出不穷，比如以下几则广告作品（图片均来源于互联网）：

几则以“潘币”为创意基础的房地产广告

最好的效果也无非是吸引了眼球，而如果是不明白“潘”的来源的人则只能是一头雾水，即便明白，即便通过这个方式吸引了眼球，面对昂贵的房价，“潘”也是无能为力的。所以，有热点、有冲击力、敢于运用新鲜元素也不一定就能“适销对路”。还是建议企业选择适合自己的方式，玩出自己的精彩。

主要参考书目

1. 张小争,《娱乐财富密码》,复旦大学出版社,2006 年版。

2. [美]迈克尔·J. 沃尔夫,《娱乐经济:传媒力量优化生活》,光明日报出版社,2001 年版。

3. 万新恒,《玩经济:数字娱乐拷问中国》,经济科学出版社,2007 年版。

4. [美]尼尔·波兹曼,《娱乐至死》,广西师范大学出版社,2009 年版。

5. 张金海,《20 世纪广告传播理论研究》,武汉大学出版社,2002 年版。

6. 张惠辛,《超广告传播》,东方出版中心,2007 年版。

7. 刘千桂,《众媒介理论——广告解放运动宣言》,中国传媒大学出版社,2008 年版。

8. 刘千桂,《广告大逆转——众媒介与新广告》,清华大学出版社,2009 年版。

9. 中国传媒大学广告主研究所,《新媒体激变:广告“2.0 时代”的新媒体真相》,中信出版社,2008 年版。

10. 杨海军,《现代广告学》,河南大学出版社,2007 年版。

11. 李海龙,《一触即发:发现打动顾客的关键时刻》,北京大学出版社,2006 年版。

12. [美]施拉姆,《传播学概论》,新华出版社,1984 年版。

13. [美]麦克卢汉,《理解媒介》,商务印书馆,1999 年版。

14. 陈培爱,《中国广告理论探索三十年》,厦门大学出版社,2009 年版。

15.[美]斯科特・麦克凯恩,《商业秀——体验经济时代企业经营的感情原则》,中信出版社,2003年版。

16.王培才,《和谐营销理论研究》,浙江工商大学出版社,2010年版。

17.李宗诚,《广告文化学》,郑州大学出版社,2008年版。

18.刘泓,《广告社会学》,武汉大学出版社,2006年版。

19.杜国清,《广告即战略——品牌竞合时代的战略广告观》,中国传媒大学出版社,2004年版。

20.[美]阿尔・里斯,《公关第一 广告第二》,上海人民出版社,2004年版。

21.宫承波,《新媒体概论》,中国广播电视出版社,2011年版。

后　　记

感谢以下品牌的大力支持！挂一漏万在所难免，敬请谅解！

ZHEJIANG UNIVERSITY PRESS
浙江大学出版社

Microsoft

ThinkPad

YOUKU 优酷
.com

Coca-Cola

淘宝网
Taobao.com

图书在版编目(CIP)数据

玩广告:广告娱乐传播革命 / 戎彦著. —杭州:浙江大学出版社,2012.7

ISBN 978-7-308-09946-2

Ⅰ.①玩… Ⅱ.①戎… Ⅲ.①广告—分析 Ⅳ.①F713.8

中国版本图书馆CIP数据核字(2012)第084312号

玩广告:广告娱乐传播革命

戎 彦 著

责任编辑 徐 婵
封面设计 俞亚彤
出版发行 浙江大学出版社
(杭州市天目山路148号 邮政编码310007)
(网址:http://www.zjupress.com)
排 版 杭州中大图文设计有限公司
印 刷 德清县第二印刷厂
开 本 710mm×1000mm 1/16
印 张 15.75
字 数 283千
版 印 次 2012年7月第1版 2012年7月第1次印刷
书 号 ISBN 978-7-308-09946-2
定 价 36.00元

浙江大学出版社发行部邮购电话(0571)88925591